Kreßberger Kochhäfele

Kochrezepte und Haushaltstipps
von Kreßberger Landfrauen

Koch- und Backbuch

aufgeschrieben von Lonja Mandlik

Vorwort:

Das ursprüngliche Buch Kochhäfele wurde 1989 von den Kreßberger Landfrauen veröffentlicht. Es beinhaltete meist handgeschriebene Rezepte, die sich
teilweise gleichen, aber doch von Familie zu Familie anders sind. Weiterhin
finden Sie einige Rezepte aus Pommern oder Schlesien oder Sudetendeutsch-
land, weil Familienmitglieder "Geflüchtete" waren und die Rezepte nach
Kreßberg mitgebracht hatten. Das weiteste Rezept mit einem deftigen Kesselgulasch kommt aus Ungarn.

Daher kann es sein, das Sie im neuen Buch "Kreßberger Kochhäfele" z. B. drei
unterschiedliche Rezepte für Kartoffelsalat abgedruckt finden.

Ich habe mir erlaubt, die alten Rezepte zu sichten, zu ordnen und neu aufzu-
schreiben. Die Haushaltstipps habe ich beigefügt, damit altes Wissen nicht
verloren geht. Ich wünsche Ihnen viel Spaß beim Lesen und Nachkochen.

Lonja Lissek, Mai 2025

Unsere Männer brauchet net älles wissa,

Se derfa aber älles ässa.

(das war hohenloher Mundart)

Bibliografische Information der Deutschen Nationalbibliothek: Die Deutsche Nationalbibliothek verzeichnet diese Publikation in der Deutschen National-bibliografie; detaillierte bibliografische Daten sind im Internet über dnb.dnb.de abrufbar.

Verlag: BoD · Books on Demand GmbH, Überseering 33, 22297 Hamburg, bod@bod.de

Druck: Libri Plureos GmbH, Friedensallee 273, 22763 Hamburg

ISBN: **978-3-8192-0834-8**

Autorin: Lonja Mandlik,Ungarn

Fotos: Lonja Mandlik,Ungarn

Erreichbar: Facebook: Lonja Mandlik

Auflage: 2, veränderte und aktualisierte Auflage 2025

 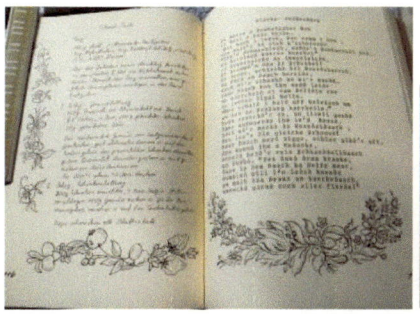 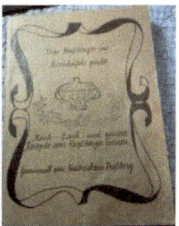

zur Autorin:

Ich bin 50 Jahre alt und wohne seit vier Jahren in Ungarn. Vorher wohnte ich von 2015 bis 2021 ich in Kreßberg-Haselhof. Seit 2015 war ich Sängerin im Chor von Mariäkappel und seit 2021 Landfrau.

Im März 2021, vor Corona, hatte e ich das 1989 erschienene Buch "Uns Kreßberger ins Kochhäfele guckt" des Seniorenkreises Kreßberg im Gemeindebücherschrank am Gemeindehaus Mariäkappel gefunden. Dieses war arg zerstört und hatte viele Wasserflecke. Doch der Inhalt, so man ihn noch lesen konnte, war sehr interessant.

Hier entstand die Idee, während der Pandemie, wo alle Leute zu Hause bleiben mussten und keine Freunde treffen durften, dieses Buch neu aufzulegen. Ende 2021 entstand so die erste Auflage. Auf insgesamt 284 Seiten finden Sie Kreßberger Rezepte von Landfrauen und von Kreßberger Hausfrauen und diese Rezepte gehen bis ins Jahr 1880 zurück.

. Ich wünsche Ihnen viel Spaß beim Lesen. Vielleicht erfahren Sie ja Neues, oder erinnern sich an Altes.

Lonja Mandlik

Schwäbische Gerichte

Gedicht von: Peter-Michael Mangold, Stuttgart

Schnitzbrot, Kipf ond Wiebela,
Eilaufsupp mit Riebela,
Krapfa, Seela, Kernlestee,
Kitzabohna ond Schellée,
Oierhaber, arme Ritter!
Reichts ned für älle, isch des bitter!

Backstoikäs ond siasse Schnecke,
Doppelwecke, Peitscheschdegga,
Hegemark ond Laugabrezla,
Grombiiraschnitz mit Oierspätzla,
Zwiebelkuacha mit viel druff!
Nochher macht mr's Fenschder uff!

Dunkle Soß ond broide Nudla,
Biiramooscht zom abedudla,
Rauchfloisch, glei en ganza Breckel,
Rippla, groß wie Abortdeckel,
Ofaschlupfer, ond Pfitzauf!
Oh wia reisst mr Goscha auf!

Ochsauga, Kehl ond Rettich,
Floischbrühsupp au meglichschd feddig,
Schnitz ond Zwetschga, grauchder Speck,
Sauerkraut ond Bäradreck,
Soidawürstle ond Zibebe!
Dodra ka sich jeder hebe.

Gaisburger Marsch ond gröschde Spatza
Flädlessupp ond Bäratatza,
Mauldascha, riesa Hefaknöpfla
saure Nierla, Mohraköpfla
Duuranad ond Wurschdsalat
do isch dr Honger glei parat.

Rode Bohna , gelbe Riaba,
Laisa, Kendlesbrei ond Grieba,
Ochsa-Auga ond Spinat,
Blaukraut, Ochsamaulsalat,
Fasnetsküchla, saure Kuttla.
Wer hodd do no Zeit zom Bruttla?
Schwardamaga, siasse Mädla,
Schillerlocka, saure Rädla,
Rosakohl ond Gugelhopf,
Hasaschlegel, Hefezopf,
Bebballesgmias ond Leberspätzla,
Scho vo weitem hörd mr's schmatza!

Knöchla, Katzagschroi ond Kuddla,
Mutschla, Sääla, Suppa-Nudla,
Hutzelbrot ond Laugaweggla,
Griabawurschd ond Dürrfloischeggla,
Metzelsupp ond dörrte Schnitzla,
Schneiderfleck ond Buabaspitzla,

Springerle ond Breschdlingsgsälz,
au Nonnafürzla schmeckat älls
Zwetschgakuacha, Kuddlsupp,
Floischkiachla ond Kartoffelsupp
Eigmachts Kalbfloisch, grührta Kuacha
Do ko wirklich koiner fluacha.

Pfitzauf, Dreiblesgsälz ond Flädla,
Guatsla, Rohm ond Gelbwurst-Rädla,
Tellersulz ond siasse Waffla,
frisch eiglegte Suddraischdaffla,
Fasnetküachla, Gsälz ond Knöpfla,
drzu passt guad a gscheides Drepfle.

8

Koch-und Backbuch

Inhaltsverzeichnis

Die Speisekammer
Küchengrundausstattung
Haltbarmachen, nur nicht wegwerfen!

Blumenkohlsuppe
Bográcsgulyás
Brandteigklösschen
Brassoer Braten mit Bratkartoffeln, Brassói
Brätstrudelsuppe
Brätklösschen
Brennnessel
- Brennnessel in der Medizin
- Brennnesselhaarwasser
- Brennnessel-Tee
- Brennnesseljauche als Dünger
- Brennnesseljauche als Schädlingsbekämpfung
- Brennnesselshampoo
- Brennnesselsuppe
Brennesselklösschen
Bretzel
Bretzel selber machen
Alte Brezeln verwenden
Brühe selber kochen
- Brühe haltbar machen
- Gemüse-Brühe
- Hühner-Brühe
- Rinder-Brühe
Brokkoli
Brokkolisuppe
Brokkoliauflauf
Brokkoli mit Rindfleisch
Brotgurken, ungarische eingeweckte Gurken
Brotpfannkuchen mit Schinken
Butterkuchen mit und ohne Mandeln
Buttermilchpfannkuchen mit Apfelmus
Butterteig für viele Plätzchen

C

Champignons, gefüllte
Chicorée
- Chicorée mit Oubatzter
- Chicorée-Suppe

- Chicorée überbacken
- Chicorée-Salat pikant
- Chicorée-Salat süß
Croissant, französische selber machen
Csipetke (Zupfnockerl)

D

Dampfnudeln, Germklösse, Hefeklöße
Dampfnudeln mit Vanillesauce
Dampnudel mit Kirschkompott
Dampfnudeln (gebraten) mit Weinschaumsauce
Debreciner
Dobostorta
Dödölle

E

Eier gefüllt
Eiernudeln (gebraten) mit Kochschinken (2 Personen)
Eierstich
Eier süß sauer
Eierschecke, Dresdner
Einlaufsuppe
Erbsensuppe aus getrockneten Erbsen
Erdbeeren putzen
Esterhazy Sauce zu Spaghetti
Estragonsuppe mit Huhn und Hühnerleber

F

Fischsuppe 1
Fischsuppe 2
Flachswickel
Flädlesuppe
Fleischküchle 1 und 2
Fleischbrühe mit Ei und Grieß
Froschpörkelt
Forelle

Forelle blau
Forelle (geräuchert) auf Rukola-Salat

G

Gaisburger Marsch
Gänseleber gebraten
Gänseschmalz
gebrannte Grießsuppe
gedünstete Eiergraupen
gefüllter Gänsehals
Gemüsesuppe Kalt
Gerstebrei
Glühmost
Graupensuppe
Grießschnitten (süß)
Grießbrei, wie ihn Oma kocht
Griesklösschen
Grießklößchensuppe mit Gemüse, Zöldségleves daragaluská
Gurken süß-sauer
Gurkensalat, traditionell ungarisch
Geschmacksverstärker aus der Natur
Grenadiermasch
Gundel-Palatschinken
Gurkensalat

H

Hackfleischbällchen für Tomatensauce
Hagebuttenmarmelade
Hagebuttensauce
Hähnchenleber mit Letscho
Hafer
 - Hafer im Müsli
 - Hafersuppe
 - Haferschleim
 - Hafer-Babybrei
 - Haferflockenauflauf

- Hafermilch für das Baby
- Haferkekse
- Haferplätzchen zu Weihnachten
Haltbarmachen durch Fermentation
- grüne Bohnen
- Sauerkraut
- Kleine Gürckchen
- rote Beete
Hasenpfeffer
Haussalat
Hefeteig Grundrezept
Heifele herstellen (wie Trockenhefe)
Hermann-Teig
Hirn, Gehirn zubereiten
Gebackene Hirnschnitten
Hirn in Backteig
Hirn mit Ei
Hirnfülle
Hirnknödel
Hirnknöderl
Hirnomelette
Hirnpalatschinken gebacken
Hirnplätzchen
Hirnpofesen
Hirnpudding
Hirnschöberlsuppe
Hirnsuppe
Hirnwürfel überbacken
Kalbshirn gebacken
Kalbshirn geröstet
Kalbshirn in weißer Kräutersauce
Kalbshirn mit Ei
Legierte Kalbshirnsuppe
Rindsuppe mit Hirndunstkoch
Hitzplootz süß
Hitzplootz deftig mit Grieben und Speck
Hitzplootz mit Gemüse
Hochzeitssuppe selber machen, inkl. der Einlagen
- Hochzeitssuppe

- Eierstich
- Brühe
- Brätklößchen
- Grießklößchen
- Brandteigklößchen
- Suppenmaultaschen
- Markklößchen
- Leberklößchen

Holunder
- Holundertee
- Hollerwasser
- Holunderblütenküchlen
- Holundergetränk für den Sommer
- Holunder ernten
- Holundergelee
- Holunderblütensirup

Hortobagy Palatschinken
Hurka, Blutwurst und Leberwurst

I

Indianerkrapfen

J

Joghurt-Sauce
Joghurt selber ansetzen
Johannisbeere-Nusskuchen, Johannisbeerekuchen mit Baiser

K

Kaiserschmarrn – Gerupfte-Grimbeli
Kakaogetränk heiß
Karamellsauce
Karpfen gebacken
Kartoffelteig, Grundteig
Kartoffelbounzeli
Kartoffelauflauf (süß)
Kartoffelsalat (der Echte)

Kartoffelsuppe mit Wiener Würstchen
Kartoffelsuppe mit Majoran
Kartoffelsuppe mit Sahne und Speck
Käse-Lauch-Suppe
Kastanie, Maroni Tipps zur Zubereitung
Kastanienpüree
Kastaniensuppe
Kirschkompott
Kirschkompott (2)
Kirschkompott aus Sauerkirschen- und Süßkirschen
Knoblauchsuppe
Kohlrouladen (1)
Kohlrouladen (2)
Königsberger Klopse
Krautsalat
Krebspörkelt

Kürbis, Kürbiskerne, Kürbisöl
-Die Geschichte und Kultivierung des ungarischen Kürbisses
-Kürbis-Ingwersuppe
-Kürbiskerne rösten
-Kürbiskerne im Backofen rösten
-Könnte man die Schale der Kürbiskerne mitessen?
-Welche Kürbissorte soll ich für Kürbiskerne nehmen?
-Gefülltes Huhn mit Käse, frittiert mit Kürbiskernen, Risibisi
-Kürbisbrot
-Kürbismarmelade
-Kürbissuppe Sopron, Tökleves
-Kürbissalat, Töksalata
-Kürbis-Mohn-Retesch, Tökös-mákos rétes,
-Strudel von Kürbis und Mohn
-Rétes, Strudelteig selber machen
-Frittierte Eier mit Kürbiskernmayonnaise
-Kürbiskernöl-Mayonnaise
-Caprese mit Kürbiskernöl
-Kürbiskern-Gugelhupf
-Frankfurter Kranz aus Kürbiskern-Gugelhupf
-Cremiges Kürbisrisotto mit Kürbiskernöl und Kürbiskernen
-Rote-Bete-Feta-Salat mit Kürbisdressing

15

-Vanilleeis mit Kürbiskernöl
-Rindfleischsalat mit Kürbiskernöl
-Kürbiscremesuppe, Variante
-Kürbiscremesuppe mit Kürbistortellini
-Kürbisnockerl mit Kernölsauce
-Kürbisspalten aus dem Ofen
-Kürbislaibchen mit Dip
-Kürbiskernkekse
-Kürbisgemüse, Tökfözelek
-Kürbisgemüse mit Tomate, tök zöldségek paradicsommal
-Gefüllter Kürbis in Dillsauce, Töltött tök kapormártással
-Kürbis in Essig, das Konservieren für den Winter
-Kürbis über den Winter aufbewahren
-Kürbiseintopf mit Hackfleischbällchen
-Kürbissuppe, Variante 2

L

Langos
Lebbencs-Suppe
Leber
Leberklößchen (Variante)
Kalbsleber
Kalbsleber-Klößchensuppe
Kalbsleberstreifen in Sauce
Kalbsleber Berliner Art mit Äpfeln und Zwiebeln
Letscho
Letschokartoffeln
Liebstöckelsuppe, Csirkeraguleves lestyánnal
Liebstöckelsuppe mit Hackfleischbällchen
Linsen, schwäbisch
Linsen mit Knacker und Kassler
Löwenzahn
 - Löwenzahntee
 - Löwenzahn-Honig
 - Löwenzahn-Pesto
Lubi, mit Hack gefüllte Rouladen

M

Maggie
Mákos guba, Mohnauflauf
Matjes in Schmandsauce
Mayonnaise
Metzelsuppe
Milchsuppe herzhaft
Milchsuppe süß
Milchbatzen nach Art der Karthäuserklöße
Milchreisauflauf
Milchreis, wie ihn Oma kocht
Mohnfüllung
Mohnauflauf, Makos Guba
Most
Mostsuppe
Mostsauce- Weinschaumsauce
Mürbeteig

N

Nockeldi
Nudeln selber machen
Nudel-Pilz-Pfanne
Nussecken

O

Ofenschlupfer
Orangenweißbrot
Osterhase
Osterhasenkuchen
Osterfladen
Osterbrot mit Hefe
Osterhasen backen mit Hefeteig und Quark
Osterkekse
Osterkeks, der doppelte Hase
Osterschinken
Oubatzter

P

Paprikas Burgonya
Palatschinken, Grundrezept
Paprikaschoten, gefüllte
Paprikaschoten, gefüllte mit Tomatensauce
Paprikas Burgonya
Paprikas Csirke
Pastinakenauflauf
Patzerlgugelhupf
Pfannenkartoffeln
Pfauenaugen
Pfitzauf
Pilota Keks
Pflauemencrumble

Q

Quarkbällchen
Quarkschnitten nach Rákóczi
Quarkkuchen ohne Boden

R

Rauke oder Rucola
Rucola mit geräucherter Forelle
Reichhaltige Suppe mit Innereien
Resteessen mit Kartoffel – Suppe mit Wiener Würstchen
Resteessen mit Kartoffel- Kartoffelbrei angebraten
Resteessen mit Kartoffel –Bratkartoffeln
Resteessen mit Nudeln – Puddingsuppe
Resteessen mit Nudeln – Suppe mit Gemüse
Resteessen mit Maultaschen – Maultaschensuppe mit Gemüse
Rétes, Strudel
Rhabarber
 - Rhabarber-Kompott
 - Rhabarber-Kuchen, gedeckt
 - Rhabarber-Kuchen mit Quark und Baiser
 - Rhabarber-Plotz

Ribiselkuchen mit Baiserhaube
Rigó Jancsi
Arme Ritter
Rosenküchle
Rosenküchle Variation
Rosenküchle Variation 2
Rührei, das Perfekte
Ruggele
Rumrosinen einlegen

S

Sauerkirschsauce zu Wild
Sauerkirschen einmachen
Sauerkrautsuppe, ungarische
Saure Kartoffeln
saure Nierle
Schichtsalat
Schinkenflecke
Schmalz oder warum ist das Essen bei der Oma so lecker
Schomlauer Nockerln
Schneckennudel
Schneckennudel aus der Backform
Füllung für Schneckennudel- Nussfüllung
Füllung für Schneckennudel- Mohnfüllung
Füllung für Schneckennudel Apfelstücke und Zimt-Zucker
Schnecken zubereiten
Schneeball
Schneeball, fränkischer
Schnitzel
Schnitzel Balkony Art
Schnitzel nach Budapester Art
Schnitzel Z.
Schwammnudeln
Senf
 - Senf selber herstellen
 - Senfmehlfußbad
 - Senf verfeinern
 - Süßen Senf herstellen
 - Senfeier

- Senf-Honig-Sauce zum Dippen
- Senf-Honig-Sauce zum Dippen, Variante
Siedfleisch, gekochtes Rindfleisch
Spargel
- Weißer Spargel mit Sauce Hollandaise
- Frühlingssuppe mit Bruchspargel
- Spargel
- Spargelsuppe
- Spargelsuppe mit Ei oder Blumenkohlsuppe mit Ei
Spätzle
Spinat mit Pellkartoffeln und Ei
Spinatbällchen
Spitzweck
Spritzkuchen
Steckrübe
Strapatzka
Steckrübeneintopf
Streuselkuchen
Streusel
Suppenmaultaschen

T

Tarhonya
Tarhonyasuppe
Tiramisu von Maroni, Kastanien
Tomatenfisch
Tomaten gefüllte
Topfenpalatschinken

U

Ungarisches Rindergulasch, Pörkölt mit Spätzle

V

Vanillepudding selber zubereiten

Vanillesauce
Vanille-Buttercreme
Velős pirítós, Toast mit Hirn oder Knochenmark

W

Waldfrucht-Rote Grütze
Wassersuppe
Weinschaumsauce
Windbeutel, frittierte
Windbeutel, aus dem Backofen
Wrukensuppe
Wurstsalat

Z

Zimtrollen mit dem Rolleneisen (Schillerlocken)
Zwetschgenknödel mit Hefeteig
Zwetschgenknödel mit Kartoffelteig
Zwetschgenkompott
Zwetschgenknödel-Spezialsauce, Karamellsauce
Zwiebelsuppe

Die Speisekammer
Grundnahrungsmittel in Vorratsschrank und Kühlschrank:

- Nudeln (z. B. Spaghetti + Spirelli und Penne) und Spätzle

- Mehl, Reis, Milchreis, Grieß, Speisestärke, Semmelbrösel, Linsen, Backpulver, Trockenhefe, Zucker, Vanillezucker, Puddingpulver

- Konserven oder eingewecktes im Glas:
  wie Thunfisch, Tomaten (ganz, stückig, passiert), Mais, Kidneybohnen, Gewürzgurken, rote Beete im Glas, Sauerkraut, Rotkohl
- Ananas, Pfirsiche, Mischobst, Pflaumen im Glas, Apfelmus, Kirschkompott

- Aufstriche wie Marmelade, Honig, Nutella

- Wurst (Glas oder Dose) Leberwurst, Schmalzfleisch, Lyoner
- Fischkonserven in der Dose oder Glas

- Basics wie Ketchup, Senf, Remoulade, Tomatenmark, Instant-Brühe, Öl, Essig, Maggie, H-Milch, Eier, Butter Margarine, Meerrettich im Glas
- Getränke wie Apfelsaft, Orangensaft, Wasser
- Tee, Kaffeepulver, Kakaopulver pur und Kakaopulver zum einrühren
- Gewürze wie Paprikapulver, Pfeffermühle (schwarz oder bunt), Salz, Currypulver, Lorbeerblätter, Muskat, Wacholderbeeren

- Trocken-Kräuter wie Oregano, Majoran, Chili, Liebstöckel, Dill, Basilikum
- Obst und Gemüse, wie * Kartoffeln, Zwiebeln, Äpfel, Zitronen, Gurken, Tomaten
- Milchprodukte, Frischmilch, Joghurt, Quark, Frischkäse, Sahne, Käse Parmesan + Emmentaler, Gouda, Bergkäse, Sahne

- Wurst Fleischwaren wie Kochschinken, Rohschinken, Fleischwurst, Wiener Würstchen, Speck

Küchengrundaustattung

Messer

- Sparschäler
- Schälmesser
- Gemüsemesser
- Kochmesser
- Fleischmesser
- Brotmesser

Schneidebrett

- In verschiedenen Größen und je nach Bedarf auch für verschiedene Zutaten (z.B. getrennte Bretter für Fleisch, Zwiebeln, Gemüse, etc.)

Kochlöffel

- Kochlöffel
- Schneebessen
- Schöpfkelle
- Schaumlöffel
- Pfannenwender
-

Reiben und Hobel

- Gemüsehobel
- Reibe
- Rohkost Reibe

Weitere Küchenhelfer

- Sieb
- Rührschüssel
- Vorratsschüssel
- Salatschüssel
- Messbecher
- Küchenwaage
- Saftpresse
- Dosen- und Flaschenöffner

TK-Vorrat:

- Brot/ Brötchen
- Erbsen, Mischgemüse, Blumenkohl, Kräuter, Beerenmix, ...
- Fisch (Filet oder Stäbchen)

Haltbarmachen, nur nicht wegwerfen!

In jedem Haushalt befinden sich Einweggläser z.B. von der Marmelade und von Rotkohl, Oliven, Spaghettisauce oder von Gewürzgurken. Oder viele kaufen auch ihre Milch in 1 Liter Glasflaschen. Anstatt diese nach Gebrauch in den Glascontainer zu werfen, waschen wir diese sauber und heiß aus und heben sie mit den Deckeln auf.

Vor Verwendung kochen wir sie mit heißem Wasser aus.

Diese verwenden wir später, um Reste aufzuheben oder selbst gekochte Marmelade einzufüllen sowie Brühe haltbar zu machen.

Anstatt teure Plastikgefäße zu kaufen, verwenden wie die Gläser weiterhin für Nudeln, Salz, Zucker, Mehl usw.

A

Aal und Seezungen zubereiten

Seezungen und Aal werden vor dem Essen enthäutet. Ggf. werden noch die Schwanz- und die Seitenflossen entfernt.

Aal mit Salbei in Sauce

1 Aal
frische Salbeiblätter
1 altbackenes Brötchen
Pfeffer
Salz
Öl zum Braten
Küchengarn oder Rouladennadeln
1 Tasse Fischbrühe oder Rinderbrühe
Zitronenschnitz
dazu Salzkartoffeln

Den fangfrischen Aal gut versäubern. Die Haut für dieses Gericht nicht abziehen. Den Aal in 4 cm lange Stücke schneiden. Die Stücke mit Salz und Pfeffer einreiben und mindestens 2 Stunden ziehen lassen.
Das Brötchen in dünne Scheiben schneiden, darauf eine Scheibe Aal und ein Salbeiblatt legen. Alles gut mit dem Garn einwickeln. Von beiden Seiten durch braten und beiseite legen. Aus dem Bratfett und der Brühe eine helle Sauce zubereiten. Mit Zitronenschnitz und Salzkartoffeln servieren.

Aioli

ist eine scharfe Gewürz Paste, die man zum Würzen von Salat Sauce, Fleisch, Geflügel, Gemüse oder zum Bestreichen von geröstetem Brot verwendet. Aioli wird in Spanien ohne Ei zubereitet, da sonst eine Mayonnaise entsteht, die bei der Wärme leicht verderben würde.

1 Knoblauch-Knolle
Oliven Öl
Salz

Für Aioli alle Knoblauch-Zehen einer Knolle pellen und durch die Knoblauch-Presse drücken. Langsam Öl untermixen, bis eine Paste entsteht. Die Menge vom Öl richtet sich nach der Größe und Frische der Knoblauch-Knolle. Sollten sich Knoblauch und Öl trennen, kann man ganz langsam etwas Milch zufügen, die dann als Emulgator dient. Aioli original zum Schluss mit Salz würzen.

Apfelstücke und Zimt-Zucker-Füllung

5-6 geschälte saure Äpfel klein raspeln und großzügig mit Zimt-Zucker bestreuen. Mit der Zubereitung der Apfelstücke nicht zu lange warten, denn sie saften schnell aus. In einen sehr flüssigen Teig aus Ei, Milch un Mehl tunken, dann frittieren. Wierdrum mit Zucker und Zimt bestreuen und Vanillesauce reichen.

Apfelsuppe mit Brot

4 Äpfel
1 Liter Apfelsaft
altes Brot in Stückchen
Zucker
Vanillepudding
Zimt
0,5 Liter Milch
Zitrone

Mein Lieblingsrezept stammt aus der Nachkriegszeit. Es ist eine Apfelsuppe mit Brot. Das Rezept ist von meiner Mutter, allerdings wie ich sie heute zubereiten würde. Damals gab es noch keinen Vanillepudding, sie hat Stärke dafür genommen.

Äpfel schälen und entkernen. In ganz kleine Stücke schneiden. Ein bisschen Zitrone drüber träufeln, damit sie nicht braun werden.

Den Apfelsaft in einem großen Topf mit 2 Esslöffel des Vanillepuddings und Zucker nach Geschmack aufkochen. Ein bisschen Zimt dazugeben.

Restlichen Vanillepudding, Zucker, Milch zu einer Sauce aufkochen. Die Apfelstückchen mit einem Esslöffel in die Teller geben, danach ein bisschen Brot und dann die Suppe.

Jeder kann sich noch Vanillesauce nehmen. Im Sommer, wenn es sehr heiß ist, schmeckt diese Suppe eiskalt sehr gut. Man kann auch anderes Obst nehmen, oder mit rein tun.

der Apfelbettelmann

150 g altes geriebenes Graubrot oder
Roggenbrot
Zitronenabrieb
50 g Zucker
Prise Salz
3 Tropfen Bittermandelöl
400 g Frische Äpfel
¼ l Wasser
15 g Korinthen
15 g Mandeln
60 g Fett zum Backen (Butter)
Zimt

Das Brot wird gut gerieben und mit dem Zitronenabrieb und dem Zucker vermischt. Die Äpfel dünstet man in dem Wasser gar und mischt sie mit den Korinthen, den Mandeln und dem Bittermandelöl.

Eine Hälfte des Brotes kommt in eine feuerfeste Form, darüber das Apfelmus und darüber der Rest des Brotes. Alles gut andrücken und mit ausgelassener Butter beträufeln. Mit Mandeln bestreuen.

Im Ofen 20 min bei 180 Grad backen und heiß mit Zucker und Zimt servieren.

Apfel in Backteig

120 g Mehl
2 Eier
Prise Salz
gut 1/8 l Milch (Wein, Most oder Bier)
1 EL Rum
ev. 1 EL Zucker

Teig wie bei Frittaten zubereiten. Danach Apfelspalten etc. eintauchen, in heißem Fett rasch goldgelb backen. Tipp: Bei Milchbackteig 1 EL Rum dazugeben, damit der Teig beim Backen weniger Fett anzieht. Man kann Eier auch trennen und steifen Eischnee unterziehen, damit wird der Teig flaumiger.

Apfeltarte anders herum

250 GR. Butter
250 Gr. Zucker
Zimtpulver
16 halbe entkernte Äpfel ohne Schale
Fertiger Strudelteig, rétesteig oder Blätterteig, man kann auch einen Mürbteig selber machen, was man mag

In eine feuerfeste Form wird unten die Butter gleichmässig verteilt, man kann sie vorher auch komplett schmelzen. Der Zucker wird drüber gestreut und auch der Zimt. Dann die halben Äpfel verteilen und andrücken. Man kann auch Apfelspalten nehmen, wie man möchte.

Der Teig wird so ausgeschnitten, dass sie der Form entspricht. Diesen Teig oben drauf legen und Löcher mit einem Messer reinpieken, das die heisse Luft raus kann.

160 Grad, Ober- Unterhitze, 35 Grad im Ofen backen. Dann auf einen Teller stürzen, das der Teig unten ist und die karamellisierten Äpfel oben. Richtig abkühlen lassen und mit Vanilleeis und Sahne und Vanillesauce essen.

Apfel-Selleriesalat

4 Stangensellerie oder einen grossen runden Sellerie
1 saurer Apfel
Zitronensaft
2 EL Mayonaise
1 EL süsse Sahne
Schwarzer Pfeffer
Salz
Prise Zucker
Die Selleriestangen putzen und grobe Fäden wegschneiden. In Scheiben schneiden. Der runde Sellerie wird geschält und und mit einer groben Raspel geraspelt oder gehobelt. Den Apfel schälen und vierteln. Nun in sehr dünne Scheiben schneiden und mit Zitronensaft beträufeln.

Nun alles gut vermischen und kalt stellen. Mit Pfeffer und Salz bestreuen. Variante: mit Walnüssen bestreuen.

Apfelkaltschalte

500 gr. Saure Äpfel
40 gr. Mehl
Salz
80 gr. Zucker
1 Glas Weisswein
600 ml Milch
Becher süsse Sahne, es schmeckt aber auch mit saurer Sahne
2 Gewürznelken (optional)
Zimz
Saft einer halben Zitrone

Apfel schälen, Kerne entfernen und in Würfel schneiden. Die Sahne wird mit dem Mehl verquirlt. Alle andere Zutaten in einen Topf geben und die Äpfel fast weich kochen. Die Mehlsahne beifügen und nochmal aufkochen. Kalt servieren.

Aprikosenkuchen oder Pfirsichkuchen

Schneller Kuchen, wenn mal Besuch kommt. Mit Aprikosen schmeckt er besser, Pfirsiche gehen auch.

125 g Butter
150 g Zucker
1 Pck. Vanillinzucker
1 Prise Salz
2 TL Zimt
3 Eier
2 TL Backpulver
200 g Mehl
2 EL Schlagsahne (evtl. Milch)
2 gr. Dosen Aprikosen oder Pfirsiche
Fett für die Form oder Backpapier
Puderzucker
1 Quark, glatt, 20 %

1 halbes Glas Sprudel-Wasser
2 Packungen Tortenguss
Grosse runde Backform.

Die Zutaten müssen alle zimmerwarm sein. Die Aprikosen oder Pfirsiche in Scheiben schneiden und bei Seite stellen. Alle Zutaten 5 Minuten vermischen. Der Teig wird mit der Zeit sehr flauschig und geht hoch. Er wird deutlich heller. Die Runde Form einfetten oder mit Back-Papier auskleiden. Den Teig ausgießen und mit den Aprikosen bzw. Pfirsichen dicht belegen. Ofen vorheizen bei 170 Grad. Backen 50 Minuten 170 Grad, Ober- und Unter-Hitze. Abkühlen lassen und mit Tortenguss begiessen. Diesen kann man auch weglassen, dann mit Puderzucker bestreuen.

Aspik

Aspik ist ein anderer Name für Gelee, das aus Fleisch oder Fisch hergestellt wird. Der Begriff bezeichnet aber auch kalte salzige Gerichte aus unterschiedlichen, meist vorher separat zubereiteten Lebensmitteln, die mit Gelee überzogen sind. Die deutsche Sammelbezeichnung für einige dieser Gerichte ist Sülze.

Zur Zubereitung von Aspik-Gerichten werden kleine Portionsformen aus Metall oder Glas stark gekühlt, mit gewürztem, gerade noch flüssigem Gelee ausgegossen, wieder gekühlt, bis sich an der Gefäßwand ein dünner Mantel verfestigt hat. Danach wird das übrige Gelee abgegossen, kleine Scheiben von Trüffeln, Möhren, Gurken oder Ähnlichem dekorativ eingelegt, die eiskalte Füllung aus Fleisch, Fisch, Meeresfrüchten, hartgekochten Eiern oder auch Gemüse hineingesetzt und alles mit flüssigem Gelee aufgefüllt. Nachdem das Gelee im Kühlschrank vollständig erstarrt ist, werden die Formen kurz in heißes Wasser getaucht und die Aspike auf Teller gestürzt. Serviert werden sie meist als Vorspeise, zusammen mit einer geschmacklich passenden kalten Sauce wie Mayonnaise oder Remoulade.

Aspik selber machen, aus Kalbsknochen

500 gr. Kalbsknochen, 1 Packung Suppengemüse, 30 gr Zwiebel. Tasse Essig, Tasse Weisswein, 20 gr. Tomatenmark, 1 Lorbeerblatt, Pfefferkörner, Salz, Pfeffer, Estragon, 2 Eiweiß, 1 Knoblauchzehe, 40 gr. Speisegelantine.

Die Knochen kleinhacken und 2 Minuten in Wasser Sprudelnd aufkochen. Nun abgiessen und abspülen. Nun in einem mittleren Topf mit reichlic Wasser noch mal aufkochen und den Schaum abschöpfen. Nun mit dem Gemüse 3 Stunden mässig kochen. Salz zugeben. Zum Schluss sollte 1 Liter Brühe übrig sein. Diese absieben und den gesamten Schaum wegmachen. Wenn die brühe kalt ist, mit dem angeschlagenen Eiweiss klären. Essig, Tomatenmark und Estragon zufügen. Nun die Gelatine einweichen und einrühren. Aufkochen und 10 Minuten leicht kochen lassen. In der Zwischenzeit ein Kochtuch nass machen und den Aspik durchgiessen. Einfärben könnte man jetzt mit Zucker-farbe.

In Formen füllen, mit den gewünschten Zutaten bestücken und in den Kühl-Schrank stellen. Nimmt man Kalbshaxe, benötigt man keine weitere Gelantine.

Aspik mit Speisegelantine herstellen.

Zutaten: Speisegelatine.
Gebrauchsanweisung für 1 Liter Flüssigkeit: 1. Man nimmt 12-50 g Aspikpul-ver (je nach gewünschter Festigkeit des Gelees).
Für schnittfesten Aspik etwa 50 g.

Fisch in Aspik, Karpfen

1 kg Karpfen
2 Zwiebeln
150 g Möhren
2 (ca. 120 g) Petersilienwurzeln
100 g Sellerie
150 g Champignons
½ l Weißweinessig
1 EL Zucker
Salz
10 Pfefferkörner
3 Pimentkörner
3 Wacholderbeeren
1 Lorbeerblatt
1 Stück(e) Zitronenschale
Saft von 1 Zitrone

31

Pfeffer
2 EL Öl
12 Blatt weiße Gelatine
1 Glas eingelegte Paprikaschoten
1 Bund glatte Petersilie

Zwiebeln, Möhren, Petersilienwurzeln und Sellerie schälen. Zwiebel in Spalten, Möhren und Petersilienwurzel in dünne Scheiben, Sellerie in Würfel schneiden. Champignons putzen, waschen und in Scheiben schneiden. Essig, 1/2 Liter Wasser, Zucker, Salz, Pfeffer- und Pimentkörner, Wacholderbeeren, Lorbeerblatt und Zitronenschale aufkochen. Zwiebel, Möhren, Petersiliewurzel und Sellerie zufügen und ca. 8 Minuten garen. Kurz vor Ende der Garzeit Champignons zufügen. Karpfen ausnehmen. Kopf und Flossen abtrennen. Fisch waschen und trocken tupfen. Fischfilet längs von der Mittelgräte schneiden. Filets jeweils halbieren und mit Zitronensaft beträufeln. Mit Salz und Pfeffer würzen und im heißen Öl von beiden Seiten ca. 5 Minuten braten. Gebratenen Fisch mit der Gemüsemarinade begießen und zugedeckt im Kühlschrank 6 Tage ziehen lassen. Fisch herausnehmen und Marinade durch ein Sieb gießen. Gelatine in kaltem Wasser einweichen. Marinade erwärmen, ausgedrückte Gelatine darin auflösen. Etwas Aspik auf den Boden einer Kastenform (26 cm Länge, 1 1/2 Liter Fassungsvermögen) geben und im Kühlschrank festwerden lassen. Paprika abtropfen lassen und in kleinere Stücke schneiden. Petersilie waschen, trocken tupfen und Blätter abzupfen. Kapien und Petersilienblätter mischen und auf dem Aspik verteilen. Mit Aspik bedecken und festwerden lassen. Darauf die Karpfenstücke legen und mit dem Gemüse aus der Marinade abdecken. Restliches Aspik darauf verteilen und mindestens 3 Stunden kalt stellen. Form kurz in heißes Wasser stellen und stürzen.

Eier in Aspik

6 Eier
2 Scheiben Schinken
75 g Cornichons
3 Stiele Petersilie
6 Blatt Gelatine
400 ml Rinderfond
Eier in kochendem Wasser ca. 8 Minuten garen. Herausnehmen, kalt abschrecken und Schale abpellen. Schinkenscheiben in je 3 breite Streifen schneiden. Cornichons, bis auf einige zum Garnieren, in Scheiben schneiden. Petersilie waschen, trocken schütteln. Blätter abzupfen und, bis auf einige, fein hacken.

Gelatine in kaltem Wasser einweichen. Fond erhitzen, Gelatine ausdrücken, im heißen Fond auflösen. Abkühlen lassen, Petersilie darunter rühren,

6 Förmchen (à ca. 125 ml Inhalt) mit kaltem Wasser ausspülen. Je 1 Petersilienblatt auf den Boden jeder Form legen. Eier daraufsetzen. Schinkenstreifen darauf verteilen, Ränder dabei nach innen klappen. Cornichons darauf verteilen. Fond angießen und mindestens 4 Stunden kalt stellen. Förmchen kurz in heißes Wasser tauchen und stürzen. Mit restlicher Petersilie und Cornichons garniert servieren. Über Nacht in den Kühlschrank stellen.

Sülze (Aspik) mit Bratkartoffeln und Remoulade

1 Liter Wasser, gesalzen
500 g Schweinefleisch, z.b. Schulter oder Bauchfleisch
1 Zwiebel(n)
1 Pck. Suppengrün
1 Lorbeerblatt
3 Körner Pfeffer
125 ml Essig
1 Pck. Gelatine, gemahlen, weiß
1 Liter Salzwasser zum Kochen bringen, 500g Schweinefleisch, (z. B. Schulter) waschen, hineingeben, zum Kochen bringen, abschäumen. 1 Zwiebel abziehen, Suppengrün (75g), Lorbeerblatt, 3-4 Pfefferkörner hinzufügen, das Fleisch in etwa 1,5 Stunden gar kochen lassen. Aus der Brühe nehmen, erkalten lassen, in Würfel schneiden, die Brühe durch ein Sieb gießen, 375 ml davon abmessen. 125ml Essig hinzufügen, mit Salz, Zucker abschmecken. 1 Päckchen Gelatine mit 5 Esslöffel kaltem Wasser anrühren, 10 Minuten zum quellen stehen - lassen. Die Brühe wieder zum kochen bringen, von der Kochstelle nehmen, die Gelatine hinein geben, so lange rühren, bis sie gelöst ist, die Fleischwürfel hinzugeben. Die Flüssigkeit mit dem Fleisch in mit kaltem Wasser ausgespülte Tassen oder Förmchen füllen, im Kühlschrank erstarren lassen.

Wenn die Sülze schnittfest ist, sie mit einem Messer vorsichtig vom Rand lösen und auf eine Platte oder Teller stürzen. Beilagen: Bratkartoffeln, Remouladensoße

Ausgezogene

Krapfen, Knieküchle, Küchla oder Kiegla werden nicht nur in großer Zahl, sondern vor allem in vielen Variationen gebacken. Fast jede Region und zahlreiche Ortschaften haben sorgsam gepflegte, eigene Traditionen und Rezepturen.

Ausgezogene Krapfen sind ein ursprüngliches und typisches Festtagsgebäck. Zur Kirchweih (Kerwa) oder zu familiären Festanlässen wie Kommunion, Konfirmation, Hochzeit und Taufe werden sie auch heute noch häufig von erfahrenen Küchla-Bäckerinnen in großer Zahl gebacken.

Nach altem Brauch werden nämlich zu diesen Anlässen Verwandtschaft und Nachbarschaft mit goldgelb ausgebackenen Krapfen beschenkt. In vielen Orten haben sich dazu besondere "Bschaad-Sprüchla" erhalten, mit denen die Küchlein übergeben wurden.

Dieses Brauchtum geht vermutlich auf den Ursprung des Krapfens in den alten Klosterküchen zurück. So ist schon im frühen Mittelalter ein "Craphon" genanntes, mit kostbarem weißen Mehl gebackenes Siedegebäck überliefert, das zu besonderen kirchlichen Festtagen gebacken wurde.

Auch in den Bäckereien der Region gehören die Ausgezogenen zumindest in der Kerwasaison oder beim Crailsheimer Volksfest zum typischen Sortiment.

Aber wie es nicht anders sein könnte, ist auch bei den "Ausgezogenen" Krapfen nicht gleich Krapfen. So unterscheiden sie sich von Region zu Region und manchmal auch von Ort zu Ort nach Größe, Zutaten, Dicke des Randes oder Durchmesser des Fensters. Trotz all dieser Unterschiede ist aber eines sicher: Ausgezogene Krapfen sind kein Allerweltsprodukt. Sie werden stets mit viel Liebe und reiner Handarbeit gezogen und ausgebacken. Dabei kann man sich auch heute noch von geübten Bäckern und Bäckerinnen so manchen Tipp einholen.

Die Zugabe von Eiern verhindert, dass die Krapfen beim Backen zu viel Fett aufnehmen. Wie bei allen Hefeteiggebäcken kommt es schließlich auch bei den Ausgezogenen darauf an, den Teig ausreichend zu kneten und "gehen" zu lassen. Nur so bekommt er eine elastische Konsistenz und lässt sich einfach ausziehen.
Frisch gebackene, gezuckerte Krapfen sollten am Besten am selben Tag verzehrt werden. Ungezuckert können etwas länger aufbewahrt oder auch problemlos eingefroren werden.

Zum Kaffee sind die feinen, in Butterschmalz ausgebackenen Krapfen ein Hochgenuss.

Ausgezogene in Deutschland, Langosch in Ungarn

500 g Mehl
½ Würfel frische Hefe
200 ml lauwarme Milch
1 EL Sauerrahm
50 g Zucker
1 Prise Salz
2 mittelgroße Eier
75 g zerlassene Butter
Öl oder Butterschmalz zum Frittieren
Zucker zum Bestreuen

Das Mehl in eine Schüssel geben und in die Mitte eine Mulde drücken. Hefe zerbröckeln, in lauwarmer Milch auflösen und Sauerrahm unterrühren. Die Hefemilch in die Mulde geben, mit Mehl vom Rand vermengen und 15 Minuten gehen lassen. Zucker, Salz, Eier und 50 g der zerlassenen Butter zum Vorteig geben und alles durchkneten. Den Teig zu einer Rolle formen, in zwölf Stücke teilen und mit den Händen zu Kugeln formen. Die Teigportionen auf eine bemehlte Arbeitsfläche setzen und mit der übrigen Butter bestreichen. Abdecken und ca. 10 Minuten gehen lassen.

Öl oder Butterschmalz in einem breiten Topf erhitzen. Die Hefekugeln zwischen den Händen so auseinanderziehen, dass sie in der Mitte dünn und zum Rand hin dicker sind.

Anschließend die Hefeküchla in das heiße Fett gleiten lassen und mit einem Esslöffel heißes Fett über die dünne Mitte gießen, dass der Teig nicht bricht und schön hell bleibt.Die Küchla mit einer Siebkelle herausnehmen, wenn sie goldbraun gebacken sind. Auf Küchenpapier abtropfen lassen, mit Zucker bestreuen und am besten warm servieren. Das Rezept für Langosch finden Sie unter „L"

B

Backteig mit Weißwein

3 EL Mehl
2 Dotter
2 Eiklar
Prise Salz
2 EL Weißwein
Mehl, Dotter, Wein, Salz verrühren. Eiklar zu steifem Schnee schlagen und unterheben.

Backteig (mit Bier)

3 Eier
200 g Mehl
1 EL ÖL
1 kleine Flasche Bier
Eier trennen. Mehl mit Dotter, MS Salz, Öl verrühren.
Vorerst einmal einen Schuss Bier untermengen.
Eiklar mit Prise Salz steif schlagen und unterheben.
Ist der Teig zu dick, dann noch etwas Bier dazugeben. Der Teig soll dicker sein, damit er nicht abrinnt.

Barbarakuchen, Zitrone

Zutaten
240 g Butter
240 g Zucker
120 g Maismehl
120 g glattes Mehl (Typ 480)
4 Eier
1 P. Vanillezucker
Schale einer Biozitrone
Saft einer Biozitrone
halbe Packung Backpulver
Glasur
3 El Zitronensaft
80 g Staubzucker

Eine Kastenform mit Backpapier auslegen und den Ofen auf 160°C aufheizen. Danach die Zitrone abwaschen und die Schale abreiben. Den Saft auspressen. Alle Zutaten miteinander vermischen bis eine feine, glatte Masse entsteht. In die Kastenform leeren. Bei 160°C Umluft wird dieser Kuchen gut eine Stunde gebacken. Nadelprobe! Den noch heißen Kuchen sofort nach dem Backen aus der Form nehmen und mit der mit der Zitronenglasur bestreichen..

Bärlauch

Der Bärlauch (Allium ursinum) ist eine Pflanzenart aus der Gattung Allium und somit verwandt mit Schnittlauch, Zwiebel und Knoblauch. Die in Europa und Teilen Asiens vor allem in Wäldern verbreitete und häufige, früh im Jahr austreibende Pflanzenart ist ein geschätztes Wild-gemüse und wird vielfach gesammelt.

Der Bärlauch ist eine altbekannte Gemüse-, Gewürz- und Heilpflanze. Die Pflanze ist zwar komplett essbar, genutzt werden aber vorwiegend die Blätter, oft auch mit den Stängeln, frisch als Gewürz, für Saucen, Kräuterbutter und Pesto oder ganz allgemein als Gemüse in der Frühjahrsküche.

Erntezeit für die Blätter ist im März und April. Durch Hitzeeinwirkung werden die schwefelhaltigen Stoffe verändert, wodurch der Bärlauch viel von seinem charakteristischen Geschmack verliert. Daher wird er meist roh und kleingeschnitten unter Salate oder andere Speisen gemischt. Im Frühjahr kann Bärlauch auch den Schnittlauch oder das Zwiebelkraut ersetzen. Bärlauch und seine giftigen Doppelgänger: Trotz der leichten Identifikation durch den knob-lauchartigen Geruch, der beim Reiben der Blätter entsteht, wird Bärlauch von unerfahrenen Sammlern immer wieder mit dem Maiglöckchen, den im Früh-jahr austreibenden Blättern der Herbstzeitlosen oder den meist ungefleckten Blättern jüngerer Pflanzen des Gefleckten Aronstabs verwechselt.

Bärlauchsuppe

1 große Hand Bärlauch
1 Stück Bärlauch extra zum Garnieren
1 Zwiebel
Butter
1 Liter Brühe

2 Löffel saure Sahne
Salz, Pfeffer, Muskat, Maggie

Zwiebeln klein schneiden und in Butter andünsten. Kleingeschnittenen Bärlauch dazugeben. Mit Brühe ablöschen und 5 min kochen lassen. Saure Sahne dazugeben. Alles Pürieren und mit den Gewürzen abschmecken. Mit dem restlichen Bärlauch garnieren. Wer es gehaltvoller mag, kann in Butter geröstete Brötchenscheiben- oder würfel dazu reichen.

Berliner Kartoffelsalat (mit Mayonnaise, Gurke und Ei)

750 g Kartoffeln (festkochend)
1 Zwiebel
100 g Gewürzgurken
1 saurer Apfel
4 Eier
350 – 500 g Mayonnaise
Salz, Pfeffer weiß
Essiggurkenwasser
1 TL Senf mittelscharf
0,5 Liter Brühe
Maggie
Optional: 80 g Fleischwurst in Streifen geschnitten
Kartoffeln mit Schale ca. 20 min weich kochen. Die Kartoffeln etwas abkühlen lassen. Noch gut warm pellen. Dann in dünne Scheiben Scheiben hobeln. Zwiebel schälen und sehr fein würfeln. Die Brühe einmal aufkochen. Die Zwiebeln in eine große Schüssel geben und mit der Brühe begießen. Die Essiggurken sehr fein würfeln und mit in die Schüssel geben.

Jetzt die Mayonnaise mit in die Schüssel geben und gut verrühren. Die Kartoffeln unterheben. Den Apfel in kleine Würfel schneiden und unterheben. Die Eier hart kochen, abschrecken und pellen. Ein Ei vierteln und als Deko zur Seite legen. Restliche Eier halbieren und grob hacken. Eier mit in den Kartoffelsalat geben und gut durchrühren. Wenn die Mischung etwas zu fest ist, dann mit Gurkenwasser glattrühren. Mit Salz und Pfeffer abschmecken, dabei etwas, aber nicht viel übersalzen. (je nach Ziehzeit mehr). Wer mag, kann noch mit etwas Senf und Maggi abschmecken. Variation: unter den Salat in Streifen geschnittene Fleischwurst heben. Wichtig: der Kartoffelsalat muss mindestens 2 Stunden in den Kühlschrank.

Berner Rollen für 4 Personen

dickes Stück Leberkäse vom Metzger
Esrom oder anderer herzhafter Käse
Ketchup
Senf
Gewürzgurken
1 Ei
Paniermehl
2 Esslöffel Öl zum Ausbraten

Leberkäse in 4 dünne Scheiben schneiden, max. 3 bis 4 mm. Mit Senf bestreichen. 4 Scheiben herzhaften Käse, z. B. Esrom drauflegen, diesen mit Ketchup bestreichen. Darauf dünne Gewürzgurkenscheiben legen. Alles zusammen rollen und mit Zahnstochern befestigen. In Ei wenden und mit Paniermehl panieren. Langsam braten, bis alles goldgelb ist. Zusammen mit gekochten Kartoffeln und Blattsalat servieren.

Bienenstich

Nach den Leitsätzen für feine Backwaren des Deutschen Lebensmittelbuchs muss der Anteil des Belags mindestens 20% des Teiggewichts betragen; 30% des Belags muss z. B. aus Mandeln bestehen. Für Mandel-Bienenstich dürfen nur Mandeln verwendet werden. Die Verarbeitung anderer Ölsamen als Walnüssen, Haselnüssen und Mandeln muss deklariert werden.

Gefüllt wird Bienenstich mit Sahne, Buttercreme oder einer Fettcreme, leichter Vanillecreme oder einer Puddingmasse. Weit verbreitet ist eine Puddingcreme, der nach dem Kochen sofort Eischnee untergezogen wird.
Da die Masse sehr locker ist, ist eine Form zum Füllen des Bodens notwendig. Daher wird die Decke vor dem Auftragen geteilt, weil sie sonst nicht schneidbar ist.

Die Herkunft des Namens „Bienenstich" ist unklar. Der Bäckerjungensage nach planten 1474 die Einwohner von Linz am Rhein einen Angriff auf ihre Nachbarstadt Andernach, da der Kaiser den Linzern den Rheinzoll entzogen und den Andernachern zugesprochen hatte.

Am besagten Morgen jedoch gingen zwei Andernacher Bäckerlehrlinge die Stadtmauer entlang und naschten aus den dort hängenden Bienennestern. Als sie die Angreifer sahen, warfen sie die Nester nach ihnen, so dass die Linzer – von den Bienen gestochen – flüchten mussten. Zur Feier wurde ein besonderer Kuchen gebacken – der Bienenstich.

Im Text der Bäckerjungensage von Karl Simmrock findet sich jedoch noch kein Bezug zum Bienenstich. Die früheste ermittelbare Belegstelle stammt aus dem Jahr 1962.
Werbung für Bienenstich in der Badischen Presse zur ersten Kriegsweihnacht des Ersten Weltkriegs (23. Dezember 1914). Wahrscheinlich handelt es sich bei der Sage um eine wesentlich später entstandene Herkunftslegende. Voraussetzung für die Lagerung eines Kuchens mit verderblicher Cremefüllung ist eine Kühlmöglichkeit, die vor dem 19. Jahrhundert nur in wenigen Haushalten gegeben war.

Die meisten heute bekannten Sahne- und Cremetorten stammen aus der Zeit ab dem 19. Jahrhundert. Die Existenz eines Bienenstichkuchens lässt sich für das Deutsche Kaiserreich schon um kurz nach 1900 belegen. In einem Kochbuch des Badischen Frauenvereins von 1913 bezieht sich das Wort Bienenstich noch primär auf die Röstmasse.

Frühe Bienenstich-Rezepte beinhalteten vermutlich überwiegend noch keine Füllung, da in der Deutschen Frauen-Zeitschrift (Graz) 1914 hierauf gesondert hingewiesen wird: „Zuweilen wird der Bienenstich auch gefüllt."Frühe Rezepte finden sich in Zeitungsanzeigen der Firma Dr. Oetker, die mit einzelnen Rezepten Werbung für ihre Backbücher machte. Der Bienenstich wird dort als „für jede Jahreszeit geeignet", „außerordentlich preiswert" und „noch nicht allgemein bekanntes Gebäck" beschrieben.

Außerdem wird darauf hingewiesen, dass eine Buttercreme-Füllung möglich ist. In der neubearbeiteten Fassung des Deutschen Wörterbuchs wird das Wort Bienenstich in der Bedeutung als Kuchen mit einer Passage aus dem Roman Berlin Alexanderplatz von Alfred Döblin aus dem Jahr 1929 belegt. In der Schweiz ist ein Kuchen unter dem Namen Bienenstich ab dem 20. Jahrhundert belegt. Die Erstnennung in einem Konditoreihandbuch ist erst für das Jahr 1944 nachgewiesen.

Bienenstich

Für den Hefeteig
150 ml Milch
60 g Butter
325 g Weizenmehl
50 g Zucker
1 Prise Salz
½ Würfel frische Hefe (ca. 21 g)
etwas Butter für die Form
etwas Weizenmehl zur Teigverarbeitung
Für die Pudding-Creme
400 ml Milch
1 Pck. Vanillepuddingpulver
60 g Zucker
250 g Sahne
2 Pck. Sahnesteif
Für den Mandel-Belag
60 g Butter
50 g Sahne
3 EL Zucker
1 EL Honig
100 g gehobelte Mandeln
sowie 250 g Sahne
2 Pck. Sahnesteif

Für den Hefeteig Milch und gewürfelte Butter in einem Topf erwärmen. Mehl mit Zucker und Salz in einer Schüssel mischen. Hefe darüber bröckeln und die lauwarme Milchmischung darüber geben. Alles mind. 5 Min. lang zu einem glatten Teig kneten. Teig zugedeckt ca. 45 Min. ruhen lassen. In der Zwischenzeit Pudding für die Füllung herstellen. Für die Puddingcreme Milch mit Zucker und Puddingpulver gut verrühren und aufkochen. Springform (Ø 26 cm) einfetten, Backofen auf 180 Grad Ober-/ Unterhitze (Umluft: 160 Grad) vorheizen. Hefeteig auf einer leicht bemehlten Arbeitsfläche durchkneten und ca. Ø 26 cm rund ausrollen. In die Form geben und zugedeckt weitere 15. Min ruhen lassen.

Für den Mandel-Belag Butter mit Sahne, Zucker und Honig in einem Topf aufkochen. Die Masse etwa 2 Min. bei niedriger Hitze einköcheln lassen. Vom

Herd nehmen und die Mandeln unterrühren. Masse esslöffelweise auf dem Hefeteig verteilen und mit einem Tortenheber gleichmäßig verstreichen. Den Boden im vorgeheizten Ofen ca. 30 Min. backen. Direkt nach dem Backen den Springformrand lösen. Komplett erkalten lassen. Bienenstich waagerecht halbieren. Boden auf eine Tortenplatte setzen, Tortenring drum herum stellen. Sahne mit Sahnesteif steif schlagen. Pudding kurz glatt rühren und die Sahne unterheben. Creme auf dem Boden verstreichen. Mindestens 1 Std. kühlstellen. Deckel beliebig in 10-12 Stücke vorschneiden. Kurz vor dem Servieren die Deckel auflegen. Der Kuchen ergibt ca. 12 Stücke.

Blumenkohlsuppe

1 Liter Brühe
1 Blumenkohl in feinen Röschen
1 Zwiebel
Butter
Pfeffer, Salz, Muskat, Paprikapulver
1 Ei
1 Esslöffel Mehl
1 Esslöffel saure Sahne
Zwiebel in kleine Würfel schneiden und in Butter anrösten, den Blumenkohl dazugeben. Mit der Brühe ablöschen. Nur kurz kochen lassen, sonst hat man Matsch im Topf. Ei, Mehl und saure Sahne verquirlen. Langsam in die heiße Suppe einrühren. Nicht kochen! Gut mit den Gewürzen abschmecken.

Bográcsgulyás, Kesselgulasch

Das Kesselgulasch, Bográcsgulyás ist eines der verbreitetsten und beliebtesten Gerichte der ungarischen Küche. Man kennt viele Arten, so das Szegediner, Debreziner oder das Bohnengulasch.

600 Gr. Rindfleisch
800 Gr. Kartoffeln
600 Gr. Schweinefett, Schmalz
150 Gr. Zwiebeln
3 Paprikaschoten
2 Tomaten
1 Ei
20 Gr. Paprikapulver

1 Gr. Kümmel
Mehl
Salz
1 kleine oder mehr Knoblauchzehen nach Geschmack

Das Rindfleisch in Würfel schneiden. Die feingehackten Zwiebeln in Fett glasig dünsten und mit Paprikapulver bestreuen. Nun mit etwas Wasser angießen. Das Fleisch hineinlegen, salzen und bei kleiner Hitze schmoren. Immer mal wieder angießen und umrühren, so wird ein Anbrennen verhindert. Eine kleine Knoblauchzehe schneiden und mit dem Kümmel dazugeben.

Nun weiter köcheln lassen. In der Zwischenzeit die Kartoffeln und den Paprika und Tomaten in Würfel schneiden. Immer schön rühren. Ein Stück Fleisch und von der Sauce raus nehmen und mal probieren. Ggf. noch ein bisschen nachwürzen.Kurz vor dem Garpunkt das Gemüse unterrühren. Noch mal ein Liter Wasser dazu gießen und fertig garen. Gut durchrühren und probieren. Ggf. noch ein bisschen nachwürzen. Nun aus dem Mehl und Ei einen Nudelteig herstellen. Diesen in die Suppe zupfen. Mit Paprika und Tomatenscheiben garnieren.

Brandteigklösschen,
siehe Rezept Hochzeitsuppe

Brassoi, Brasauer Kleinbraten

Brassói aprópecsenye (übersetzt als "kleine Braten aus BraşovBrasov") ist ein ungarisches Gericht. Es ist ein heißes Gericht aus Schweinefleisch und gewürzten Kartoffeln, zu denen Knoblauch, Zwiebeln, Paprika, Öl, Salz und Pfeffer gehören können, obwohl es mehrere Variationen gibt.

500 gr. Schweineschulter
100 gr. Geräucherter Speck
1 Zwiebel
4 Knoblauch
1 roter Paprika
Pfeffer, Salz
1 kg Kartoffeln
Um das Original Brassói zu machen, waschen, schälen und die Kartoffeln in Würfel schneiden. Heißes Öl erhitzen und zu einem schönen Braun braten.

43

In der Zwischenzeit das Fleisch waschen und in Würfel von der Größe der Kartoffeln schneiden.Den Speck und die Zwiebeln schneiden und in kleine Stücke schneiden. In die Pfanne dazugeben. Fügen Sie das Schweinefleisch hinzu, braten Sie es, bis es weiß ist, dann mit rotem Pfeffer, Salz, Pfeffer bestreuen und den zerdrückten Knoblauch dazugeben. Gießen Sie wenig Wasser an und setzen einem Deckel auf, bis das Fleisch völlig weich ist. Bei Bedarf ersetzen Sie das verdampfte Wasser. Wenn das Fleisch fast weich ist, fügen Sie den Majoran hinzu. Mischen Sie die Kartoffeln, die zuvor in Öl oder Fett gebacken wurden, mit dem saftigen Fleisch. Mit Gurkensalat heiß servieren.

Brätstrudelsuppe

für den Teig:
100 g Mehl
1 Ei
200 ml Milch
etwas Salz
2 Löffel Öl
für den Brät:
200 g Bratwurstbrät
1 Ei
3 Esslöffel Semmelbrösel
Muskat
Petersilie
Salz
Aus dem Teig 6 dünne Pfannkuchen / Eierkuchen backen und abkühlen lassen. Für das Brät alle Zutaten verarbeiten und würzen. Auf die Pfannkuchen das Brät dünn verteilen und aufrollen. In eine gefettete Auflaufform legen und bei 180 Grad ca. 15 min im Backofen garen. In 2 cm dicke Streifen schneiden und in einen Suppenteller geben. Mit heißer Brühe übergießen und mit Petersilie bestreuen.

Brätklösschen,

siehe Rezept Hochzeitsuppe

Die Brennnessel

Wo Menschen sich niederlassen, sind Brennnesseln. Dem einen sind sie ein Dorn im Auge als Unkraut, wir nutzen sie als Medizin, Suppenbeilage, Dünger, Haarpflegeprodukt und Tee.

Brennnessel in der Medizin

Tee: Im Sommer pflücken wir die kleinen Brennnesseln, von denen wir die Blätter abzupfen und in der Sonne auf einem Tablett trocknen. Dann trocken in ein Gefäß geben und aufbewahren. Die Wurzeln waschen wir sauber, trocknen sie gut durch und hacken sie.

Paste: Frische Brennnesseln hacken wir und geben soviel Wasser hinzu bis eine Paste entsteht. In ihr ist eine hohe Konzentration an Ameisensäure, die vor allem bei Rheuma hilft.

Pulver: Blätter und Wurzeln waschen, trocknen und im Mörser zu Pulver verarbeiten. Brennnessel hat einen hohen Eisengehalt und wird aufs Butterbrot gestreut zur Behandlung von Blutarmut herangezogen.

„Wenn man mir sagen würde, ich dürfte nur eine einzige Heilpflanze sammeln, dann wäre das zweifellos die Brennnessel." französische Kräutersammler Maurice Messegue:

Brennnessel kann folgendermaßen helfen:

- gegen Nervosität (Wurzeln)
- Schlafstörungen beruhigen (Wurzeln)
- bei beginnender Wassersucht (Wurzeln)
- Rheumatismusbeschwerden lindern (Paste)
- Blutzuckerspiegel senken (Tee)
- virus- und Bakterieninfektionen bekämpfen (Tee)
- Linderung bei Allergien verschaffen (Tee)
  Immunsystem stärken (Tee)
  Frühjahrsmüdigkeit vermeiden (Tee)
- Hautbild verbessern bei Akne, Pickeln und Mitessern (Tee)

- Infektionen und Entzündungen der Harnwege lindern (Tee)
- Entstehung von Nierensteinen verhindern (Tee)
- blutreinigend und dank des hohen Eisengehalts blutbildend (Tee und Pulver)

Brennnesselhaarwasser
(hilft u. a. beim Kämmen und Juckreiz)

Das **Brennnessel Haarwasser** beruhigt strapazierte Kopfhaut. **Brennnessel**-Extrakt enthält einen natürlichen Antischuppenwirkstoff und kann so dazu beitragen, die Schuppenbildung zu verhindern. Als beruhigendes **Haarwasser** wirkt es Juckreiz entgegen und pflegt irritierte Kopfhaut.

4 TL Brennnesselblätter.
500 ml kochendes Wasser.

Das kochende Wasser auf die Brennnesselblätter gießen, zudecken und 15 Minuten lang ziehen lassen. Danach abseihen und in eine Flasche füllen. Nach dem Waschen die Haare mehrmals mit der Mischung durchspülen und diese sanft in die Kopfhaut einmassieren.

Brennnesselklößchen,
nach Art von Gnocci
Csalángombóc

Reichlich kleine Brennessel aus dem Garten in einer grossen Schüssel sammeln. Handschuhe anziehen. Ansonsten wird die Brennessel jetzt wie Spinat behandelt.
Zutaten für den Teig:
350 g gekochte Kartoffeln
250 g Kartoffelstärke
100 g Brennnesselpüree
2 Eigelbe
Salz
ggf. Wasser und Kartoffelstärke

Brennnesseln von den Stielen befreien. In reichlich Salzwasser kochen und in Eiswasser abschrecken. Das Kochwasser benötigen wir noch.

Die Brennnesseln komplett auspressen, am besten ein Küchenhandtuch nehmen, das Wasser muss raus. Mit einem scharfen Messer kleinschneiden. Dann ein Küchenpürierstab nehmen und ein Messbecher und 2/3 der Brennnesselstreifen mit einer kleinen Kelle Wasser pürieren. Bei Seite stellen. Das muss eine dickliche Konsistenz haben, wie Brei. Die restlichen Brennnesseln brauchen wir noch.

Dann Pellkartoffeln kochen und mit einer Spätzlepresse Kartoffelbrei draus machen. Die Eier, die Stärke, Salz, wer mag Muskat dazugeben, gut verkneten und 10 min ruhen lassen. Die Hälfte der Brennnessel dazugeben und durchkneten. In den Kühlschrank stellen. Nach 20 min kneten und kleine Würstchen rollen und Stücke abschneiden. Daraus Klößchen rollen oder einfach so lassen, sieht auch schön aus.

Die Klößchen werden dann in das kochende Brennnessel-Kochwasser gekippt und das Wasser sofort runter geschaltet. Die Klößchen sind fertig, wenn sie oben schwimmen. Gut abtropfen lassen. In einer Pfanne Butter auslassen und die restlichen Brennnesseln drin braten. Dann die Klößchen in die Butter geben. Noch mal würzen und Parmesan drüber streuseln.

Brennnessel-Tee:

Im Sommer pflücken wir die kleinen Brennnesseln, von denen wir die Blätter abzupfen und in der Sonne auf einem Tablett trocknen. Dann trocken in ein Gefäß geben und aufbewahren. Drei bis vier Teelöffel frische oder einen Teelöffel getrocknete Brennnesselblätter in eine Tasse geben. Mit 200 ml kochendem Wasser übergießen. Zugedeckt 10-15 Minuten ziehen lassen. Abseihen, mit Honig süßen und trinken.

Brennnesseljauche als Dünger

1 Eimer kleingeschnittene Brennnesseln mit Wasser übergießen und mit einem Stein beschweren. 10 bis 14 Tage an einem dunklen Platz im Garten reifen lassen. Vorsicht: die Jauche stinkt! Alles durch ein Sieb durchseihen. Die Pflanzenreste auf den Kompost tun. Die Jauche eignet sich sehr gut als Gartendünger.

Brennnesseljauche als Schädlingsbekämpfung

1 Eimer kleingeschnittene Brennnesseln mit Wasser übergießen und mit einem Stein beschweren. 10 bis 14 Tage an einem dunklen Platz im Garten reifen lassen. Vorsicht: die Jauche stinkt! Alles durch ein Sieb durchseihen. Die Pflanzenreste auf den Kompost tun. Die Jauche eignet sich sehr gut als Schädlingsbekämpfung, Z. B. Gegen Blattläuse. Einfach die Stellen dick einsprühen.

Brennnesselshampoo

375 Milliliter destilliertes Wasser
25 Gramm milde Seife z. B. Arztseife
25 Gramm getrocknetes Brennnesselkraut
1 Teelöffel Pottasche (Apotheke)
15 Milliliter Arnikatinktur (Apotheke)
mildes Öl, z. B. Mandelöl, Zitronenöl, Orangenöl
ein Sieb
eine Reibe
einen Topf mit Deckel
1 große Flasche mit Deckel

Bringe das destillierte Wasser zum Kochen und gieße es über die Brennnesseln. Gib das getrocknete Brennnesselkraut in den Topf. Schließe den Topf mit einem Deckel und lass den Kräutersud für in etwa 30 Minuten ziehen. Reibe in der Zwischenzeit die Seife. Nach 30 Minuten kannst du den Sud durch das Sieb abgießen. Lass nun deine Seifenraspeln in dem Sud auflösen und gebe einen Teelöffel Pottasche dazu. Verrühre alles. Zum Schluss gibst du das Öl und die Arnikatinktur zu deinem Brennnessel Shampoo. Fülle das fertige Shampoo in eine saubere Flasche.

Brennnesselsuppe

Frisch gepflückte kleine, Brennnesseln, ca. 2 große Schüsseln
1 Suppengrün
1 große Kartoffel
1 Zehe/n Knoblauch (nach Bedarf)
Brühe zum Aufgießen
Salz
Pfeffer

Muskat

süße Sahne oder Milch

saure Sahne

Suppengrün säubern und klein schneiden, halbieren.
Die eine Hälfte benutzen wir, die andere frieren wir ein. Knoblauch in wenig
Öl andünsten. Das Suppengrün dazugeben und warten bis alles angebräunt
ist.Gewaschene Brennnesseln, hinzugeben und mitdünsten, bis die Brennnesseln in sich zusammengefallen sind. Kartoffel würfeln und hinzugeben. Mit
der Brühe auffüllen und ca. 20 -30 min. köcheln lassen. Alles pürieren und mit
Salz, Pfeffer und Muskat abschmecken. Ein wenig Sahne unterziehen. Mit
einem Klecks Saure Sahne garnieren

die Bretzel

Die Brezel ist ein pikantes oder süßes Gebäck in Form eines symmetrisch ver-
schlungenen Teigstrangs. Ihre Anfänge liegen im Mittelalter des deutschsprachigen Raums. Der Name Brezel wird vom lateinischen brachium abgeleitet
(„der Arm"; mutmaßlich bezogen auf das Verschränken beider Unterarme vor
dem Brustkorb). Seit dem Mittelalter wird die Brezel von der Bäcker-Zunft als
Zunft-zeichen und heute als Wahrzeichen von den Bäcker-Innungen sowie
den Bäckereien verwendet.

Im Laufe der Jahrhunderte bildeten sich zunehmend mehr Varianten der Brezel in immer mehr Regionen und Ländern aus. Am meisten verbreitet ist die
bayerische Brezn mit weitgehend gleicher Dicke und die schwäbische Brezel
mit einem dicken Bauch und zwei dünnen Armen.

Die typische Brezel-Variante von heute ist die Laugenbrezel. Eine Laugenbrezel besteht traditionell aus Weizenmehl, Malz, Salz, Backhefe, Fett (Margarine,
Butter) und Wasser. In manchen Regionen wird auch Schweineschmalz zugegeben. Varianten sind aus Vollkorn-, Dinkel- oder Mischmehlen erhältlich.
Zum Bestreuen des gelaugten Teigkörpers vor dem Backen verwendet der
Bäcker Salz in verschiedenen Körnungen oder Kümmel oder auch Ölsaaten
wie Sesamsaat.

Brezel, Laugenbrezeln selber machen

Zutaten für den Vorteig
100 g Weizenmehl 550
20 g Roggenmehl 1150
140 g Wasser (20°C)
1,2 g Frischhefe
Die Vorteigzutaten verkneten und 24 Stunden bei ca. 5°C reifen lassen.

Zutaten für den Hauptteig
gesamter Vorteig
280 g Weizenmehl 550
80 g Wasser (5°C)
2,8 g Frischhefe
8 g Salz
12 g Schweineschmalz/Butter
grobes Salz zum Bestreuen

Zubereitung
Alle Zutaten fünf Minuten auf niedrigster Stufe und weitere acht Minuten auf
zweiter Stufe zu einem festen, geschmeidigen Teig kneten. Aufpassen, das der
Teig nicht zu warm wird. Den Teig 60 Minuten bei Raumtemperatur (ca. 20°C)
ruhen lassen. 100 g-Teiglinge abstechen, runde Kugeln formen und dann in ca.
45 cm langen Teigsträngen ausrollen. Brezeln schlingen und über Kopf 90-100
Minuten in Leinen bei Raumtemperatur reifen lassen. Die Teiglinge umdrehen, auf ein Blech setzen und im Kühlschrank 10-15 Minuten ruhen lassen.
Dabei bildet sich eine Haut. In 4% iger Natronlauge 3-4 Sekunden lang laugen
und auf mit Backpapier ausgelegte Bleche setzen. Die gelaugten Brezeln
wahlweise flach am Bauch einschneiden und mit wahlweise mit grobem Salz
bestreuen. Bei 250°C ohne Dampf 15 Minuten backen. Für den Glanz direkt
nach dem Backen mit Wasser absprühen.

Alte Brezeln verwenden

Auf dem Backblech Backpapier benutzen. Den Ofen anheizen. Der Käse wird
flüssig und tropft. Das Gebäck nach dem Backen mindesten 5 min abkühlen
lassen. Folgenden Käse benutzen: Spätzle-Käse oder Auflauf-Käse oder Esrom.

1. Alte Brezel mit Wasser anfeuchten. Mit Speck und Käse reich belegen. Bei 180 Grad solange backen, bis der Käse schmilzt und er braun wird ca. 10 min).
2. Wie oben, aber noch geröstete Zwiebeln dazu geben.
3. Wie oben, ober Salami oder Schinken verwenden.
4. Wie oben, aber mit übrig gebliebener, kleingeschnittener Weißwurst und Käse überbacken.
5. für Brezel Hawaii Schinken und Ananas und Käse verwenden.

Brühe selber kochen, Brühe haltbar machen

Übrigens können Sie die Brühe auch ganz einfach haltbar machen, indem ihr sie direkt (und vor allem ganz heiß) in saubere Glasflaschen oder in Einmachgläser verteilt. Die Flaschen sollten bis etwa zwei Fingerbreit unter dem Deckel gefüllt werden und sofort mit dem Metallschraubdeckel verschlossen werden. Dann ohne sie weiter zu bewegen kalt werden lassen: Beim Abkühlen entsteht ein Vakuum und eure Brühe kann nun über Wochen auch ungekühlt gelagert werden.

Gemüse-Brühe selber kochen

Ihr braucht einen großen Kochtopf!
1 große Zwiebel
1 Knoblauchzehe (nach Bedarf)
1 Stange Lauch
2 Karotten
1 Scheibe Knollensellerie oder 2-3 Stangen
1 Handvoll Petersilie
2 Lorbeerblätter
4 Wacholderbeeren
Pfeffer & Salz
Öl zum Anbraten
Maggie zum abwürzen
Bevor Ihr die Brühe ansetzt, halbiert ihr eine große Gemüsezwiebel – die Schale bleibt dran. Den Topf schön heiß machen und die Zwiebel ohne Fett anbraten bis sie ganz braun ist und sich ein karamellartiger Duft verbreitet. Nun in ein paar Esslöffel Öl das kleingeschnittene Gemüse anbraten, zusammen mit den Gewürzen.

Den Topf zu ¾ mit kaltem Wasser (3 bis 4 Liter) auffüllen. Die Farbstoffe aus der Zwiebel-Schale lösen sich und geben der Fleischbrühe später ihre charakteristische Farbe. Ganz wichtig ist, das Wasser soll simmern, d. h. Auf ganz kleiner Flamme vor sich hin kochen. Nun kannst du die Brühe mit Salz und Pfeffer und einem Spritzer Maggie würzen.

Hühner-Brühe selber kochen

Ihr braucht einen großen Kochtopf!
Hühnerklein, 500 g
1 große Zwiebel
1 Knoblauchzehe (nach Bedarf)
1 Stange Lauch
2 Karotten
1 Scheibe Knollensellerie oder 2-3 Stangen
1 Handvoll Petersilie
2 Lorbeerblätter
4 Wacholderbeeren
Pfeffer & Salz
Öl zum Anbraten
Maggie zum abwürzen

Bevor ihr die Brühe ansetzt, halbiert ihr eine große Gemüsezwiebel – die Schale bleibt dran. Den Topf schön heiß machen und die Zwiebel ohne Fett anbraten bis sie ganz braun ist und sich ein karamelartiger Duft verbreitet. Nun in ein paar Esslöffel Öl das kleingeschnittene Gemüse anbraten, zusammen mit den Gewürzen.

Das Hühnerklein waschen und auf das Gemüse setzen. Kurz mit anrösten lassen. Den Topf zu ¾ mit kaltem Wasser (3 bis 4 Liter) auffüllen. Die Farbstoffe aus der Zwiebel-Schale lösen sich und geben der Fleischbrühe später ihre charakteristische Farbe. Einmal aufkochen lassen. Ganz wichtig ist, das Wasser soll jetzt nur noch simmern, d. h. auf ganz kleiner Flamme (Stufe 1) vor sich hin kochen. Nun kannst du die Brühe mit Salz und Pfeffer und einem Spritzer Maggie würzen. Für eine klare Brühe gießt ihr alles durch ein Sieb oder ein Leintuch.

Für eine Suppe mit Einlage gießt ihr alles durch ein Sieb. Das Gemüse kleinschneiden und erst mal beiseite tun. An den Hühnerknochen ist ganz viel

Fleisch, das pulst du ab und tust es in die Brühe. Man kann jetzt noch Suppennudeln oder Suppenmaultaschen dazugeben. Das kleingeschnittene Gemüse kommt erst am Schluss dazu.

Rinder-Brühe selber kochen

Ihr braucht einen großen Kochtopf!
1 kg Rindfleisch mit Knochen (z.B. Beinscheiben, Rinderbrust, Rippen)
2 große Zwiebeln
1 Knoblauchzehe
1 Stange Lauch
2 Karotten
1 Scheibe Knollensellerie oder 2-3 Stangen
1 Handvoll Petersilie
2 Lorbeeblätter
4 Wachholderbeeren
Pfeffer & Salz
Öl zum Anbraten
Maggie zum abschmecken
Öl in einem großen Topf erhitzen und das grob gewürfelte Gemüse hineingeben. Heiß anbraten bis Röstspuren erscheinen. 2 große Zwiebeln mit Schale würfeln und dazugeben. Das Fleisch hinzugeben, umrühren und noch einmal kurz anbraten. Das Fleisch sollte übrigens genügend klein geschnitten sein, so dass ihr es gut mit Flüssigkeit bedecken könnt. Wenn es nicht schwimmt, können sich die Aromen nicht in die Brühe lösen. Petersilie, Wachholderbeeren und Lorbeerblätter hinzugeben und mit etwa 3 bis 4 Liter kaltem Wasser übergießen. Auf keinen Fall darfst du das Wasser salzen oder würzen, das Salz zieht den Geschmack aus dem Fleisch und es wird nicht lecker. Im normalen Topf einmal aufkochen, dann runterdrehen und mit geschlos-senem Deckel für 4 bis 5 Stunden leicht köcheln. Ganz zum Schluss mit Maggie, Salz und Pfeffer abschmecken. Die Brühe in einen anderen Topf durch ein Sieb abgießen und mit Salz und Maggie abwürzen. Das Fleisch von der Beinscheibe klein schneiden und mit gekochten Kartoffeln mit Meerrettich aus dem Glas essen. Oder die Rinderfleischbrühe erwärmen. Kartoffeln klein schneiden und kochen, Portion Spätzle kochen. Mit dem kleingeschnittenen Rindfleisch in einem kleinen Topf einen Gaisburger Marsch zubereiten.

Brokkoli

oder Broccoli auch Bröckel-, Spargel- oder Winterblumenkohl genannt, ist eine mit dem Blumenkohl verwandte Gemüsepflanze.

Brokkoli wachsen ähnlich wie Blumenkohl. Geerntet wird Brokkoli, sobald die mittlere Blume gut ausgebildet und noch geschlossen ist. Die noch geschlossenen Blütenstände werden mit 10 bis 15 Zentimeter langem Stiel und Blättern abgeschnitten. Aus den Seitenknospen entwickeln sich weitere kleine Blütenköpfe, die zu einem späteren Zeitpunkt geschnitten werden können. Geerntet und verwertet werden kann die Blume alleine als Blütengemüse oder komplett mit den kräftigen Stielen.

Der aus Kleinasien stammende Brokkoli war in Europa zunächst nur in Italien bekannt. Durch Caterina de' Medici gelangte er im 16. Jahrhundert nach Frankreich und als „italienischer Spargel" nach England, um schließlich vom US-amerikanischen Präsidenten Thomas Jefferson im 18. Jahrhundert, zunächst als Versuchspflanze, in die Vereinigten Staaten eingeführt zu werden. Hauptanbaugebiete in Europa sind die westlichen Mittelmeerländer, vor allem die Gegend um Verona in Italien.

Brokkoli ist besonders reich an Mineralstoffen wie Kalium, Calcium, Phosphor, Eisen, Zink und Natrium und Vitaminen wie B1, B2, B6, E und besonders Ascorbinsäure (Vitamin C) und Carotin (Provitamin A). Brokkoli kann man sowohl roh als auch gegart genießen. Nicht nur die Röschen, sondern auch die zarten Blätter und die Stängel, die sich wie Spargel anrichten lassen, sind essbar.

Frischen Brokkoli erkennt man beim Kauf an seiner kräftigen Farbe und den geschlossenen Blüten. Er sollte kühl, am besten in einer Frischhaltefolie im Gemüsefach im Kühlschrank, gelagert werden. Auf diese Weise hält er bis zu drei Tage. Wird der Brokkoli zu warm gelagert, so verliert er täglich mindestens zehn Prozent seines Vitamin-C-Gehalts.

Brokkolisuppe

½ Bund Suppengemüse
500 g Brokkoli
1 l Gemüsebrühe

1 EL fein gehackte Petersilie
1 Prise Kurkuma
Salz
Pfeffer
2 Esslöffel Sahne
geröstete Nüsse

Suppengemüse und Brokkoli putzen und waschen. Sellerie, und Möhre würfeln, Lauch in Ringe schneiden, Brokkoli in Röschen teilen. Wasser aufkochen und das Gemüse hineingeben. 10 Minuten bei geringer Temperatur köcheln lassen. Herd ausschalten und Suppe pürieren. Die Sahne unterziehen. Mit Petersilie und den Gewürzen abschmecken. Vor dem Servieren mit den Nüssen servieren

Brokkoli mit Rindfleisch

600 g Rindfleisch, mageres, in dünne Streifen geschnitten
7 EL Sojasauce
4 EL Speisestärke
1 TL Zucker
1 Zehe/n Knoblauch, fein gewürfelt
1 TL Ingwer, frisch gerieben
2 Zwiebel(n), in feine Spalten geschnitten
500 g Brokkoli
3 EL Öl (Erdnussöl)
350 ml Wasser

Geriebenen Ingwer, Knoblauch, Zucker mit 2 EL Speisestärke und 3 EL Sojasauce vermischen. Rindfleisch darin einlegen und mindestens 15 Minuten ziehen lassen. Brokkoli putzen und die Röschen in mundgerechte Stücke schneiden. 2 EL Speisestärke mit 3 EL Sojasauce und 350 ml Wasser mischen. 1 EL Öl in einem Wok erhitzen, Rindfleisch darin ca. 3 Minuten scharf anbraten, dann herausnehmen. Restliche 2 EL Öl in die Pfanne geben und Brokkoli mit den Zwiebeln darin bissfest anbraten. Dann Rindfleisch und die Sojasauce-Wasser-Mischung dazugeben und aufkochen, bis die Sauce eindickt. Evtl. mit etwas Sojasauce abschmecken. Dazu Reis servieren.

Brokkoliauflauf

6 mittlere, festkochende Kartoffeln
1 Brokkoli
Butter
3 EL Mehl
250 ml Gemüsebrühe
250 g Sahne zum Kochen
Salz und Pfeffer
Muskat, Prise Zimt
100 g geriebener Käse
Kartoffeln schälen und in Würfel schneiden. Brokkoli in Röschen schneiden.
Kartoffeln in einen Topf geben, mit kaltem Wasser auffüllen und salzen. Aufkochen und 10 Minuten vorkochen. Brokkoli zugeben und 2-3 Minuten mitkochen. der Brokkoli soll nur angekocht sein. Er wird im Ofen alleine weich.
Backofen auf 180 Grad Ober- und Unterhitze vorheizen. Butter in einer Pfanne
erhitzen. Mehl mit einem Schneebesen einrühren, bis eine goldgelbe Mehlschwitze entsteht. Nach und nach Gemüsebrühe und Sahne einrühren und die
Sauce unter Rühren andicken lassem. Mit Salz, Pfeffer und Muskat und Zimt
würzen. Kartoffeln und Brokkoli in eine Auflaufform geben und mit der Sauce
vermengen. Alles mit geriebenem Käse bestreuen und 20 – 30 Minuten im
Ofen backen.

Variante mit Spirellinudeln
Variante mit Hühnerbrust
Brokkoli schmeckt mit Möhren sehr gut.
Einfach Möhrenstücke mit in den Auflauf geben.

Brotgurken

Brotgurken, schmecken ganz fein und knacken ordentlich.

Sicherlich habt ihr auf den Speisekarten der ungarischen Restaurants auch
schon Brotgurken oder ungarische Gurken als Beilage gefunden. Oft gibt es
diese auf den Tellern dazu. Sehr fein ist auch der Gurkensalat mit einem
Klecks Saurer Sahne. Manche Restaurants bieten auch das Gurkenwasser verdünnt mit Soda und Eis an. Das ist schon speziell, ist aber an heissen Tagen
sehr erfrischend.

Was braucht man für die ungarischen Gurken? Zum ersten braucht man dafür ein spezielles Gär-Glas. Diese können ca 5 Liter aufnehmen. Dazu ein Deckel, der oben Luft raus lässt. Unser Freund A. hat gesagt, dass man auch einen normalen Deckel oder Papier und eine Kordel nehmen kann.

Und dann Roggenbrot und Dill und Knoblauch. Zum Füllen eines 3 Liter Glases werden 2 Kg Gurken benötigt. Die richtigen Gärgurken sind 10 bis 12 Zentimeter lang, 2 Finger dick und knackig frisch vom Markt. Die Gurken werden auf Märkten und in vielen Geschäften gleich zusammen mit ganzen Stengeln Dillkraut angeboten. Nun noch eine dicke Scheibe Brot (am besten dunkles) bereitlegen, 2 Knoblauchzehen und Salz. Die Gurken erst in eine große Schüssel mit lauwarmem Wasser legen, damit sich der an der Schale haftende Sand löst, dann unter fließendem Wasser, eventuell mit einer Bürste gründlich säubern.

Die beiden Enden abschneiden und das Fruchtfleisch kreuzweise einritzen. Gut einen Liter Wasser mit einem gehäuften Eßlöffel Salz aufkochen und etw. 5 Minuten abkühlen lassen. Den Boden des Einmachglases mit der Hälfte des Dills sowie mit einer geschälten in Scheiben geschnittenen Knoblauchzehe auslegen. Die Gurken möglichst dicht nebeneinander und darüber schichten. Ist das Glas bis zu der Hälfte voll, folgt eine zweite Dill-Knoblauch Schicht, obenauf legt man nun die Brotscheibe. Danach Salzwasser über die Gurken gießen, so dass diese ganz bedeckt sind und auch das Brot durchfeuchtet wird. Das Glas mit einem Deckel oder kleinem Teller oder Papier zudecken und in die Sonne stellen. Innerhalb von 3 - 4 Tagen sind die Gurken ausgegoren.

Das Aufgußwasser trübt sich während der Gärung, wird undurchsichtig und milchig. Bevor man den Gärprozess abschließt, empfiehlt sich eine Kostprobe. Die Brotgurken sollten angenehm säuerlich schmecken und knackig sein. Auf keinen Fall dürfen sie zu weich sein, denn bei Hinein- beißen müssen sie richtig knacken. Nun die Brotscheibe entfernen, die Gurken herausnehmen und abspülen.

Anschließend in kleinere, gut verschließbare Gläser umfüllen und durch ein sehr feines Sieb das Gärwasser hinzugießen. Gut verschlossen bleiben sie im Kühlschrank einen Monat haltbar.

Brotpfannkuchen mit Schinken

alte Brötchen, altes Brot oder Weißbrot (pro Person 2 Scheiben oder 1 Brötchen) wenig warme Milch zum Einweichen
pro Person 1 Ei
pro Person eine 1/2 Scheibe Kochschinken
1 große Zwiebel
Butter
Salz, Pfeffer, Paprika
wer mag Reibekäse

Brot oder Brötchen mit der warmen Milch einweichen. Milch nicht wegschütten. Die gehackte Zwiebel mit dem gewürfelten Schinken in einer großen Pfanne anbraten. Inzwischen die Eier mit dem weichen Brötchen vermengen, würzen. Ggf. den Käse unterheben. Den entstandenen Teig auf die Zwiebeln und Schinken gießen. Gut anbacken lassen. Nun den Brotpfannkuchen wenden. Die Flamme runter drehen. Einen Deckel auf die Pfanne tun und mindestens 10 min nur ziehen lassen. Der Teig sollte jetzt luftig hochkommen.
Man isst dazu Kartoffelsalat (siehe Rezept) oder grünen Salat, oder Gurkensalat (siehe Rezept)

sahniger Butterkuchen mit und ohne Mandeln

Hefeteig nach Rezept vorbereiten
Für den Belag
150 Gramm Butter
120 Gramm Zucker
100 Gramm Mandelblättchen (nach Bedarf)
Zum Beträufeln 120 Milliliter Sahne.
Backofen auf 190 Grad Ober- und Unterhitze vorheizen. Mit einem Kochlöffelstiel kleine Vertiefungen bzw. Mulden in den gegangenen Teig drücken. Butter in Flöckchen auf dem Teig verteilen. Gleichmäßig mit Zucker und Mandeln bestreuen. Butterkuchen ca. 20 bis 25 Minuten goldgelb backen. Noch heiß mit flüssiger Sahne begießen.
Variante: Kokosflocken verwenden oder Buttermilch anstatt Sahne

Buttermilchpfannkuchen
mit Apfelmus nach Art von Palatschinken

für die Buttermilchpfannkuchen
2 große Eier
1 Becher Buttermilch
1 Vanillezucker
1/2 Backpulver
4 Esslöffel Zucker
Prise Salz
große Tasse Mehl
2 Esslöffel Öl zum Ausbraten

für das Apfelmus
4 mittlere Äpfel
2 Esslöffel Zucker
1 Vanillezucker
½ Glas Wasser
Spritzer Zitrone

Die Äpfel nur entkernen und in Stücke schneiden. Mit ½ Glas Wasser für 20 min auf kleiner Flamme kochen bis sie weich sind. Danach durch eine flotte Lotte durchdrehen. Spritzer Zitrone dazugeben und durchrühren. Die Eier trennen. Das Eiweiß mit einer Prise Salz aufschlagen, kurz vor dem festwerden 1 Teelöffel Zucker dazugeben. Die Buttermilch zusammen mit den Eigelben, Zucker und Mehl, Backpulver luftig aufschlagen. Der Teig sollte dick und cremig sein. Jetzt das geschlagene Eiweiß runterheben. Den Teig für 10 min stehen lassen. Öl in der Pfanne heiß werden lassen. Die Flamme auf ¾ Stärke der Hitze belassen. Pfannkuchen goldgelb ausbraten. Nach dem ersten Wenden einen Deckel auf die Pfanne geben. So wird der Pfannkuchen so richtig fluffig. Je 2 Pfannkuchen mit Apfelmus servieren.

Butterteig für viele Plätzchen

200 gr Butter
250 gr Zucker
2 mittlere Eier
500 gr Mehl
Zitronenabrieb

Kalte Butter schaumig rühren, Zucker und Eier dazugeben, dann langsam das
Mehl und den Zitronenabrieb. Alles gut verkneten und eine Kugel formen
In den Kühlschrank stellen für 1 Stunde. Sehr dünn ausrollen und Plätzchen
ausstechen. Bei 175 Grad 12 Minuten backen.

C

Champignons, gefüllte

Butter
8 grosse Champignons
120 gr. Hackfleisch
3 EL Semmelbrösel
1 Eigelb
2 EL Petersilie
Salz, Pfeffer
Olivenöl

Backofen auf 200 Grad anheizen. Ein Blech mit Backpapier auslegen und Butterflöckchen verteilen. Pilze putzen und Stiele herausdrehen. Ggf. auch das Innere herausschneiden, aber nicht wegwerfen. Hacken und in eine Schüssel geben. Hier kommen nun das Hackfleisch, Semmelbrösel, Eigelb, Gewürze und Petersilie dazu. Bällchen füllen und in die Pilze geben. Bisschen Olivenöl drüber träufeln und 20 Minuten backen

Chicorée

Wenn es um Chicorée geht, scheiden sich die Geister: Den einen ist das Gemüse zu bitter, die anderen lieben es gerade für seinen herben Geschmack. In jedem Fall lohnt es sich, dem hellen Gemüse eine Chance zu geben, denn es ist reich an Vitaminen sowie Mineralstoffen und hat wenige Kalorien. Chicorée wird im Winter geerntet und gehört somit zu den frischen Gemüseköstlichkeiten für die kalte Zeit. Der Chicorée gehört zu der Familie der Korbblütler. Viele der Pflanzenarten dieser Familie sind für ihre heilenden und geschmacklichen Qualitäten bekannt, so zum Beispiel die Arnika und die Artischocke. Chicorée-Blätter sind reich an wertvollen Nährstoffen, wie beispielsweise:

Vitamin B1, Vitamin B2, Vitamin C, Carotin, Phosphor, Kalium, Kalzium. Mit einem Kaloriengehalt von nur 17 Kilokalorien pro 100 Gramm kann das Wintergemüse außerdem mit gutem Gewissen verzehrt werden.

Seinen bitteren Geschmack verdankt der Chicorée mitunter dem Lactucopikrin (früher Intybin genannt). Dieser Bitterstoff hat eine unterstützende Wirkung auf die Verdauung: Er regt die Gallenblase und die Bauchspeicheldrüse an.

Beide Drüsen sind für die Produktion wichtiger Hormone und Enzyme zuständig, die es erst möglich machen, Stoffe aus der Nahrung aufzunehmen. Bitterstoffe sollen außerdem blutzuckersenkend und schmerzstillend wirken.

Ein alter Hausfrauentipp von Frau Vogt vom Chicoréehof in Blaufelden-Heufelwinden. Hat man starkes Sodbrennen, soll man einen rohen Chiorée Blatt für Blatt essen. Ich habe es ausprobiert, es funktioniert prima. Zudem ist der Chicorée reich an Ballaststoffen und dem Zucker Inulin. Diese Substanzen spielen eine Rolle bei der Vorbeugung von Darmerkrankungen, so zum Beispiel von Darmkrebs. Dank des Inulins kann Chicorée in kleinen Mengen beispielsweise auch Blähungen lindern. Aber Vorsicht: In zu großen Dosen kann Inulin die Tätigkeit des Darms stärker als gewünscht anregen und so selbst wiederum blähend wirken.

Außerdem wirken die hellen Blätter harntreibend und spielen eine Rolle bei der Regulation des Säure-Base-Haushalts. Diese Eigenschaften machen den Chicorée besonders für Rheumatiker geeignet.

Chicorée mit Oubatzter

15–20 Chicoréeblätter
200g Camembert
40g Butter
1 große Zwiebel
nach Bedarf Kümmel, Salz, Pfeffer, Muskat, Paprika

Fünfzehn bis zwanzig Chicoréeblätter abzupfen und waschen. Kleiner Tipp: Wenn Sie die Blätter kurz lauwarm abwaschen, ist der Chicorée weniger bitter. Camembert, Butter und Zwiebel kleinschneiden und mit einer Gabel gut verkneten. Mit einem kleinen Löffel die Masse auf die vorbereiteten Blätter verteilen. – Fertig sind die hübschen Chicorée-Schiffchen. Der perfekte Appetizer!

Fruchtiger Chicoréesalat

400g Chicorée
1 Apfel
1 Banane
1 kleine Dose Mandarinen

Salatsoße
125ml Sahne
1 Becher Naturjoghurt
Mandarinensaft
2–3 EL Zitronensaft

Chicorée kleinschneiden und waschen; Obst schneiden. Die Zutaten für die Salatsoße verrühren, mit den Salatzutaten vermengen und durchziehen lassen.

Chicoréesuppe

500 Gr. Chicorée
1 Becher süsse Sahne
1 Ei
Brühe
Pfeffer, Salz, Muskat
Weissbrot
Brühe

Chicoréeköpfe in der Hälfte durchschneiden, den Strunk entfernen und die Köpfe grob schneiden. Dann 10 Minuten in wenig Wasser mit Brühwürfel kochen. Dann pürieren. Die Sahne mit dem Ei in einer separaten Schüssel verquirlen. Das Ei-Sahne-Gemischder Suppe hinzugeben. Nach Bedarf würzen und während die Suppe noch etwas köchelt, das Brot würfeln und in etwas Butter rösten. – Fertig sind die leckeren Croûtons! Die perfekte Ergänzung zum cremigen Gaumenschmaus.

Chicorée überbacken

1–2 Köpfe Chicorée pro Person
200g gekochter Schinken
200g geriebener Käse
1 Löffel Butter
1 Zitrone
1 Tasse Wasser
Salz, Muskat, Semmelbrösel

Die Strünke des Chicorée entfernen und 10 Minuten in Salz-Zitronen-Wasser mit Butter und Muskat dünsten. Nach dem Abtropfen auf ein Blech oder in eine Auflaufform geben. Den kleingeschnittenen gekochten Schinken und den geriebenen Käse darübergeben, mit Butterflöckchen belegen und ggf. mit Semmelbröseln bestreuen. Im vorgeheizten Backofen 15 bis 20 Minuten überbacken.

Pikanter Chicoréesalat

500g Chicorée
200g Schinkenwurst oder gekochter Schinken
150g gewürfelter Emmentaler
1 kleines Glas Tomatenpaprika
3 große Gewürzgurken
1 Zwiebel
Marinade:
Salz, Salatkräuter, Essig, Öl
zum Verzieren: 1–2 hartgekochte Eier
Den Chicorée kleinschneiden und waschen. Schinken, Käse, Tomatenpaprika, Gewürzgurken und Zwiebel schneiden. Salat abtropfen lassen. Währenddessen Marinade zubereiten und alle Zutaten durchmischen. Die hartgekochten Eier vierteln und den Salat damit garnieren.

Französische Croissants, Francia croissant
Nach einem Rezept von der deutschen Bäckerinnung

In Ungarn gibt es oft nur Croissants, die in Supermärkten im Brotregal verkauft werden. Diese werden zu 90 Prozent in Großbäckereien hergestellt und sind ziemlich trocken. Ich kenne nur eine Bäckerei in Szombately, die selber Buttercroissants herstellt. Daher habe ich begonnen, selber welche zu backen. Dieses Rezept funktioniert gut und man kann den Teig gut einfrieren.

Zutaten (für 11 Croissants)
Grundteig:
500 g Weizenmehl (Type 65 oder 550)
50 g Zucker
1Ei (Gr. M)
10 g Hefe
20 g Butter
10 g Salz
210 ml kaltes Wasser

Butterplatte:
225 g Butter
25 g Mehl (Ihrer Wahl)

Alle Zutaten für den Grundteig in die Küchenmaschine geben und für 3 Minuten im langsamen und für 8 Minuten im schnellen Gang miteinander verkneten. Tipp: Das zugeführte Wasser sollte nicht mehr als 15° C haben. Der Teig sollte kalt geführt werden. Nun den Teig für mindestens 3 bis 5 Stunden abgedeckt kalt stellen – am besten aber über Nacht. Jetzt die Butterplatte vorbereiten. Dafür die Butter direkt aus dem Kühlschrank nehmen und mit dem Mehl vermengen. Eine Platte formen (ca. die Form und Größe einer Tafel Schokolade) und ebenfalls in den Kühlschrank geben.

Nach der Ruhezeit alles aus dem Kühlschrank nehmen und die Butterplatte auf ca. 15 x 25 cm ausrollen. Den Teig auf die gleiche Breite, aber die doppelte Länge ausrollen. Jetzt die Butterplatte auf den ausgerollten Teig legen und die Butter in den Teig gut einschlagen. Nun das Butter-Teig-Gemisch auf 60 x 20 cm ausrollen. Tipp: Sehr gleichmäßig und rechteckig ausrollen. Dann ein Drittel des Teiges zur Mitte hin einschlagen und von oben das andere Drittel darüber legen. Es entstehen drei Lagen Teig. Das nennt man Tourieren.

Das Ganze nochmal wiederholen und den Teig für 30 Minuten zurück in den Kühlschrank stellen. Nach den 30 Minuten das Ganze ein letztes Mal wiederholen und dann wieder in den Kühlschrank stellen.

Jetzt den Teig wieder ausrollen auf eine Bahn mit einer Höhe von ca. 18 cm. Dann die Teigbahn in 13 bis 15 cm breite Abschnitte am unteren Ende einteilen. Am oberen Ende dasselbe machen, aber auf die Mitte der unteren Einteilung versetzt. Jetzt alles mit dem Pizzaroller zu Dreiecken schneiden.
Formen: Ein Dreieck dazu nehmen und es aufrollen. Dabei die Spitze kräftig ziehen, sodass sich das Teigstück beim Rollen etwas verlängert. Halbmondförmig formen und wieder über Nacht in den Kühlschrank stellen.
Am nächsten Tag die Croissants aus dem Kühlschrank nehmen, mit Ei bestreichen und für 1 bis 3 Stunden bei Raumtemperatur (am besten jedoch 25 bis 28° C) gehen lassen. Den Ofen auf 200° C Ober-/Unterhitze vorheizen und dann für 20 bis 22 Minuten backen.

Csipetke (Zupfnockerl)

Zutaten für 4 Personen
120 gr Mehl
1 Ei
1 Teelöffel Salz

Zubereitung:
Das Mehl in eine Schüssel sieben und mit Salz würzen. In der Mitte eine Vertiefung machen, das Ei hineinschlagen und mit den Fingern mit dem Mehl vermischen. Wenn es grob vermischt ist, zu einem glatten, homogenen Teig kneten. Zu Knödeln formen, in Frischhaltefolie wickeln und 20 Minuten ruhen lassen. Dann auf einem bemehlten Brett zwei bis drei Millimeter dick ausrollen, in Quadrate schneiden und in kleine Stücke drücken. Wenn der Teig klebrig und schwer zu handhaben ist, mit etwas Mehl bestäuben. Die Csipetke in den letzten fünf Minuten der Kochzeit in die Suppe geben oder in einem separaten kleinen Topf mit Salzwasser kochen.

D

Dampfnudel / Germknödel / Hefeklösse

Dampfnudel:

Die Dampfnudel ist ein meist ein Hefeknödel mit Vanillesauce. Wie der Germknödel werden Dampfnudeln hauptsächlich aus Mehl und Hefe gemacht. Bei den Dampfnudeln wird aus dem Teig Kugeln geformt, die dann mit etwas Milch und Zucker in einen breiten, flachen Topf gesetzt werden. Hier werden sie bei geschlossenem Deckel gedämpft. Wichtig ist, dass man zwischendurch keinen Blick in den Topf wirft, da die Dampfnudeln dann wieder zusammenfallen. Nach der Dämpfzeit hat sich am Boden der Dampfnudel eine schöne braune Kruste gebildet.

Dampfnudeln mit Vanillesauce

Dampfnudel
160 ml Milch
70 g Zucker
10 g frische Hefe
250 g Mehl (gesiebt)
1 Ei
1 Eigelb
50 g Butter (weich)
Mehl (zum Bearbeiten)

Vanille-Sauce

1 Vanilleschote oder 1 Vanille-Zucker
450 ml Milch
2 El Zucker
Salz
5 g Speisestärke
2 Eigelb

Dampfnudel mit Kirschkompott

1 Glas Sauerkirschen
1 Teelöffel Speisestärke
1 Vanille-Zucker

Für das Kirschkompott die Kirschen mit dem Vanillezucker in einem Topf mischen. Ein bisschen Kirschsaft mit der Stärke glattrühren und unter die Kirschen heben. Unter ständigem Rühren aufkochen und kalt servieren.
Für den Teig 60 ml Milch mit 10 g Zucker erwärmen, Hefe darin auflösen. Hefemilch mit Mehl, 40 g Zucker, Ei, Eigelb und Butter mit den Knethaken des Handrührers zu einem geschmeidigen Teig verarbeiten. Teig zugedeckt 90 Minuten gehen lassen.

Für die Sauce Vanilleschote längs aufschneiden, Mark herauskratzen. 300 ml Milch mit Zucker, Vanilleschote und -mark und 1 Prise Salz kurz aufkochen, beseite stellen und 10 Minuten ziehen lassen. Vanilleschote entfernen. Restliche Milch mit Stärke und Eigelb verrühren. Diese erneut aufkochen. Milch-Eigelb-Mischung unterrühren und bei milder Hitze 2 Minuten köcheln lassen. Sauce abkühlen lassen.

Den Hefeteig auf einer leicht bemehlten Arbeitsfläche kurz durchkneten, zu einer Rolle formen. Aus der Rolle 10 gleich große Stücke schneiden. Jedes Stück zu einer Kugel formen. Kugeln zugedeckt nochmals 30 Minuten gehen lassen. Restliche Milch mit restlichem Zucker in einen breiten flachen Topf geben. Dampfnudeln mit etwas Abstand zueinander vorsichtig hineingeben. Zugedeckt bei mittlerer bis starker Hitze 20-22 Minuten dämpfen. Am Topfboden soll sich eine leicht hellbraune Kruste bilden. Dampfnudeln mit einer Palette oder einem Heber vorsichtig aus dem Topf nehmen und auf Teller geben. Dazu Vanillesauce und/ oder ein Fruchtkompott servieren.
Variante: mit Mohn und Puderzucker bestreuen.

Gebratene Dampfnudel mit Weinschaumsoße

Sie benötigen eine große gute Pfanne mit gut schließendem Deckel und eine Eieruhr.

Dampfnudel:

160 ml Milch
70 g Zucker
10 g frische Hefe
250 g Mehl (gesiebt)
1 Ei
1 Eigelb
50 g Butter (weich)
Mehl (zum Bearbeiten)
1 halbe Tasse Öl (geschmacksneutral)
Salz aus der Salzmühle
1 Tasse Wasser

Weinschaumsoße:

3 Eigelb
3 gestrichene Esslöffel Zucker
Prise Salz
1 / 2 Glas Weißwein

Aus den Zutaten für die Dampfnudel einen weichen Vorteig zubereiten und über Nacht in den Kühlschrank stellen. Ca. 2 Stunden vor dem Kochen aus dem Kühlschrank nehmen und einmal gut durchkneten. 1 halbe Tasse Öl (geschmacksneutral) langsam in den Teig einarbeiten, gut durchkneten und für eine Stunde an einem warmen Ort gehen lassen. Erneut kneten und nicht zu dünn ausrollen. Mit einem Wasserglas runde Teiglinge ausstechen.

2 Esslöffel Öl in der Pfanne warm machen, es darf aber nicht zu heiß werden (Stufe 4). In die Pfanne nun Salz aus der Salzmühle streuen und die Teiglinge einsetzen. Genügend Platz lassen, der Teig geht noch auf. Sofort mit 1 Tasse Wasser aufgießen und mit dem Deckel verschließen (Stufe1). Nach genau 8 min die Teiglinge umdrehen und den Herd abschalten. Die Bratseite muss appetitlich braun gebraten sein.

In der Zwischenzeit über einem Wasserbad 3 Eigelbe, Salz, Zucker und den Weißwein gut mit dem Schneebesen aufschlagen. Wer mehr Alkohol möchte, kann ein Glas Weinbrand oder Amaretto mit in die Creme geben. Sobald die Creme anzieht, vom Herd nehmen, sonst wird alles zu Rührei.

Die Dampfnudel mit der Creme anrichten. Dazu passt auch noch Obst-Kompott aus Kirschen oder Pflaumen.

Debrecziner

ist eine Brühwurstspezialität, die besonders in Österreich, Süddeutschland und in den Nachfolgestaaten der österreichisch-ungarischen Monarchie beliebt ist. Die Wurst trägt den Namen der Stadt Debrecen im Osten Ungarns.

Deftige Wurst: Debreceni páros kolbász. Wenn Sie Lust auf ein weiteres einfaches, deftiges Gericht haben, greifen Sie zu Debreceni páros kolbász. Die Würste sind hierzulande auch unter dem Namen Debreziner bekannt.

Benannt ist sie nach Debrecen, einer Stadt nahe der rumänischen Grenze. Das ungarische Original besteht aus Rind- und Schweinefleisch, ist mit edelsüßem Paprika gewürzt und leicht geräuchert. Sie werden gekocht, im Backofen gebacken oder angebraten und landen meist als Paar auf dem Teller. Serviert werden die Würste mit Meerrettich und Senf sowie Weißbrot. Sie dürfen als Snack auf keinem Jahrmarkt fehlen, dienen jedoch auch wegen ihrem leicht rauchigen Geschmack als Zutat für Suppen und Eintöpfe.

Die original ungarische Debrecziner ist eine leicht geräucherte Wurst aus Rind- und Schweinefleisch mit edelsüßem Gewürzpaprika. Sie ist Bestandteil einer Reihe verschiedener ungarischer Gerichte, denen sie den erwünschten würzigen Räuchergeschmack verleiht, z. B. dem Debrecziner Gulasch. Im Gegensatz zu lang geräucherten Wurstsorten, die beim Kochen hart werden, bleiben Debrecziner auch nach längerer Garzeit weich und saftig.

Grobes Schweinefleischbrät wird mit edelsüßem Paprika gewürzt, in Naturdärme gefüllt, gegart und geräuchert. Dabei werden Schafsdärme bevorzugt, da die Wurst bei Verwendung von Schweinedärmen viel zu dick werden würde. In Ungarn werden traditionell scharfe Paprika und/oder Chili verwendet.

Dobostorta – ideal für die Kaffeepause

Die vermutlich bekannteste Backware des Landes ist die Dobostorta. Sie wurde im Jahr 1895 von Jószef Dobos, einem Konditormeister, erfunden. Wenn Sie Dobostorta nachkochen möchten, benötigen Sie Zeit und Geduld. Sie besteht nämlich nach Originalrezept aus exakt acht Schichten Biskuit, die mit einer

Schokoladencreme zusammengesetzt werden. Für die nötige Stabilität des Backwerks sorgt ein Überzug aus Karamell. Sogar der berühmte amerikanische Künstler Andy Warhol kannte die Süßigkeit.

6 Eier (Größe M)
170 g Zucker
1 Pck. Vanillezucker
150 g Mehl
1 gestr. TL Backpulver
Zum Karamellisieren
200 g Zucker
Schokocreme
250 g weiche Butter
200 g gesiebter Staubzucker
30 g gesiebter Backkakao
200 g
erweichte Schokolade
1 Röhrchen Aroma Rum
Zum Verzieren
50 g Raspelschokolade Vollmilch
vorbereitete Tortenstücke
Spezial-Sandmasse
6 Eier (Größe M)
170 g Zucker
1 Pck. Vanillin Zucker
150 g glattes Mehl
1 gestr. KL Backpulver

Eier mit Zucker und Vanillin Zucker mit dem Handmixer (Rührstäbe) cremig aufschlagen. Mehl mit Backpulver vermischen, darübersieben und mit dem Kochlöffel unterheben. 4 EL von der Masse rund (24 cm Ø) auf ein mit Backpapier ausgelegtes Backblech streichen. Das Blech in die untere Hälfte des vorgeheizten Ofenes schieben. Backzeit: etwa 10 Min. Ober- und Unterhitze: 200 °C Heißluft: 180 °C. Diesen Vorgang noch 6-mal wiederholen. Die einzelnen Böden mit einem Tortenring sofort nach dem Backen ausstechen.
Zum Karamellisieren benötigen wir 200 g Zucker. Den Zucker unter Rühren erhitzen und goldgelb karamellisieren. Den Karamell mit einem befetteten Messer auf einen Tortenboden streichen und mit einem befetteten Messer

sofort in 12 gleiche Stücke schneiden.

Schokocreme
250 g weiche Butter
200 g gesiebter Staubzucker
30 g gesiebter Backkakao
200 g erweichte Schokolade
1 Röhrchen Dr. Oetker Aroma Rum
Butter mit Staubzucker mit dem Handmixer (Rührstäbe) cremig aufschlagen.
Die übrigen Zutaten dazugeben und einrühren. Die Tortenböden mit 2/3 der
Creme zusammensetzen, mit Creme abschließen und den Rand mit Creme
einstreichen. Etwas Creme in einen Spritzbeutel mit kleiner Sterntülle füllen.

Zum Verzieren: Die Torte in 12 Stücke einteilen und auf jedes Stück eine Cre-
mespirale spritzen. Den Tortenrand mit Raspelschokolade bestreuen. Die
glasierten Tortenstücke vor dem Servieren jeweils schräg an die Cremespiralen
legen.

Dödölle, ein Kartoffelgericht zur Fastenzeit

Dödölle sind in Ungarn sehr beliebte Kartoffelpuffer aus gekochten Kartoffeln
oder Kartoffelbrei. In der „Hauptstadt" von Dödölle, in Nagykanizsa, findet
jedes Jahr ein beliebtes Wein- und Dödölle-Festival statt, bei dem im Jahr 2006
sogar ein Guinness-Rekord aufgestellt wurde, indem 2.331 Portionen Dödölle
gleichzeitig hergestellt wurden.

600 g geschälte Kartoffeln
150 g Mehl
5 Teelöffel Fett / Schmalz zum Braten der Zwiebel und weitere 5 Teelöffel zum
Braten der Dödölle
1 großer Zwiebelkopf
1 EL roter Pfeffer
Salz nach Geschmack
2 dl saure Sahne zum Servieren

Kartoffeln schälen und würfeln, mit Wasser übergießen, eine Prise Salz hinzufügen und kochen. Kartoffel im Wasser mit einem Kartoffelstampfer zerdrücken. Sie müssen eine matschige Konsistenz haben. Mehl hinzufügen, zusammenkneten. Es ist gut, wenn die Masse homogen ist und sich von der Topf-

wand trennt. Zwiebel hacken, in Öl oder Fett goldgelb braten. Nach dem Ab-
kühlen den roten Pfeffer und etwas Salz hinzufügen. Mit einem Löffel kleinere
Stücke aus dem gemischten Kartoffelmehlteig schöpfen und beide Seiten im
Fett braten, bis es goldbraun wird. Mit gerösteten Zwiebeln bestreuen und mit
saurer Sahne servieren. Sie werden süß mit Vanillesauce aber auch herzhaft z.
B. mit Gulasch oder als Beilage mit Schweinebraten gegessen.

E

Eier gefüllt

4 Eier
frischer Rettich
Apfelessig
Kürbiskernöl
Salat, Petersilie zum Garnieren
Salz, Pfeffer
Eier kochen, abschrecken, abseihen, schälen, längs halbieren. 2 EL Essig, 1 EL Wasser, einen Schuss Kürbiskernöl in Tasse geben. Leicht salzen und pfeffern. Je zwei Eihälften auf Teller geben, mit etwas Salat Ihrer Wahl garnieren und mit der Marinade übergießen. Rettich reiben und über die Eier und den Salat streuen. Mit Schwarzbrot servieren.

Gebratene Eiernudeln mit Kochschinken (2 Personen)

200 g gekochte Nudeln oder Spätzle
1 große Zwiebel
250 g Kochschinken
2 Esslöffel Öl
2 große Eier
2 Esslöffel Milch
Salz und Pfeffer
weißer Balsamico-Essig
Das perfekte Resteessen:

Die Zwiebel putzen und in Würfel schneiden. In dem ÖL die Zwiebel glasig anbraten. In der Zwischenzeit den Schinken würfeln. Die Eier mit der Milch verkleppern und mit Salz und Pfeffer würzen.

Den Schinken in die Pfanne geben, dann die Nudeln oder Spätzle

mit Salz und Pfeffer würzen. Dann die Eiermischung oben drüber. Nur wenig wenden und nicht zu lange braten. Mit weißem Balsamico-Essig anbieten. Dazu Gurkensalat servieren.

Eierstich

2 Eier
0,25 l Milch
Prise Salz
Prise Muskat

Butter

Alle Zutaten, also 2 Eier, 0,25 l Milch, Prise Salz, Prise Muskat tüchtig quirlen bis Schaum entsteht. Eine Tasse ausbuttern. Ein Topf mit Wasser zum Kochen bringen. Die Eiermasse in die Tasse geben und ins Wasserbad stellen. Wenn die Masse gestockt und fest ist, abkühlen lassen und stürzen. Den Eierstich in gefällige kleine Würfel schneiden und in die Suppe geben. Veränderung: ein Esslöffel fein gehackte Kräuter in die Eiermasse geben. Veränderung: ein Esslöffel fein gehackten Käse in die Eiermasse geben.

Eier süß sauer für 4 Personen

8 Eier
125 g Margarine oder Schmalz
3 EL, gehäuft Mehl
900 ml Wasser
250 ml Gurkenwasser
4 TL Senf
3 TL Zucker
3 Gewürzgurken
Salz und Pfeffer

Die Eier hart kochen und pellen. Zunächst wird eine Mehlschwitze aus Margarine und Mehl in einem Topf hergestellt. Sobald diese köchelt, umrühren nicht vergessen. Um so länger die Mehlschwitze köchelt, um so dunkler wird sie und schmeckt besser. Ungefähr das halbe Glas Gurkenwasser unterrühren. Dann alles aufkochen lassen und immer wieder umrühren. Die Sauce dickt nach und nach an. Nun die in Würfel geschnittenen Gewürzgurken dazugeben und warm werden lassen. Nun wird die Sauce noch nach den persönlichen Vorlieben abgeschmeckt. Nach Wunsch also Zucker, Senf oder noch etwas Gurkenwasser zufügen, bis der gewünschte Geschmack erreicht ist.

Dresdner Eierschecke

Der aus Dresden stammende Schriftsteller Erich Kästner sagte einmal: „Die Eierschecke ist eine Kuchensorte, die zum Schaden der Menschheit auf dem Rest des Globus unbekannt geblieben ist."

Der Name Eierschecke leitet sich von der obersten der drei Schichten ab: Die oberste Schicht, die Scheckenmasse, besteht aus cremig gerührtem Eigelb mit Butter und Zucker, Vanille-Pudding und anschließend untergehobenem schaumig geschlagenem Eiweiß. Die Mittelschicht ist hauptsächlich ein Quark-Vanille-Pudding, der auch Butter, Ei, Zucker und Milch enthält. Der Boden ist ein Rührteig oder Hefeteig mit etwas Mürbeteig. Anschließend wird der dreischichtige Kuchen gebacken. Diese Variante wird auch Dresdner Eierschecke genannt. Eierschecken werden meist in rechteckige Stücke geschnitten. Es gibt aber auch Eierschecken in Tortenform.

Über die Standardvariante der Dresdner Eierschecke hinaus gibt es eine Reihe von Verfeinerungen, darunter mit Rosinen, mit Schokoladenüberzug, mit Mandelsplittern oder mit Streuseln.

Eierschecke, Dresdner

Zutaten für Backblech
Hefeteig
125 g Weizenmehl
25 g Butter
25 g Zucker
10 g Hefe frisch
50 g Milch
1 Ei
1 Prise Salz

Quarkmasse
200 g Speisequark
30 g Butter
30 g Zucker
10 g Weizenmehl
10 g Puddingpulver
20 g Milch

1 mittleres Ei
Prise Salz
Zitronensaft
Rosinen nach Wahl
Scheckenmasse
350 ml Milch
17 5g Butter
175 g Zucker
5 Eier
50 g Puddingpulver (Vanille)
Prise Salz
Ofen auf 190°C vorheizen.

Hefeteig

Alle Zutaten sollten Raumtemperatur haben. Die Hefe mit der handwarmen Milch und der Hälfte des Mehles zu einem weichen Teig verrühren. Der Teig soll ein halbe Stunde ruhen. Wenn der Teig schön aufgegangen ist, die restlichen Zutraten dazugeben und kräftig durchkneten. Teig abdecken und nochmals 30 Minuten ruhen lassen.

Quarkmasse:

Während der Hefeteig ruht, Butter flüssig werden lassen und mit Quark, Zucker, Mehl, Puddingpulver, Milch und dem Ei zu einer glatten Masse rühren. Eine Prise Salz und einen Spritzer Zitronensaft dazugeben. Das Backblech mit Backpapier auslegen. Den Hefeteig gleichmäßig auf dem Blech ausrollen. Die Quarkmasse auf dem Teig verteilen und glatt streichen. Je nach Geschmack, eine Handvoll Rosinen darauf streuen (Kann man aber auch weglassen).

Scheckenmasse

275 ml Milch mit 85 g Zucker zum Kochen bringen. Die restliche Milch mit dem Puddingpulver anrühren und zur gezuckerten Milch geben, einmal aufkochen lassen und dann vom Herd nehmen.Die Eier sauber trennen. Butter und Eigelbe in den heißen Pudding geben und gut verrühren. Eiweiß mit dem restlichen Zucker zu einem schön steifen Schnee schlagen. Dabei den Zucker portionsweise einschlagen. Eine Prise Salz dazugeben, das verbessert das Ergebnis ganz erheblich. Ist der Eischnee steif, sofort den Pudding vorsichtig unterheben. Die gesamte Scheckenmasse auf den Quark geben und glatt streichen. Die Eierschecke für 20 Minuten bei 190° backen, danach Temperatur reduzieren und bei 160° C noch mal 20 Minuten backen. (Gesamtbackzeit mindestens 40 Minuten). Tipp: Die Eierschecke ist fertig, sobald die Masse elastisch ist. Wenn man mit dem Finger leicht auf die Oberfläche drückt und die kleine Druckstelle wieder verschwindet, ist die Eierschecke perfekt gelun-

gen. Zum Schluss die Eierschecke auskühlen lassen und mit Zimt-Zucker bestreuen. Dazu Salzkartoffeln reichen. Viele Schwaben essen Spätzle und grünen Salat dazu.

Einlaufsuppe

1 Liter Brühe
2 Eier
2 Esslöffel Mehl oder Weichweizengrieß
Salz, Pfeffer
Schnittlauch

Brühe erhitzen. Die Eier, das Mahl oder den Grieß und Salz Pfeffer verquirlen. In die Brühe langsam eingießen. Einmal aufkochen lassen. Alles in ein Häfele (Suppenschüssel) geben und mit Schnittlauch servieren.

Erbsensuppe aus getrockneten Erbsen

1 grosse Tasse Erbsen
Wasser
1 Zwiebel 1
100 Gr. Bauchspeck oder Kassler
2 Teelöffel Bohnenkraut
Salz, Pfeffer, Maggie
in Butter geröstete Brötchenwürfel
1 große Tasse Erbsen über Nacht in Wasser einweichen. Nun in einem Kopf mit reichlich Wasser weichkochen und durch ein Sieb passieren. Die Zwiebel und den Bauchspeck würfeln und braun anbraten. Die Erbsenmasse dazu geben, alles würzen und das Bohnenkraut dazu geben. Dazu die Brotwürfel separat dazugeben

Erdbeeren putzen

1 Schale Erdbeeren
1 Teelöffel Natron oder Backpulver oder 250 ml Apfelessig
große Schüssel mit Wasser. In die große Schüssel kaltes Wasser geben, 1 Teelöffel Natron oder Backpulver dazugeben, umrühren, die frischen Erdbeeren darein geben für 30 min. Das Natron entfernt allen Dreck und auch Käfer. Geht auch für Blumenkohl und Brokkoli. Die Erdbeeren bleiben länger frisch und gehen nicht gleich kaputt.

Esterházy Sauce, benannt nach dem Politiker Fürst von Esterházy
Sehr gut zu Spaghetti

Fleisch deiner Wahl, optional
60 gr Mehl
60 Gr. Schmalz
150 Gr. Möhren
100 Gr. Petersilienwurzel
50 Gr. Sellerie
80 Gr. Zwiebel
100 Gr. Schmalz
Pfeffer, Salz
0.1 l Weisswein
Knochenbrühe
1 Lorbeerblatt
20 gr Kapern
30 Gr. Senf
20 Gr. Mehl
0.3 l saure Sahne
Zitronensaft oder Essig
Zucker
Petersilie
Zitronenschale

Das Fleisch klopfen und in Mehl wenden. Heiß und kurz anbraten. Aus der Pfanne rausnehmen. Das Gemüse würfeln, die Zwiebeln hacken und ins heisse Bratfett geben. Den Schmalz zugeben, würzen. Goldgelb braten. Mit Brühe und Wein ablöschen und gut rühren. Das Fleisch wieder einlegen. Lorbeer dazugeben. Senf und Kapern und Zitronenschale hinzufügen.Zugedeckt ca. 15 min schmoren lassen. Schale und Lorbeer entfernen.

Nun Mehl in der sauren Sahne verrühren. Ein wenig Schmorsaft dazugeben und jetzt die Sauce damit binden. Mit Zitronensaft oder Essig abschmecken und nun auch ein bisschen Zucker dazugeben. Mit Petersilie anrichten. Dazu Spaghetti oder Reis oder Nockeldi reichen.

Estragonsuppe mit Huhn und Hühnerleber

200 g Huhn am Stück ohne Knochen
200 gr. Hühnerleber und/oder Magen oder Herz
3 große Möhre(n)
1 Zwiebel
1 Zehe Knoblauch
3 Liter Wasser
2 EL Estragon
6 Kartoffeln
Vegeta oder andere Brühe nach Geschmack
1 Bund Petersilie
4 EL Essig
3 EL Öl
3 EL Mehl
100 ml Sahne
1 Eigelb
1 EL Schmand

Die Möhren und Kartoffeln schälen und würfeln. Das Huhn und die Leber schneiden und würfeln. Wasser zum Kochen bringen. Zwiebel, Knoblauch und Brühe hinzufügen. 20 Minuten kochen lassen. Dann die Zwiebel und den Knoblauch herausnehmen und das Fleisch hineingeben. Das Huhn und die Innereien 10 Minuten vorkochen. Danach die Möhren und die zusammenge-bundene Petersilie hinzufügen und weitere 5 Minuten kochen lassen. Nun die Kartoffeln und den Estragon in die Suppe geben. Weitere 10 Minuten kochen lassen. Danach die Petersilie wieder herausnehmen. Wenn das Gemüse gar ist, den Topf von der Herdplatte nehmen. Öl in einem Topf erhitzen. Wenn das Öl heiß ist, Mehl hinzufügen und 2 Minuten lang anbraten, dann den Topf beiseitestellen und abkühlen lassen. Nun die Masse mit einer Tasse Wasser auflösen. Solange rühren, bis keine Klümpchen mehr vorhanden sind. Sahne, Eigelb und Schmand hinzufügen und alles gut verrühren. Nun die Mehl-schwitze mit 2 Suppenlöffeln der Suppe auflösen. Anschließend die aufgelöste Mehlschwitze wieder zurück in die Suppe gießen. Dann die Suppe mit 3 - 4 EL Essig würzen (je nach Geschmack). Salz nur bei Bedarf verwenden. Zum Schluss nochmal alles zusammen 2 Minuten köcheln lassen.

F

Fischsuppe, ungarische

Gekocht wird sie mit mehreren Karpfen in einem Kessel. . In der roten Suppe waren kleine Fischstücke und Paprika und Kartoffeln und man hat bei der anderen eine Fischscheibe zum abknabbern bekommen.

2 Zwiebeln
150 g mehligkochende Karttoffel oder 1 grosse mehligkochende Kartoffel
2 Knoblauchzehen
2 EL scharfe Paprikapaste
1 TL edelsüßes Paprikapulver
800 ml Brühe aus Vegeta
Salz nach Geschmack, 3 mittlere Karpfen
3 Zitronen
2 grüne Almaparika
2 rote Peperoni
3 gemischte Paprika gewürfelt
5 EL rotes Paprikapulver scharf
Die Karpfen versäubern. Alle Fischreste und Greten und Fischstücke, die nicht so hübsch sind in einen Topf geben, Tomaten häuten und vierteln, Paprika und Zwiebeln in Ringe schneiden sowie die Knoblauchzehe in grobe Stücke hacken. Alles in einen Topf geben und mit Wasser bedecken. 30 Minuten lang bei schwacher Hitze kochen. Anschließend die Brühe durch ein Sieb abgießen. Die kleinen Fische oder Fischreste nicht essen, sondern entsorgen. Einen Liter Wasser zugießen und noch einmal aufkochen. Kartoffelstücke dazugeben. Anschließend nachwürzen mit Salz und Paprika. Die Suppe sollte eine schöne rote Farbe bekommen. Die Brühe nicht umrühren, nur die Fischstücke von Zeit zu Zeit leicht bewegen. 10 Minuten vor Ende der Kochzeit die anderen 4 Filetstücke hineinlegen und nun nicht mehr bewegen. Den einen Karpfen in acht dicke Scheiben schneiden. 4 davon in die Fischbrühe legen. Auch der Fischrogen kommt jetzt mit hinein, falls es welchen gibt. Noch einmal köcheln lassen, etwa 30 Minuten lang bei schwacher Temperatur. Kräftig abschmecken. Wer es scharf mag, kann diese Suppe mit Almapaprika oder roter Peperoni oder roter Cilipaste noch nachwürzen.

Fischsuppe 2

Zutaten: für 4 Personen
700 g dreierlei Fischsorten (Karpfen, Barsch und Wels)
200 g Zwiebeln
2 gehäufte EL Paprika edelsüß
1 gehäufter TL Paprika scharf
2 Tomaten
2 EL Tomatenmark
Salz
2 Paprikaschoten je eine rot und grün
Zubereitung:
Fisch waschen, Zwiebeln schälen, in grobe Stücke schneiden. Paprikaschoten putzen, entkernen, waschen und in gröbere Würfel schneiden. Tomaten kurz in heißes Wasser einlegen, mit kaltem Wasser abschrecken, anschließend die Haut abziehen. Die Tomaten halbieren, das Kerngehäuse entfernen und das Tomatenfleisch ebenfalls in größere Würfel schneiden. In einen genügend großen Topf eine Lage Fisch einlegen, Zwiebeln darüber, nochmals Fisch darauf legen. Mit soviel kaltem Wasser aufgießen, damit der Fisch gut bedeckt ist, etwas Salz hinzufügen, anschließend alles zum Kochen bringen. Die Temperatur herunterschalten, den Inhalt ohne umzurühren ca. 15 Minuten kochen lassen.

Die Fischstücke vorsichtig herausheben und warm halten. Die Fischbrühe durch ein Sieb in einen zweiten Topf gießen. Die vorbereiteten Paprikaschoten, die Tomatenstücke, sowie 2 gehäufte EL Paprikapulver edelsüß, 1 TL Paprika scharf, 2 EL Tomatenmark und Salz hinzu geben.

Dem ganzen Topfinhalt zum Kochen bringen und etwa 10 - 12 Minuten langsam köcheln lassen. In der Zwischenzeit die Fischstücke in etwas größere Stücke teilen, so weit es geht von den Gräten befreien. Die Fischsuppe nun nach eigenem Geschmack kräftig abwürzen, sie sollte sehr scharf sein.

2 TL Stärkemehl in eine Tasse geben, mit etwas kaltem Wasser verrühren und in die heiße Fischsuppe einrühren, einmal gut aufkochen lassen. Die entgräteten Fischstücke zuletzt, nur zum Erwärmen, in die Suppe einlegen, dabei nicht mehr viel umrühren, weil sonst die Fischstücke zerfallen könnten. Sehr scharf und heiß zusammen mit reichlich frischem Weißbrot, Bauernbrot oder Brötchen servieren.

Flachswickel

Flachswickel sind eine schwäbische Spezialität. Für die Flachswickel wird
Hefeteig zu dünnen Rollen geformt, die Rollen dann mittig zusammengelegt,
und die Teig-Enden umeinander gewickelt. Das sieht dann so aus wie die
Flachswickel, mit denen früher am Spinnrad Fäden gesponnen wurden.
Das Besondere an den Flachswickel ist ihre feste Struktur. Die Flachswickel
kommen gleich nach dem Formen in den vorgeheizten Backofen. Zuvor werden die Flachswickel allerdings noch in Hagelzucker gewendet.

Zutaten für ein Backblech) ca 16 Stück:
Für den festen Hefeteig (ohne Milch):
40 g frische Hefe (ein Würfel)
500 g Mehl
Prise Salz
2 Eier
250 g weiche Butter
100 g Zucker
1 Päckchen Vanillezucker
1 Teel. Zitronenschale
Zum Wenden der Flachswickel: ca. 50 g Hagelzucker oder Zimt-Zucker
Ein Backblech mit Backpapier auslegen, Den Backofen auf 170 Grad Umluft
oder 190 Grad Unter/Oberhitze vorheizen. Aus den Zutaten einen festen Hefeteig herstellen. Den Teig nicht gehen lassen, sondern gleich zu Flachswickeln
formen. Dazu den Hefeteig zu einer Rolle formen, und die Rolle in 16 gleich
große Stücke schneiden. Aus den Teigstücken etwa 25 cm lange Rollen for-
men.Dann die Teigrollen mittig zusammenlegen, und die Teig-Enden umeinander wickeln.
Den Hagelzucker in einen Teller geben, die Flachswickel im Hagelzucker
wenden, und die Flachswickel auf das Backblech legen. Die Flachswickel nicht
gehen lassen, sondern gleich im vorgeheizten Backofen etwa 20 bis 25 Minuten
backen.

Flädlesuppe

2 L Brühe
125 g Mehl
1/4 l Milch
1 Ei

Prise Salz
Prise Muskat
Öl zum Braten
Schnittlauch

Aus den Zutaten einen Teig bereiten und 10 min stehen lassen zum abbinden.
In der Zwischenzeit 2 Liter Brühe erwärmen und den Schnittlauch hacken.
In wenig Öl ca. 6 Pfannkuchen / Eierkuchen braten und kalt werden lassen.
Diese in kleine Schnitze bzw. Flädle schneiden. Pro Person einen Schöpfer
heiße Brühe in einen tiefen Teller geben. Genügend Flädle in den Teller geben
und mit Schnittlauch bestreuen.

Fleischküchle / Fleischpflanzerl, Buletten

Frikadelle, Boulette, Bratklops, Fleischpflanzerl, Fleischlaberl oder Fleischküchle ist ein gebratener flacher Kloß aus Hackfleisch, der unterschiedlich
zubereitet und geformt wird. Zur Zubereitung wird zuerst Hackfleisch (in der
Regel gemischtes aus Rind und Schwein) mit Ei und gehackten und eventuell
auch vor-gedünsteten Zwiebeln vermengt. Altbackene Brötchen oder Toast-
scheiben werden in Wasser, Milch oder Sahne eingeweicht und anschließend
ausgepresst und in die Fleischmasse geknetet. Teilweise wird auch stattdessen
Paniermehl verwendet. Danach werden je nach Geschmacksrichtung verschiedene Gewürze wie Salz, Pfeffer, Petersilie, Majoran und Liebstöckel und
Thymian untergemengt. Je nach Rezept können auch noch beispielsweise
Knoblauch und Senf, Ketchup oder Kümmel hinzugegeben werden. Anschließend wird die Masse zu höchstens handtellergroßen flachen Ballen geformt,
die in heißem Fett gebraten oder frittiert werden. Besonders in Österreich und
Dänemark ist es üblich, die Ballen vor dem Braten noch in Paniermehl zu
wenden. Frikadellen werden entweder als Tellergericht mit Beilagen oder als
Imbiss mit Senf und Brötchen serviert. Die vornehmlich in Altbayern übliche
Bezeichnung Fleischpflanzerl entwickelte sich aus der Bezeichnung Fleisch-
pfannzelte. Zelte ist ein altertümlicher Ausdruck für einen flachen Kuchen, der
sich auch in Bezeichnungen wie Lebzelte für Lebkuchen erhalten hat. Fleisch-
pfannzelte bezeichnete also einen flachen Fleischkuchen aus der Pfanne. Es
wurde vorwiegend aus Fleischresten zubereitet. In Baden-Württemberg und
Franken ist die Bezeichnung Fleischküchle oder Fleischküchla üblich. Allerdings wird in Bayerisch-Schwaben dieser Ausdruck immer mehr vom bayri-
schen Dialekt verdrängt.

Fleischküchle / Fleischpflanzerl

500 g Mischhack
1 mittlere Zwiebel in feine Würfel gehackt
halbe Tasse Paniermehl oder
1 altes Brötchen in Milch eingeweicht
1 Ei
Pfeffer
Salz
Majoran
Liebstöckel
Thymian
Schmalz zum Ausbraten
Die Zwiebeln in Schmalz glasig andünsten. Pfanne beiseite stellen.

Alle Zutaten in einer Schüssel gut vermischen, die Zwiebeln dazugeben. In kleine Frikadellen formen. Man kann hier gut einen Eisportionierer benutzen, damit sie gleich groß werden. In der gleichen Pfanne auf nicht zu heißer Stufe langsam braten. Variation: einen Löffel Parmesankäse mit unterheben.

Fleischbrühe mit Ei und Grieß

¾ Liter Rinderbrühe
2 Eier
2 Esslöffel Weichweizen-Grieß,
2 Esslöffel geriebenen Parmesankäse
Muskat
Salz
Pfeffer
Petersilie
getoastete Brötchenscheiben

Eier, Grieß, Parmesankäse, Salz, Pfeffer und 2 Esslöffel kalte Brühe verquirlen. Nun langsam in die kochende Brühe einlaufen lassen. Mit gehackter Petersilie und gebutterten Brötchenscheiben servieren.

Froschpörkelt

25 Froschschenkel
80 gr. Schmalz
Paprikapulver
Salz
150 gr. Zwiebel
150 gr. Papriaschote, gemischte Farben
100 gr. Tomaten oder Tomatenpark

Gewürfelte Zwiebel in einer grossen Pfanne anbraten, mit Paprika und Salz
bestreuen und mit wenig Wasser angiessen. Paprika in Würfel schneiden,
dazugeben. Tomaten unterrühren. Die Froschhenkel oben drauf legen und 10
Minuten mit Deckel zu dämpfen. Abschmecken. Mit Reis servieren.

Forelle

Ihr natürliches Verbreitungsgebiet umfasst Gebirgslagen der Alpen und Vor-
alpen, sie kommt aber auch vielen Tälern vor, wo sie in kalten Seen, Flüssen
und Bächen lebt. Das Wasser muss eine Temperatur von unter zwanzig Grad
aufweisen und sehr nährstoffreich sein. Sie liebt sandigen oder steinigen
Grund sowie unterspülte oder überhängende Uferzonen, wo sie geeignete
Laichplätze findet. Je nach Lebensraum ernähren sich Forellen von im Wasser
lebenden oder fliegenden Insekten, kleinen Fischen oder Krebsen. Zum Lai-
chen schwimmen auch die wandernden Arten flussaufwärts und suchen fla-
che Stellen mit starker Strömung auf, um danach wieder ins Meerwasser zu-
rückzukehren.

Forelle Blau

2 mittlere Forellen
1 Tasse Haushaltsessig
Pfeffer
Salz
Zitrone
1 Lorbeerblatt
4 Nelken in einer kleinen Zwiebel gespickt
1 Petersilienwurzel
Senfkörner 1 Teelöffel

Die Forellen unter Wasser versäubern und abwaschen.

Nicht zu viel Schleim abwaschen. Nun den Essig heiß machen und die Forellen damit übergießen. Sie werden jetzt blau. Einen großen Topf mit Wasser heiß machen mit 1 Teelöffel Salz, einer halben Zitrone, 1 Lorbeerblatt, die gespickte Zwiebel, Senfkörner, die gewürfelte Petersilienwurzel. Einmal aufkochen lassen und dann 3 min kochen lassen und vom Feuer nehmen. Nun die Forellen hineingleiten lassen, das Wasser darf nicht mehr kochen. Das Wasser heiß lassen. Die Forellen sind durch, wenn sich die Flossen herausziehen lassen. Nun die Forellen herausnehmen und bei Seite stellen. Vor dem Anrichten noch einmal kurz in den heißen, nicht kochenden Sud für 2 min belassen. Dazu Salzkartoffeln reichen

Rukola-Salat mit geräucherter <u>Forelle</u>, für 4 Personen

1 geräucherte Forelle in Filets
250 g Rukola gewaschen und abgetrocknet
1 Zitrone
Olivenöl
2 Esslöffel Honig
1 /2 Glas Wasser
Cocktailtomaten
Parmesankäse
Pfeffer
Salz
Kürbiskerne oder Sonnenblumenkerne
weißes Brot in Scheiben

Aus Zitronensaft, Olivenöl, Honig, Wasser, Pfeffer, Salz eine Salatsauce machen. Den Rukola auf Tellern verteilen, darauf die Tomaten und den Parmesan geben, die Forellenfilets in Stückchen zerschneiden und auf den Salat verteilen. Die Sauce großzügig über den Salat geben, mit den Kernen garnieren. Dazu Brot reichen. Manche mischen alle Salatzutaten mit der Sauce in einer großen Schüssel. Der Nachteil hier ist, dass alles vermatscht. Lieber alles auf einzelne Teller verteilen.

G

Gaisburger Marsch

500 g Rinderbeinscheiben oder 3 große
1 Suppengrün
2 große Zwiebeln
100 ml Wasser kalt
250 g Mehl
3 große Eier
Salz und Pfeffer
3 Lorbeerblätter
5 mittlere Kartoffeln
Muskat
Pfeffer
Maggie
Petersilie und Schnittlauch

Ihr braucht einen großen Kochtopf! Für die Brühe die geviertelte aber unge-
schälte Zwiebel in den Topf geben und anrösten. Die Beinscheiben vom Rind
unter klarem Wasser putzen und in den großen Topf geben. Den Topf mit 3 - 4
Litern Wasser füllen und das Wasser zum Kochen bringen und auf mittlerer
Hitze köcheln lassen. Zu Beginn mit einem Schaumlöffel den Schaum abnehmen, bis die Brühe klar bleibt. Nun Möhren, Sellerie, Lauch und Petersilie
putzen und in daumengroße Stücke schneiden, in die Suppe geben und die
Suppe mit einer guten Prise Salz, 2 - 3 Lorbeerblättern und einem Teelöffel
schwarzer Pfefferkörner ca. 2 Stunden köcheln lassen, bis das Fleisch der Beinscheiben weich ist. Während die Brühe köchelt, können Kartoffeln und Spätzle
zubereitet werden. Weder Spätzle noch Kartoffeln werden in der Brühe gekocht, sondern separat zubereitet. Für die Spätzle das Mehl mit Eiern und
Wasser zu einem Teig verrühren und eine Prise Salz dazugeben. Ruhig
schwungvoll rühren, damit Luft in den Teig kommt. Die richtige Konsistenz
hat er wenn er am Kochlöffel Fäden zieht, die aber nicht sofort abreißen. Den
Teig ein paar Minuten stehen lassen. Einen großen Topf Wasser und Salz zum
Kochen bringen. Den Teig in die Spätzlepresse geben und und gleichmäßig in
das kochende gesalzene Wasser pressen. Wenn die Spätzle aufschwimmen,
abschöpfen und mit klarem Wasser abschrecken. Die Kartoffeln schälen und
in mundgerechte Stücke schneiden. Etwa 15 Minuten kochen, bis sie gar sind,
dann abgießen. Die Brühe mit dem Fleisch und Gemüse über einem anderen

Topf abseihen. Ist das Fleisch weich, die Beinscheiben aus der Brühe nehmen und auf einem Teller etwas abkühlen lassen. Anschließend das Fleisch vom Knochen lösen und in mundgerechte Stücke schneiden. Einen Schöpfer Brühe mit Fleisch in einen Teller geben, dazu 3 Löffel Spätzle und 3 Löffel Kartoffeln. Mit Petersilie und Schnittlauch servieren. Wer mag, kann das gekochte Gemüse in einer Extra-Schüssel auf den Tisch stellen.

Gedünstete Eiergraupen

300 gr. Eiergraupen
Salz
80 gr .Schmalz
30 gr. Zwiebel
Paprikapulver

Eiergraupen im Schmalz anbraten, Zwiebel und Paprikapulver dazugeben. Dann wenig Wasser dazugeben und auf kleiner Flamme dünsten. Lieber wenig Wasser nachgiessen. Mit viel Wasser wird die Speise unansehlich und schleimig. Im Sommer wird dieses Gericht mit gewürfelten Paprika und Tomaten serviert, die untergerührt werden.

Germknödel:

Der Knödel ist eine Mehlspeise, die in der Wiener und der Bayerischen Küche sehr verbreitet ist. Es handelt sich um große, halbkugelförmige Knödel aus Hefeteig, der auch Hefeteig genannt wird.

Der Begriff Germ kommt aus dem süddeutschen bzw. österreichischen Sprachraum und bedeutet Backhefe. Anders als Dampfnudeln werden Germknödel, wie andere Knödel auch, entweder in reichlich leicht siedendes Salzwasser gegeben. Bei schwacher Hitze ziehen die Knödel dann bis sie gar sind. Alternativ können Germknödel auch über Salzwasser gedämpft werden. Die Rezepte finden Sie unter Hefeknödel.

Kalte Gemüsesuppe, Hideg zöldségleves

Aus allem was im Garten wächst, z. B.
6 Tomaten
1 Schlangengurke

2 Paprika gelb
2 Paprika rot
1 Zwiebel
2 Knoblauchzehen
1 Scheibe altbackenes Brot oder 1 Brötchen
1 EL Weißweinessig/Apfelessig
3 EL Olivenöl
1 Salz und Pfeffer nach Geschmack
1 kleine Chili
1 Dose Tomaten gestückelt
3 Blätter Basilikum
kann man auch weglassen.

Alle Zutaten, ja auch das Brot, gut mixen, mit Pfeffer und Salz abschmecken. Zwischendurch immer mal wieder 2 Eiswürfel mit mixen.Das Eis macht die Suppe kalt und cremig.Baguette dazu essen. Dazu Wasser mit Zitrone und Minze trinken.

Grenadiermarsch,
ungarisches Gericht mit Nudeln und Kartoffeln

Das Gericht wird in einer Grossen Pfanne serviert. Jeder kann sich so viel nehmen, wie er will.

Pro Person 100 Gr. Fleckerl
Pro Person 100 Gr. Gekochte Kartoffeln
grosser Klecks Schmalz oder Öl zum braten
gutes, würziges Paprikapulver
2 Zwiebeln gehackt

Für den Grenadiermarsch die gehackten Zwiebel in Öl anrösten, und das Paprikapulver reichlich dazugeben. Die gekochten und kleingeschnittenen Erdäpfel und die gekochten Fleckerl (breite Nudeln) untermischen und alles mit Salz würzen. Den Grenadiermarsch durchziehen lassen und servieren. Sauerrahm grosszügig verteilen. Mit Gewürzgurken oder den leckeren Brotgurken servieren. Am nächsten Tag ist es noch viel besser im Geschmack.

Gebrannte Grießsuppe

(sie ist auf dem Teller nicht die Schönste, aber bestimmt eine der schmackhaftesten, die sie je gegessen haben)

1 kleine Kaffeetasse Weichweizengrieß
Butter zum anrösten, ca. 2 Esslöffel
1 Liter Rinderbrühe
Prise Muskat
Prise Pfeffer
1 Ei
Schnittlauch und /oder Petersilie
Brühe erwärmen

Butter in einem Topf erhitzen. Grieß in flüssiger Butter rösten, bis er hellbraun wird. Dabei bleiben und nicht schwarz werden lassen. Mit der Brühe unter Rühren ablöschen und mit dem Schneebesen gut verquirlen. Für ein paar Minuten köcheln lassen. Die Suppe vom Herd nehmen. Das Ei verquirlen und langsam in die Suppe gießen. Die Suppe mit Pfeffer und Muskat abschmecken. Die gebrannte Grießsuppe mit den Kräutern garnieren und servieren.
Variante: anstatt Butter kann man Schmalz verwenden

Grießklösschen, siehe auch Rezept Hochzeitsuppe

50 g Butter (zimmerwarm)
1 Stk Ei (zimmerwarm)
0.5 TL Salz
1 Prise Muskat
100 g Grieß (Hartweizengrieß)

Zimmerwarme Butter cremig rühren, Ei zugeben und zusammen mit Salz und Muskat schaumig rühren. Grieß unterrühren und 15 Minuten ziehen lassen. Dann Salzwasser in einem großen Topf zum Kochen bringen. Alle Nockerl auf einmal ins kochende Wasser geben, für 20 Minuten leicht sieden lassen und für weitere 20 Minuten ziehen lassen. Sie sind fertig, wenn sie an die Oberfläche steigen und fest geworden sind. Die fertigen Klösschen in einen Teller setzen und mit Suppe oder Brühe begiessen.

Man könnte die Klösschen auch gleich in der Brühe kochen. Aber wenn sie zu leicht sind, werden sie zerfallen und es wird matschige Grießsuppe.

Grießklößchensuppe mit Gemüse
Zöldségleves daragaluská

100 Gr. Butter flüssig
doppelte Menge Gries, Hartweizen
2 Eier
Prise Salz
2 TL Salz für 1 Liter Kochwasser
1 Lorberblatt

Zuerst brauchen wir Gemüse-Brühe oder eine Suppe, wo die Klösschen reinkommen sollen. Hierin Gemüse deiner Wahl aufkochen. Dann bei Seite stellen. In einem Topf die Butter schmelzen und den Gries einrühren. Salz dazugeben. Die Eier unterheben und 10 min stehen lassen zum quellen. Wasser aufstellen und 1 Lorberblatt sowie 2 TL Salz dazugeben. Das Wasser muss kochen. Mit zwei Löffeln Klösschen abstechen. Im Kochwasser werden sie doppelt so gross. Also nicht zuviele ins Wasser tun.

Den Herd runter stellen, Deckel drauf und die Klösschen im simmernden Wasser ziehen lassen, bis sie hochkommen. Dann abtropfen lassen und extra stellen. Suppe oder Brühe mit dem Gemüse noch mal warm machen. Erst vor dem Servieren Suppe und Klösschen in einem Teller oder Suppentasse zusamenbringen. Mit Petersilie garnieren. Warum getrennt? Sind sie zulange im Kochwasser oder in der Suppe, neigen sie auseinanderzufallen und du hast Grießmatsche. Man könnte die Klösschen auch gleich in der Brühe kochen. Dann zweimal, dreimal durchrühren, damit sie stückig auseinanderfallen

Gänseleber gebraten, eine Vorspeise für 10 Personen

1 Kg Gänseleber
150 gr. Mehl
100 Gr. Butter
1 Kg Äpfel
150 gr. Butter
1 Glas Portwein
1 Glas Weisswein

Feldsalat
Dressing von Kürbiskernöl (Rezept bei K)

Gänseleber waschen und versäubern. In dicke Scheiben schneiden. Äpfel schälen und in Spalten schneiden. In die Hälfte von der Butter den Zucker karamelisieren. Darin den Wein und Portwein auflösen, die Äpfel hierin dünsten, aber nicht zu weich. Den Feldsalat auf 10 Teller anrichten und das Kürbiskerndressing verteilen. Die Leber würzen und mehlieren. Nun in der restlichen Butter braten. Die Äpfel auf den Teller anrichten, die Gänseleber obendrauf. Das Dressing verteilen und auch die Apfelsauce.

gefüllter Gänsehals

1 Gänsehalshaut
1 Gänseleber
250 g fettes Schweinefleisch
1 kleingehackte Zwiebel
1 Ei
Salz, Pfeffer

Man zieht vom Hals die dicke Fetthaut ab, ohne sie zu zerreißen und näht sie an einem Ende zu. Aus der kleingehackten Leber (man könnte auch Herz und/ oder Magen mit verwenden), dem feingehackten Schweinefleisch, der Zwiebel, dem Ei, Salz und Pfeffer man man eine Füllung zu der man auch 3 Esslöffel fein gehackte Pilze geben kann. Der Hals wird locker gefüllt, zugenäht und in kochendes Salzwasser gegeben und 30 min auf kleiner Stufe gekocht. Man kann ihn auch in Gänsefett braten bzw. neben die Gans in die Bratröhre legen. Während des Abkühlens bedeckt man ihn mit einem leicht beschwerten Brettchens. Der Gänsehals stellt einen vorzüglichen Aufschnitt dar.

Gänseschmalz

Flomen von der Gans (alle fetten Teile der Gans). Das Flomen gibt das beste Schmalz, aber auch das Darmfett ist brauchbar. Es wird in kaltem Wasser gewaschen und über Nacht in entrahmter Milch oder Wasser gelegt. Dann wird der Flomen abgetrocknet und feingehackt und in einer großen Pfanne mit wenig Wasser angesetzt. Zuerst auf kleiner Flamme (Stufe 2) erhitzen, dann auf Stufe 3 ausbraten. Das Fett trennt sich in flüssiges Schmalz und Grieben.

Das Schmalz ist fertig, wenn die Grieben gelb sind. Um den Geschmack zu verbessern, einen Zweig Beifuß in die Pfanne geben. Jetzt angewärmte Steingutgefäße bereithalten. Den Schmalz durch ein Sieb in die Steingutgefäße gießen und ihn mit einem Deckel verschließen. Gänseschmalz kann man gut zum Anbraten für Kohlgerichte verwenden oder ihn als Aufstrich auf Schwarzbrot verwenden. Variante: Man kann 1 Apfel und 1 Zwiebel kleinhacken und mit in den kochenden Schmalz geben. Soll das Schmalz fester werden, setzt man Schweine- oder Nierenfett zu. Die Grieben kann man auch im Schmalz belassen oder eignet sich auch gut als weiteren Belag für Plootz (Flammkuchen)

Gerstebrei als Nachtisch

Süßer Gerstebrei mit Kirschen aus dem Glas
Gerste= Árpa

1 Liter Milch
10 TL Zucker
1 Vanillepudding
200 Gr. Gerste (Graupen)

Die Gerstenkörner blähen sich beim Kochen auf und sind danach noch total bissfest. Ich finde, der Brei ist warm besser. Also, wenn ihr den Nachtisch im Kühlschrank hattet, wärmt ihn noch mal auf. Einen Vanillepudding mit 1 Liter statt 0,5 Liter Milch zusammen mit 200 Gr. Gerste kochen. Ich habe 10 kleine Löffel Zucker genommen. Der Brei wird dann eher nicht zu süß. Zucker kann ja jeder nach Geschmack zufügen. Nochmal 20 min köcheln und regelmäßig rühren. Abschmecken. Ist der Brei zu fest, mehr Milch unterrühren. Die Gerste quillt immens nach. Dazu, wie bei Milchreis Zucker und Zimt und braune Butter oder Kompott reichen. Der Geschmack ist nussig und die Konsistenz ist mehr körnig, aber trotzdem weich.

Graupensuppe

Was genau sind Graupen? Graupen (seit dem 17. Jahrhundert belegt; vermutlich aus dem slawischen krupa für „Graupe, Grütze, Hagelkorn"), auch Gräupchen, Roll- oder Kochgerste genannt, sind ein Nährmittel aus geschälten, polierten Gersten- oder Weizenkörnern von runder, halb- oder länglich-runder Form.

200 g Rollgerste (Graupen)
150 g Rindfleisch
1 große oder zwei kleinere Zwiebel
2 Möhren
1 Schnitz Sellerie
1 EL Schmalz
1 l Suppe oder Bouillon
Salz, Pfeffer, Suppenwürze, Muskatnuss
Je 1/2 Bund Petersilie, Schnittlauch
Alle Zutaten bereitstellen, Zwiebel schälen, grob hacken, Möhren waschen, schälen, in Stücke schneiden, Sellerie waschen, schälen, in Stücke schneiden, Petersilie waschen, trocknen, grob hacken. Fleisch in Würfel schneiden. Schmalz (Öl) in ausreichend großem Topf erhitzen. Zwiebel in das Fett geben und einige Minuten anrösten. Sellerie, Möhren und Petersilie dazugeben und ebenfalls anrösten. Geselchtes dazugeben und mitrösten. Danach Rollgerste beigeben und einige Minuten mitrösten. Mit Suppe aufgießen, zugedeckt ca 30 Minuten köcheln lassen. Mit Salz und Pfeffer, MS geriebene Muskatnuss und ev. etwas Suppenwürze abschmecken und mit frisch geschnittenem Schnittlauch servieren.

Grießschnitten (süß)

300 ml Milch
150 g Weichweizengrieß
1 Esslöffel Zucker
3 Eier
Butter

Einen festen Grießbrei kochen und lauwarm werden lassen. Mit dem Schneebesen kräftig durchrühren. Nach und nach die Eier unterrühren.
Den kalten Grießbrei stürzen und in dicke Scheiben schneiden. In Butter anbraten und mit Zucker-Zimt bestreuen. Dazu Apfelmus oder Pflaumenkompott servieren.

Grießbrei, wie ihn Oma kocht

1 Tasse Weichweizengrieß
0,75 Liter Milch, evtl. mehr
Becher Sahne
3 Esslöffel Zucker

1 Vanille-Pudding
braune Butter
Zucker-Zimt

Die Milch mit dem Zucker und dem Vanillepudding in den Topf geben und
mit dem Schneebesen verrühren. Den Weichweizengrieß dazugeben und alles
auf kleiner Flamme min 10 min kochen. Immer rühren. Dann die Sahne einrühren. Ist der Brei zu star, noch Milch einrühren. Nun den Topf mit Deckel
für 4 Stunden ins Bett stellen. Inzwischen Butter so lange im Topf erhitzen, bis
sie braun ist und aromatisch riecht. Auf den Teller gehören eine Kelle Brei,
darauf dann 4 Löffel braune Butter, darauf Zucker-Zimt und Apfelmus wer
mag.

Gurken süßsauer, wie bei Oma

Einweckgurken oder große gelbe Gurken
1 Zwiebel(n)
500 ml Wasser
500 ml Essig, weißer
400 g Zucker
4 TL Salz
1 EL Senfsamen, gelbe
1 TL Pfefferkörner, schwarze
3 Wacholderbeere(n)
3 Pimentkörner
3 Gewürznelke(n)
3 Lorbeerblätter
1 EL Dill

Einweckgläser in kochendem Wasser sterilisieren. Gelbe Gurken schälen, halbieren und die Kerne mit einem Löffel entfernen. In etwa 1 cm dicke Scheiben
schneiden. Die kleinen Einweckgurken werden nur gewaschen. Zwiebel schälen, halbieren und in feine Ringe schneiden. Zusammen mit Wasser, Essig,
Zucker, Salz und Gewürzen aufkochen. Die Gurken und den Dill hinzugeben
und einmal aufkochen. Die Gurken mit dem Sud in die sauberen Gläser füllen
und gut verschließen.

Natürliche Geschmacksverstärker

Geschmacksverstärker sind Lebensmittelzusatzstoffe, die den Geschmack von Speisen verstärken. Sie haben keinen ausgeprägten Eigengeschmack und sind über- wiegend organische Substanzen.

Die Aminosäure Glutaminsäure, dessen Salz als „**Glutamat**" bezeichnet wird, kommt in sehr vielen Lebensmitteln ganz natürlich vor – zum Beispiel in reifen Tomaten, getrockneten Tomaten, Erbsen, Sardellen, Sellerie, Pilzen und Parmesankäse.
Roquefort und Parmesan enthalten hierbei am meisten **Glutamat**. Die Glutamatgehalte in Lebensmitteln bewegen sich im Milligramm-Bereich, gerechnet auf 100 Gramm.

Roquefort (1280 mg) und
Parmesan (1200 mg)
Sojasauce (1090 mg/100 g)
reife Tomaten (Frucht 140 mg, frischer Saft 260 mg)
Pilze, Erdnüsse, Traubensaft, Erbsen, Brokkoli, Huhn (44 mg)
und Rindfleisch (33 mg).

Glühmost

1 Liter Most
0,25 l Wasser
300 Gr. Zucker
1 Zimstange und 4 Nelken
Alles in einem großen Topf 4 min aufkochen lassen. Danach abseihen und bei Seite stellen. Vor Gebrauch erneut aufwärmen.

Gundel-Palatschinken

Freunde von Süßspeisen kommen in Ungarn an Gundel-Palatschinken nicht vorbei. In ungarischen Restaurants sind sie auf den Speisekarten unter dem Namen Gundel-palacsinta zu finden. Sie wurden nach ihrem Erfinder, dem Koch Karl Gundel, benannt. Das Restaurant Gundel, wo sie zum ersten Mal zubereitet wurden, gibt es noch immer. Die Pfannkuchen aus Eiern, Milch und Mehl sind mit Nüssen und in Rum getränkten Rosinen gefüllt. Sie werden vor dem Servieren mit einer Rum-Schokoladensauce übergossen.

200 gr Mehl
2 Eier
400 ml Milch
etwas Salz
Für die Fülle:
200 Gr. Walnüsse (geriebene)
200 ml Milch
1 EL Staubzucker (je nach Bedarf)
2 EL Rum
1 Prise Zimt
1 EL Rosinen

Für dieungarischen Gundelpalatschinken aus Mehl, Eiern, Salz und Milch ein Palatschinkenteig zubereiten. In eine Pfanne etwas Öl geben und Palatschinken herausbacken (8 Stück). Rosinen in Rum 1/2 Stunde ziehen lassen. Geriebene Walnüsse, Milch, Staubzucker, Zimt, und die Rumrosinen miteinander verrühren und die Palatschinken damit füllen. Zum Schluss mit Schokoladeglasur servieren.

Magyar uborkasalátam, ungarischer <u>Gurkensalat</u>

1 Salatgurke
1 Esslöffel Salz
1 Knoblauchzehe, gepresst
0,5 Schalotten, fein gehackt
20 ml Weißweinessig
2 Esslöffel Gurkenwasser (entsteht bei der Zubereitung)
2 Teelöffel Zucker
2 Teelöffel Rapsöl

Gurke ungeschält feinhobeln, mit dem Salz vermischen und eine halbe Stunde Wasser ziehen lassen. Das Gurkenwasser auffangen. Den Knoblauch und die Schalotte mit den Gurkenscheiben mischen. Für das Dressing etwas Gurkenwasser zur Verdünnung des Essigs verwenden, mit Zucker süß-sauer abschmecken, Öl unterrühren. Das Dressing mit den Gurkenscheiben mischen und den Salat im Kühlschrank durchziehen lassen. In Glasschalen füllen. Wer mag, kann jetzt noch einen Klecks saurer Sahne obenauf geben.

Gurkensalat für 2 Personen:

1 große Gurke
Dill
weißer Balsamico-Essig
Wasser
Zucker
Pfeffer

Die Gurke schälen und mit dem Hobel in dünne Scheiben schneiden.
Aus dem Essig, Wasser, Dill, Pfeffer, Zucker und Salz ein Dressing herstellen und drüber gießen. Im Kühlschrank 15 min ziehen lassen.

Perfekter Begleiter zu Gebratene Eiernudeln mit Kochschinken

H

Hackfleischbällchen

gebraten, in Brühe, in Tomatensuppe, in Tomatensoße, der Teig für die Hackfleischbällchen ist immer der Gleiche.

500 g gemischtes Hackfleisch
1 Brötchen altbackenes (in Milch aufgeweicht) oder Toast oder Paniermehl
1 Ei
Pfeffer und Salz, Muskat, Paprika
1 Zwiebel kleingehackt (roh oder angebraten)

Alles zusammen mengen, kräftig würzen und zu kleinen Kugeln formen, mit dem Eisportionierer wird's gleichmäßig. In Schmalz oder Fett braten, sie müssen schön braun sein. Dann tut man sie in die gewünschte Suppe oder Soße. Man kann die Bällchen auch direkt in der Soße oder garen, das ist reine Geschmackssache.

Hagebuttenmarmelade

1½ kg Hagebutten
Wasser nach Bedarf
2 Msp. Zimt
750 g Gelierzucker
½ Stk. Zitrone (den Saft der Frucht)

Hagebutten waschen, trocknen und die dunklen Blütenansätze wegschneiden. Früchte halbieren, Kerne entfernen und nochmals gründlich waschen. In einen Topf geben, so viel Wasser dazugießen, das die Hagebutten bedeckt sind. Die Früchte weich kochen, anschließend durch ein Sieb passieren. Nun Zimt hinzufügen. Gelierzucker hinzufügen. Zusammen mit dem Mus und dem Zitronensaft zum Kochen bringen. 4 Minuten sprudelnd kochen und sofort in saubere Gläser füllen.

Hägemarksosse (Hagebuttensauce)

1 Glas Hagebuttenmarmelade mit 1 Glas Apfelsaft in einem Topf glattrühren. Ein Teelöffel Stärke in Wasser anrühren und dazugießen. Alles aufkochen und abschmecken. Passt gut zu Eierkuchen.

Hähnchenleber mit Letscho und Reis

Wie man sie im fehér ló in Bük essen kann.
500 Gr. Hühnerleber, gewaschen, geputzt und nicht allzu klein geschnitten
3 Stk Zwiebel
2 Stk Knoblauchzehe
500 g Paprika
500 g Tomaten
1 Schuss Öl für den Topf
2 EL Ketchup
150 ml Wasser
1 TL Paprikapulver (scharf)
1 EL Paprikapulver (mild)
1 Prise Salz
1 Prise Pfeffer aus der Mühle
1 TL Zucker
Reis

Die geputzte und geschnittene Leber parat stellen. Für das selbstgemachte Letscho die Zwiebel und den Knoblauch schälen und hacken. Dann die Paprika waschen, entkernen und entstielen, und in mundgerechte Stücke schneiden. Die Tomaten waschen, mit heißen Wasser blanchieren, die Haut abziehen und ebenfalls in kleine Würfel schneiden. Danach die Zwiebel- und Knoblauchstücke in einem Topf mit Öl oder Butter glasig anrösten. Dann die Paprika- und Tomatenwürfel sowie etwas Ketchup dazu geben, gut durchrühren und mit einem Schuss Wasser oder Brühe auffüllen. Mit Salz, Pfeffer, Zucker und dem Paprikapulver nach Belieben würzen. Die Leber hinzufügen. Nicht zuviel rühren, einfach so lassen.

Das Letscho aufkochen und anschließend für ca. 20-25 Minuten köcheln lassen, bis es weich ist - dabei ab und zu umrühren, damit es nicht anbrennt.
Mit Reis servieren. Man kann auch Herz klein schneiden und dazu geben.

Hafer / Haferflocken

Haferschleim gegen Magen-Darm-Beschwerden kennt fast jeder. Die positive Wirkung von Haferbrei auf den Darm ist schon länger bekannt. Die im Getreide enthaltenen Ballast-stoffe regulieren die Verdauung und bilden im Magen eine Schutzschicht, die den sauren Magensaft von der Schleimhaut fernhält. Archäologische Funde in Pfahlbauten belegen, das Hafer schon seit dem 3. Jahrhundert vor Christus in Mitteleuropa landwirtschaftlich angebaut wurde. Hafer wird in den Industrienationen hauptsächlich als Viehfutter verwendet. Als Brotgetreide nutzt man ihn nur wenig, da die Körner infolge des geringen Kleberanteils zur Herstellung von Brot kaum geeignet sind. Daneben wird Hafer vorwiegend zu Flocken, Grieß und Mehl verarbeitet. Aus ganzen Haferkörnern wir zudem Hafertee gekocht. Grüner Hafertee soll die Ausscheidung der Harnsäure anregen und wird oft bei Gicht- oder Rheumapatienten eingesetzt. Viele trinken ihn außerdem während einer Fastenkur, da er entschlackend und entwässernd wirken soll. Dies ist unter anderem förderlich für die Verdauung und einen regelmäßigen Stuhlgang.

Hafer im Müsli

1 Portion Joghurt oder Quark oder Milch nach Belieben süßen, 2 Esslöffel Hafer dazugeben und mit frischem Obst verfeinern.

Warme **Hafersuppe** mit Milch

2 Esslöffel Haferflocken in 0.5 Liter Milch und 1 Prise Salz kurz sprudelnd kochen lassen.
Dazu passen: Zimt und Zucker, Honig, frisches Obst

Haferschleim

mit Wasser für Kranke und zum Fasten
2 Esslöffel Haferflocken in 0.4 Liter Wasser und 1 Prise Salz 5 Minuten sprudelnd kochen lassen. Die Haferschleim-Masse durch ein Sieb streichen. Abkühlen lassen.

Babymilch mit Hafer

Kochen Sie 80 Milliliter Vollmilch, 80 Milliliter Wasser und einen gehäuften Esslöffel Schmelzflocken und 2,5 gestrichene Teelöffel Milchzucker auf.

Babybrei mit Hafer

Hierzu die feinen Schmelzflocken verwenden. 2 Esslöffel Haferflocken in 0.4 Liter Milch 5 Minuten sprudelnd kochen lassen. Die Hafer-Masse durch ein Sieb streichen. Abkühlen lassen.

Haflerflockenauflauf

1 Liter Milch
150 g Haferflocken
1 Vanillepudding
Salz
50 g Butter
100 g Zucker
Zitronenabrieb
3 Eier
Sahne
4 saure Backäpfel in Schnitzen
Zucker-Zimt

Die Milch mit dem Zucker und dem Vanillepudding in den Topf geben und mit dem Schneebesen verrühren. Die Haferflocken dazugeben und alles auf kleiner Flamme min 10 min kochen. Immer rühren. Dann die Sahne einrühren. Ist der Brei zu star, noch Milch einrühren. Nun abkühlen lassen und die Eier und die Zitrone untermischen. In einer gebutterten Auflaufform immer eine Schicht Hafer-Masse, dann Äpfel und Zucker-Zimt schichten und ganz oben mit Butterflocken locker abdecken. Bei 180 Grad alles backen, bis es braun ist. Dazu Vanilleeis servieren.

Haferkekse

75 g gemahlene Mandeln
100 g Haferflocken Kleinblatt
75 g Weizenmehl Type 550

1 gestrichener TL Backpulver
125 g Süßrahmbutter
175 g Ofenohrzucker
1 Päckchen Vanillezucker
1 Prise Salz
1 Ei M

Backofen auf 190 °C Ober-/Unterhitze vorheizen. Butter schaumig schlagen. Zucker, Vanillezucker, Salz und Ei nacheinander gründlich unterrühren. Mandeln, Haferflocken, Mehl und Backpulver mischen und nach und nach unter die Buttermasse mischen. Zwei Backbleche mit Backpapier auslegen. Mit einem Teelöffel kleine Kugeln darauf setzen, dabei genügend Abstand lassen, da die Kekse beim Backen auseinander laufen. Kekse in ca. 10 Minuten je Blech goldgelb backen.

Haferflocken-Mandelplätzchen
besonders gut zu Weihnachten

300 Gr. Haferflocken
200 gr Butter + 200 Gr. Butter
150 gr Zucker + 200 Gr. Zucker
4 Eier
1 x Vanillearoma im Glas
Salz
1 Esslöffel Mehl
bisschen Milch
200 Gr. Mandeln in Plättchen

In einer großen Pfanne 200 gr Butter schmelzen lassen, die Haferflocken, die Mandeln und 150 Zucker dazugeben, alles gut rühren und leicht anbräunen. Bei Seite stellen. Mit einem Mixer eine weiche Masse aus 200 Gr. Butter, 200 gr Zucker, 4 Eier und dem Vanillearoma herstellen. Jetzt die Haferflockenmasse klein bröseln und unter die Buttermasse heben. Bei Bedarf Mehl und Milch dazugeben. Alles verkneten, der Teig muss sehr weich und fluffig, fast dick-flüssig sein und nicht krümelig. Für 2 Stunden in den Kühlschrank. Die Haferflocken müssen ausquellen. Mit einem Eisportionierer runde Kugeln aufs Backblech heben und für 15 min ca. bei 150 Grad backen. Die Kugeln werden sich beim Backen flach aufs Blech legen.

Haltbarmachen durch Fermentation /
Einsalzen von Gemüse

Einsalzen ist eine der ältesten Methoden zur Konservierung von Lebensmitteln. Dabei wird durch das Salz die Feuchtigkeit in den Produkten für Mikroorganismen unbrauchbar. Um zuverlässig zu wirken, muss das Salz die Lebensmittel vollständig und gleichmäßig durchdringen. Die vorbereiteten Lebensmittel werden in geeigneten Gefäßen, z. B. Steingut oder Glas, lagenweise ein geschichtet, zwischen die Lagen wird Salz gestreut. Meistens wird die oberste Schicht beschwert, um dem Salz das Eindringen in die Zellen zu erleichtern. Auf diese Weise gelagerte Lebensmittel müssen regelmäßig kontrolliert werden, um Schimmel zu vermeiden. Um größere Mengen Gemüse für den Winter haltbar zu machen, bedient man sich praktischer Weise des Einsalzens. Dieses Verfahren ist bequem und billig.Man verwendet es bei grünen Bohnen, Steckrübe, Weißkohl, Gurken, Tomaten und sogar Zitronen. Der Weißkohl bildet sich zu Sauerkraut, welches nicht nur gut schmeckt, sondern auch Vitamin C ausbildet und wird als Diätkost verwendet. In rohem Zustand und bei nicht zu langer Lagerung bleibt dieses bestehen. Daher soll man Sauerkraut oft roh essen. Die Lake des Sauerkrautes ist mit Wasser verdünnt, ein gutes Mittel bei Magen-Darm-Beschwerden und hilft bei erschwertem Stuhlgang. Die in dem eingelegten Gemüse durch Milchsäurebakterien und Hefepilze hervorgerufene Gärung verwandelt den größten Teil der Kohlehydrate in Milchsäure, die in unserem Körper wie Joghurt oder Sauermilch wirkt, d.h. Fäulnisvorgänge im Darm bekämpft. Um die Gärung zu beschleunigen, kann man das eingelegte Gemüse die ersten Tage in einen warmen Raum stellen. Danach muss man es in einen kühlen Keller stellen. Die Steintöpfe oder Fässer müssen gründlich gereinigt und heiß ausgespült werden. Sie sind an der Luft zu trocknen. Weißkraut, Steck-Rüben, Bohnen werden mit der Hand fest angedrückt, dass der Saft übersteht. Ist der Steintopf befüllt, legt man ein Leinentuch oben auf, das mit kochendem Wasser gebrüht sein muss. Zum Beschweren nimmt man ein Brett mit dem Durchmesser des Topfes und zusätzlich einen Stein. Alle 10 Tage müssen das Brett und der Feldstein heiß und sauber gespült werden. Sollte das Gemüse einmal zu wenig Lake haben so gießt man Salzwasser nach. Man nimmt das Eingemachte mit einem sauberen Holzlöffel oder Holzgabel heraus.

Grüne Bohnen einsalzen bzw. fermentieren

5 kg Bohnen
500 g Salz

Man verwendet junge Stangenbohnen. Sie werden gewaschen, gut abgetrocknet, abgefädelt und gedrittelt. Nun vermischt man sie mit dem Salz und drückt sie so fest wie möglich in den Steinguttopf. Sie werden mit einem sauberen Tuch bedeckt und dann mit Brett und Stein beschwert im Keller aufbewahrt. Dauer der Gärung 4 bis 6 Wochen.

Sauerkraut einsalzen bzw. fermentieren

5 kg Weißkohl
100 g Salz

Recht feste, frische Kohlköpfe werden von den äußeren Blättern befreit und fein gehobelt. Dann stampft man das Sauerkraut abwechselnd mit Salz in einen Steintopf. Jede Lage muss so fest gestampft werden, das der sich bildende Saft über dem Kohl steht. Obendrauf legt man einige saubere ungehobelte Blätter, darauf das Brett und dann den Stein. Der Topf wird entweder mit einem passenden Deckel bedeckt oder einem sauberen Tuch zugebunden. Der Topf wird im Keller aufbewahrt. Dauer der Gärung 4 bis 6 Wochen. Veränderung: man kann Wacholderbeeren, Weinblätter oder Apfelscheiben mit einschichten, auf 5 kg Weißkraut rechnet man 500 g Äpfel.

Kleine Einweck-Gurken einsalzen bzw. fermentieren

5kg Gurken
Dill
Salzlösung aus 40 g Salz auf 1 Liter Wasser

Fleckenlose, grüne Gurken werden 12 bis 24 Stunden in kaltes Wasser gelegt, gut abgetrocknet und mit Dill fest in einen Steinguttopf geschichtet. Man kocht eine Salzlösung aus 40 g Salz auf 1 Liter Wasser und lässt sie erkalten. Diese gießt man über die Gurken. Die werden mit einem sauberen Tuch bedeckt und dann mit Brett und Stein beschwert im Keller aufbewahrt. Dauer der Gärung 4 bis 6 Wochen.

Veränderung: Man kann Sauerkirschblätter, Estragon, Lorbeerblätter und Meerrettichstückchen mit einfüllen.

Die Sauerkirsch-Blätter enthalten einen hohen Gerbsäureanteil und sorgen dafür, dass die Gurken beim einlegen nicht weich / matschig werden.

Rote Beete einsalzen bzw. fermentieren

800 g Rote Bete
10 g Meerrettich
45 g Salz
1 l Wasser
Rote Bete und Meerrettich vorbereiten
Am Vortag Rote Bete putzen, schälen und in sehr dünne Scheiben hobeln. Meerrettich schälen und ebenfalls in dünne Scheiben hobeln. Beides zusammen in einer Schüssel mit 20 g Salz gut mischen und gut abgedeckt über Nacht kalt stellen.

Gemüse einlegen

Am nächsten Tag 25 g Salz im Wasser auflösen. Bete und Meerrettich mitsamt dem ausgetretenen Saft in zwei sterilisierte Drahtbügelgläser (à 1 l Inhalt) geben und mit der Faust fest zusammenpressen. Mit Salzlake auffüllen (bis ca. 3 cm unter den Glasrand; restliche Lake entsorgen) und mit in Frischhaltefolie gewickelten Glasmurmeln oder Backerbsen oder Fermentiergewichten beschweren. Gläser luftdicht verschließen, in eine Auflaufform stellen (es kann Lake austreten) und bei Zimmertemperatur an einem dunklen Ort lagern.

Gemüse fermentieren lassen

Nach 2–3 Tagen sollte die Fermentation beginnen. Die Gläser so lange bei Zimmertemperatur stehen lassen, bis das Gemüse den gewünschten Geschmack erreicht hat (das kann 2–3 Wochen dauern). Während dieser Zeit die Gläser bei Bedarf mit frisch zubereiteter Salzlake auffüllen, das Gemüse sollte immer mit Flüssigkeit bedeckt sein. Anschließend die Gläser in den Kühlschrank stellen, um den Fermentationsprozess zu bremsen. Vorsicht! Beim Öffnen der Gläser kann es stark sprudeln!

Hasenpfeffer

1 1/2 kg Wildhase, küchenfertig
1 Prise Salz
1 Prise Pfeffer
2 Zweig Thymian
2 Zweig Rosmarin
4 EL Olivenöl
4 cl Weinbrand
2 Schalotten
2 Knoblauchzehen
100 g Speck, geräuchert
3 EL Rapsöl
1 EL Weizenmehl (Type 405)
500 ml Rotwein
250 ml Wildfond
1 Lorbeerblatt
1 Pimentkörner
1 Chilischote
1 EL Zitronensaft

Den Hasen trocken tupfen, in ca. 8 Stücke schneiden, salzen und pfeffern und in eine Form legen. Thymian und Rosmarin waschen, trocken tupfen und zerkleinern. Die Kräuter zusammen mit Olivenöl und Weinbrand vermengen und die Fleischstücke damit einmassieren. Abgedeckt für mindestens 4 Stunden im Kühlschrank marinieren. Schalotten und Knoblauch pellen und klein hacken. Räucherspeck fein würfeln. Fleisch aus der Marinade nehmen und abtropfen lassen. Speck in einen Bräter geben und bei mittlerer Hitze auslassen. Herausnehmen und beiseitestellen. Öl in den heißen Bräter geben, Fleisch zugeben und von allen Seiten kräftig anbraten. Schalotten und Knoblauch zugeben und mit anschwitzen. Mehl zugeben und 2-3 Minuten unter Rühren anrösten. Mit Rotwein ablöschen. Wildfond angießen, Speck, Lorbeerblatt, Pimentkörner und klein geschnittene Chilischote zugeben. Alles für 1 Stunde bei geringer Hitze abgedeckt schmoren lassen. Mit Zitronensaft, Salz und Pfeffer abschmecken. Gewürze aus der Soße entfernen und das Fleisch vom Knochen lösen sowie klein schneiden. Nach Belieben die Soße nochmals mit dem Pürierstab fein pürieren. Das Fleisch nochmal zurück in die Soße geben und kurz erhitzen. Mit frischen Kräutern garniert servieren.
Dazu passen Kartoffelklöße und Rotkohl.

Ungarischer Haussalat

Haus-Salat ist ein gemischter Salat mit Krautsalat, ziemlich viel Gurken, Paprika und Tomaten. Durch den Krautsalat, der ja schon Sauce hat, braucht man kein weiteres Dressing. Mein Krautsalat war relativ trocken, ich habe in ein Glas Balsamicoessig, Wasser und ein bisschen Zucker gemischt und drüber gegeben. Ich habe den Salat in eine Tupperdose getan und alle 30 min einfach fest geschüttelt. Die Sauce trifft jetzt den Salat. Ich finde, wenn man ihn 1 Stunde in den Kühlschrank stellt, schmeckt er besser. Ich kaufe den fertigen Krautsalat im Primamarkt. Dieser ist wirklich sehr gut. 990 Huf ist ein guter Preis. Ich habe gerade gesehen, da steht csípős drauf. Also ist er sehr scharf. Gestern im "und" Restaurant, gab es anstatt grüner Gurke, Gewürzgurke. Das macht jedes Restaurant anders. Manche servieren Almapaprika, das sind kleine weiße Paprika mit Überraschungseffekt. Entweder sind sie süss oder höllisch scharf.

Hefeklösse

Hefeklöße sind nicht ganz faustgroße Klöße, die gedämpft, also über kochendem Wasser in Dampf gegart werden. Der Teig besteht aus Hefe, Mehl, Milch, Salz und zerlassenem Fett und geht bereits vor dem Garen auf. Durch das Dampfbad wird die Konsistenz der Klöße noch luftiger und was sie zu begehrten Beilagen in süßen oder deftigen Gerichten macht.

Diese sind eng mit Krapfen und Hefepfannkuchen verwandt, die allerdings in Fett ausgebacken und nicht gedämpft werden.

Hefeteig, süß

200 ml Milch
500 g Weizenmehl Type 405
70 g Zucker
1 Würfel frische Hefe
125 g Butter
2 Eier
1 Prise Salz

Alle Zutaten aus dem Kühlschrank nehmen, damit sie Zimmertemperatur erreichen. Die Milch leicht erhitzen, bis sie lauwarm ist. Das Mehl mit dem

Zucker vermischen und in eine große Schüssel geben. Eine Kuhle in der Mitte formen und den Hefewürfel darein bröseln. Etwa die Hälfte der lauwarmen Milch in die Kuhle gießen und vorsichtig mit der Hefe und etwas Mehl vom Rand verrühren. Ein sauberes, feuchtes Tuch über die Schüssel legen und den Vorteig an einem warmen Ort für eine Viertelstunde gehen lassen.

Die weiche Butter mit Eiern, Salz und der restlichen Milch in die Schüssel geben und mit dem Vorteig zu einem glatten Teig verkneten. Den Hefeteig wieder zudecken und für 45 Minuten an einem warmen Ort gehen lassen. Er sollte sein Volumen verdoppelt haben. Den Teig auf einer bemehlten Arbeitsfläche erneut kurz durchkneten. Danach nach Wunsch weiterverarbeiten

Hefeteig, deftig oder ohne Zucker

400 Gr. gesiebtes glattes Mehl
1 Würfel frische Hefe
1 KL Salz
2 EL Speiseöl
⅛ l Milch
⅛ l Wasser
Für den Teig das Mehl in eine Rührschüssel sieben und mit der Germ gut vermischen. Die übrigen Zutaten der Reihe nach dazugeben und mit dem Handmixer (Knethaken) zu einem glatten Teig verkneten. Zugedeckt an einem warmen Ort so lange gehen lassen, bis der Teig doppelt so hoch ist.

Hefeteig durchkneten und beliebig verwenden.

Hefeteig Grundrezept

für Hefezopf, Küchle, Spitzweckle, Zopf, Blootz, Hefeklöße, Dampfnudeln, Zwetschgenknödel usw.

125 Gr. weiche Butter
250 g Zucker
3 Eier
1400 gr Mehl
1 1/12 Würfel Hefe
0,5 Liter Milch
Prise Salz

Milch und Zucker und Hefe vermischen 1 Esslöffel Mehl dazugeben und rühren. Ruhen lassen für mindestens 1 Stunde. Dann den Rest der Zutaten dazugeben. Alles gut miteinander verkneten, in eine Schüssel geben und 30 min ruhen lassen. Am besten wird der Teig, wenn man ihn über Nacht in den Kühlschrank stellt. Dann für das gewünschte Rezept verwenden.

Einen **Heifele** (ähnlich Trockenhefe) herstellen

In den frühen Zeiten gab es noch keine Hefe oder Trockenhefe zu kaufen und musste von den Bäuerinnen selbst hergestellt werden. Ein Teil des zubereiteten Brotteiges wurde in Weckgläsern für den nächsten Backtag aufgehoben. Aber was war, wenn der Backtag erst in 3 Wochen war? Die Bäuerinnen stellten den sogenannten Heifele her. Man stellt einen Teil (ca. eine große Kaffeetasse) des zubereiteten Brotteiges bei Seite in eine Schüssel. Nach dem Brotbacken kratzt man die Teigschüssel penibel aus und nimmt die trockenen Brösel und gibt sie zu dem Teig. Die Schüssel deckt man mit einem Tuch ab (damit keine Fliegen ran gehen) und lässt sie stehen. Nach einem halben Tag gibt man eine handvoll Roggenmehl dazu, verknetet alles und lässt die Schüssel wieder stehen. Die Schüssel stellt man in die Sonne, so dass der Teig richtig trocken wird. Ist der Teig eine feste Masse, kann man ihn reiben. Am Ende zerkrümelt man alles bis ein trockenes Pulver entsteht. Es muss extrem trocken sein, sonst wird es schimmeln. Man kann den Heifele in kleinen Leinensäckchen aufbewahren. Auch Weckgläser eignen sich. Eine andere Variante ist das Trocknen im Herd auf dem Blech. Der Ofen darf aber nicht zu heiß sein, sonst bäckt der Teig und kann nicht mehr verwendet werden.

Hermann-Teig

Hermann, auch Glückskuchen, Glücksbrot und Vatikanbrot genannt, ist ein süßer Sauerteig aus Weizenmehl, der Milchsäurebakterien, Hefe und ein wenig Milch, (Pflanzenöl, nicht unbedingt notwendig) und/ oder Wasser enthält. Der Teig enthält lebende Kulturen und vermehrt sich selbst immer weiter, wenn man ihn regelmäßig füttert und pflegt. Der Teig ist die Grundlage für die sogenannten Hermannkuchen, kann aber auch in anderen Backwaren verwendet werden. Das Besondere daran ist, dass sich der Ansatz für den Hefeteig durch Fütterung vermehrt und dabei stabil bleibt. Das liegt an enzymatischen Reaktionen der Hefepilze, die den Teig verändern. Eine ähnliche enzymatische Reaktion ist an Kombucha (ein Gärgetränk aus Tee) beobachtbar.

Dem Wesen nach sind solche Sauerteigansätze schon seit der Antike bekannt mit vergorener Milch und Mehl, gegebenenfalls unter Zusatz von Honig. Im deutschsprachigen Raum ist der Name Hermann(-Teig) spätestens seit den 1970er Jahren bekannt. Über die Ursprünge des Namens ist jedoch nichts Zuverlässiges bekannt. Üblicherweise erhält man den Teig von Freunden oder Bekannten zusammen mit Instruktionen, die in einem Hermann-Brief genannten Text zusammengefasst sind. Der Ursprung dieses Brauches ist ebenfalls ungeklärt, er entstand jedoch in der Zeit der deutschen Friedens- und Ökologiebewegung um 1980 und wurde als Kettenbrief weitergegeben. Ein ähnlicher Teig ist in den USA unter dem Namen Amish Friendship Bread bekannt. Die Bezeichnung Friendship Bread geht auf ein Sauerteigbrot der Amischen (engl. Amish) zurück, die dieses Brot an Bedürftige verteilten. Das süße Kuchenrezept ist jedoch keine Erfindung der Amischen. Der Hermann-Teig ist eine tolle Alternative zu herkömmlichen Backtriebmitteln und gibt Kuchen, Brot und Brötchen einen besonderen Geschmack.

Das Ergebnis in Geschmack und Aussehen erinnert an italienischem Pannettone. Wie Panettone ist er überdurchschnittlich lange haltbar. Das Mindesthaltbarkeitsdatum wird oft mit sechs Wochen angegeben.

Hermann-Teig ansetzen

Den Sauerteig-Ansatz von Grund auf selbst herzustellen, ist ganz einfach. Bereits nach zwei Tagen entsteht ein fröhlich-blubbernder Hermann.

Zutaten und Geräte für den Teigansatz:

100 g Weizenmehl
1 EL Zucker
2 gestr. TL Trockenhefe
oder die Hälfte eines Frischhefeblocks (21g)
150 ml lauwarmes Wasser
Schüssel aus Glas oder Plastik mit Deckel
und/ oder ein 1,5 Liter fassendes Bügelglas
Rührlöffel aus Holz oder Plastik

Hinweis: Verwende keinen Behälter oder Rührlöffel aus Metall, weil das den erwünschten Bakterienkulturen nicht bekommt.

Grundteig herstellen:

Alle Zutaten in die Schüssel oder das Glas geben und mit dem Löffel zu einem glatten Teig verrühren. Gefäß verschließen und den Teigansatz für zwei Tage bei Zimmertemperatur reifen lassen. Ab und zu umrühren.

Achtung: Decke das Gefäß so ab, dass Hermann einerseits vor Verunreinigungen geschützt ist, andererseits Überdruck entweichen kann. Falls du ein Schraubglas verwendest, lege den Deckel nur lose auf, da es sonst platzen könnte!

Nach dieser Zeit sollte der Teig aufgrund der einsetzenden Milchsäuregärung lebhaft blubbern und leicht säuerlich riechen. Die darin enthaltenen Kulturen aus Bakterien und Hefen bilden eine Symbiose, die den Teig im Gleichgewicht hält. Der Hermann-Teig kann nun so weiter verarbeitet werden.
Nun gehört der Vorteig in den Kühlschrank

Nun geht man wie folgt vor:

*   Tag 1: Ruhen lassen.
*   Tag 2: Umrühren.
*   Tag 3: Umrühren.
*   Tag 4: Umrühren.

Tag 5: Füttern – 100 g Weizenmehl, 150 g Zucker und 150 ml Milch zugeben. Gut verrühren.

*   Tag 6: Umrühren.
*   Tag 7: Umrühren.
*   Tag 8: Umrühren.
*   Tag 9: Umrühren.

Tag 10: Füttern – 100 g Weizenmehl, 150 g Zucker und 150 ml Milch zugeben. Gut verrühren.
Nach dem zweiten Füttern ist es dann so weit: Der Hermann-Teig ist fertig! Er wird nun in vier gleich große Portionen geteilt (etwa. 200 Gramm), die jeweils zum Backen verwendet werden können. Du kannst die Portionen aber auch weiter pflegen und wieder mit Tag 1 beginnen. Alternativ lässt sich der Hermann-Teig auch portionsweise einfrieren, zum Beispiel, wenn ein Urlaub bevorsteht. Die traditionelle Regel lautet: Mit einem Teil backen, einen Teil selbst weiter pflegen, zwei Teile verschenken samt Pflegeanleitung (auch als Hermann-Brief bekannt), damit auch andere Freude am Hermann haben!

Wie lange ist der Hermann-Teig haltbar?

Bei richtiger Pflege hält sich Hermann-Teig theoretisch ewig. Wichtig ist, dass Hefen und Milchsäurebakterien nicht beeinträchtigt werden.

Benutze deshalb **keine Schüsseln oder Löffel aus Metall**, sondern aus Glas, Holz oder Kunststoff. Bewahre Hermann-Teig nach den ersten zwei Tagen unbedingt **gut verschlossen und im Kühlschrank** auf. Ein intakter Hermann-Teig riecht angenehm nach Hefe und ist relativ flüssig. Auf der Oberfläche entsteht Schaum, das ist unbedenklich. Sobald sich Schimmel bildet, solltest du den Teig aber unbedingt entsorgen!

Hirn, Gehirn zubereiten

Hirn besteht aus einer weichen, grauweißen Masse, die sich überwiegend aus etwa gleich großen Teilen Fett und Eiweiß zusammensetzt. Hirn ist reich an Vitaminen und enthält mit bis zu 3 g pro 100 g das meiste Cholesterin aller Lebensmittel, etwa doppelt so viel wie Eigelb. Gebratenes Hirn erinnert geschmacklich an Leber, roh schmeckt es nussartig und hat einen metallischen Nachgeschmack. Kalbs- und Lammhirn eignet sich vor allem für Vorspeisen, Pasteten und Ragouts; es wird auch zur Herstellung von Krankenkost verwendet. Schweine- und Rinderhirn kann zu Wurst verarbeitet werden. Die Verarbeitung von Rinderhirn war schon vor Oktober 2000 unüblich: Zu diesem Zeitpunkt wurde das Verarbeiten zum Schutz vor BSE-Infektionen bei der Lebensmittelherstellung verboten. Zur Vorbereitung sollte Hirn zunächst gründlich gewässert werden. Dann wird die Haut abgezogen, Blutreste und Adern werden entfernt und es wird noch einmal gespült. Anschließend wird das Hirn in Gemüsebrühe vorsichtig gegart, wodurch es sich verfestigt, und nach Rezept weiterverarbeitet.

Gebackene Hirnschnitten

1 Hirn vom Schwein
2 Eier
4 Semmeln
1 EL Butter
1 kleine Zwiebel
2 Eier
Semmelbrösel
Fett zum Herausbacken
Frische Petersilie

Alle Zutaten bereitstellen; Hirn in warmes Wasser einlegen, Petersilie waschen, fein hacken, Zwiebel schälen, fein schneiden. Hirn von der Haut befreien, schneiden. Zwiebel in 1 EL Butter anschwitzen, Hirn dazugeben, zwei Eier hinenischlagen, einige Minuten unter Rühren dünsten lassen. Hirn salzen und pfeffern, frisch gehackte Petersilie dazugeben, weiter dünsten. Semmeln quer in Scheiben schneiden, eine Scheibe mit Hirn bestreichen, eine zweite Scheibe daraufgeben.

Für die Panier 2 Eier mixen. Hirnschnitten in Ei tauchen und in Semmelbröseln panieren. Ausreichend Fett erhitzen, Hirnschnitten rasch goldgelb herausbacken.

Hirn in Backteig frittiert

2 St. Schweinshirn (1 St. Kalbshirn)
Backteig
Fett zum Herausbacken
Hirn in Salzwasser ca. 10 Minuten köcheln lassen. Enthäuten, auskühlen lassen. In der Zwischenzeit den Backteig lt. Rezept herstellen. Hirn in rund 1 cm dicke Scheiben schneiden, salzen und in Backteig tauchen. Fett in Pfanne erhitzen und Hirnscheiben rasch goldbraun herausbacken. Herausnehmen, abtropfen und auf Küchenkrepp abtupfen.

Hirn mit Ei

2 Schweinshirne
1 Zwiebel
40 g Butter
3 Eier
Salz, Pfeffer, Petersilie
Hirn in warmes Wasser legen, bis das Häutchen herunter geht. Zwiebel fein hacken, in Butter anrösten, Hirn nicht allzu fein hacken, in Fett geben und durchrösten. Eier versprudeln und dazu geben, salzen, pfeffern und Petersilie darüber streuen.

Hirnfülle

1 Schweinshirn
1 EL Butter
1 kl.Stück Zwiebel fein gehackt
Salz, Pfeffer
Petersilie
1 Ei
Hirn überbrühen, Haut abziehen und fein hacken; Fett erhitzen, Zwiebel anrösten, Hirn dazu geben, unter Umrühren gut anrösten, salzen, pfeffern, ev. ein Ei unterschlagen und frisch gehackte Petersilie dazu geben.

Hirnknödel

1 Schweinshirn
1 EL Butter
1 kleine Zwiebel
1 Ei
30 g Butter
80 g Semmelbrösel
20 g Mehl
frisch gehackte Petersilie
Salz, Pfeffer

Hirn mit heißem Wasser überbrühen, Adern, Haut entfernen. Zwiebel schälen,
fein hacken, Petersilie waschen, fein hacken. Butter erhitzen, Zwiebel hellgelb
anrösten. Hirn schneiden, in Pfanne geben und andünsten. Hirn auskühlen
lassen, passieren. Butter mit Eidotter flaumig aufschlagen, salzen, pfeffern.
Eiklar steif schlagen.
Eischnee abwechselnd mit soviel Semmelbröseln und Mehl unterheben, dass
ein festerer Teig entsteht. Masse eine halbe Stunde ziehen lassen. Kleine Knödeln formen und in der Suppe rund 8 Minuten ziehen lassen.

Hirnknödel 2

2 EL Butter
2 Eier
1 Schweinshirn
1 kleine Zwiebel
1/2 BIO Zitrone
2 Semmeln altbacken

Salz, Pfeffer
1 kleiner Bund Petersilie
Alle Zutaten bereitstellen, Zwiebel schälen, fein hacken, Petersilie waschen,
trocknen, nicht allzu fein hacken, Hirn waschen, Zitrone heiß abwaschen,
dünn abreiben. Hirn enthäuten, kleine Äderchen wegschneiden. Hirn fein
hacken. Semmeln in Milch oder etwas Wasser einweichen.
1 EL Butter abrühren. Eier trennen. Dotter in die Butter mengen. Die ausge-
drückten Semmeln einmengen. 1 EL Butter in Pfanne erhitzen, Zwiebel glasig
anschwitzen, Petersilie, Zitronenabrieb dazugeben. Das feingehackte Hirn
dazugeben, durchrösten. Hirn in die Semmelmasse einrühren. Eiklar mit Prise
Salz steif aufschlagen und unterheben. MitSalz und Pfeffer abschmecken.

117

Masse 20 Minuten durchziehen lassen. Ausreichend Wasser erhitzen, leicht salzen. Kleine Knöderln formen, 8-10 Minuten wallend ziehen lassen und dann in die Suppe als Einlage geben.

Hirnomelette

2 Eier
40 g Butter
1 altbackene Semmel
1/16 l Milch
Fett für die Pfanne
200 g Schweinshirn
30 g Butter
1 kleine Zwiebel
1 Ei
Salz, Pfeffer, Petersilie

Alle Zutaten vorbereiten, Hirn in warmes Wasser legen, Haut entfernen, Petersilie waschen, trocknen, fein hacken, Zwiebel schälen, klein schneiden, Semmel in Milch einweichen. Schweinshirn schneiden, etwas Butter erhitzen, Zwiebel anschwitzen, Hirn andünsten, Ei einschlagen, umrühren, einige Minuten dünsten. Vom Herd nehmen und auskühlen lassen. Für das Omelette Eidotter und Butter flaumig abtreiben. Semmel gut ausdrücken, hineingeben und gut vermengen. Hirn ebenfalls untermengen, gut verrühren und würzen. Eiklar zu festem Schnee schlagen und unterziehen. Etwas Fett in Pfanne erhitzen, Masse einfüllen und bei mäßiger Hitze beidseitig goldgelb backen.

Hirnpalatschinken gebacken

Fülle
2 Schweinshirne
2 Schalotten
1 EL Butter
1 ganzes Ei, 1 Eidotter
Mehl, 2 Eier und Semmelbrösel für Panier
Fett zum Herausbacken
Salz, Pfeffer aus der Mühle
Petersilie

Alle Zutaten bereitstellen, Hirne waschen, Haut entfernen, Petersilie waschen, trocknen, fein hacken, Schalotten die außere Haut abziehen und fein hacken. Palatschinkenteig nach Rezept herstellen. Hirne fein hacken. In Pfanne Butter heiß werden lassen. Schalotten anschwitzen. Hirn hineingeben und gut durchrösten. 2 EL gehackte Petersilie dazugeben. Mit Salz und Pfeffer würzen. Hirn überkühlen lassen, danach Ei und Eidotter einrühren. Palatschinken auflegen, Hirn einstreichen, zusammenschlagen. Palatschinken in Mehl wenden, in Ei tauchen und mit Semmelbröseln panieren. In ausreichend Fett schwimmend herausbacken.

Hirnplätzchen

1 EL Butter
1 Schalotte
1 Schweinshirn
4 Semmeln vom Vortag
50 g Semmelbrösel
150 g Schmalz oder Butter
4 Eier
Salz, Pfeffer

Alle Zutaten bereitstellen, Hirn in warmes Waser legen, bis sich das Häutchen leicht löst, Schalotte die äußere Haut abziehen, fein hacken. 1 EL Butter erhitzen. Schalotte anschwitzen. Hirn feiner hacken, in die Pfanne geben. Zwei Eier hineinschlagen. Salzen, pfeffern. Stocken lassen. Vom Herd nehmen. Semmeln 3 mm dick blättrig schneiden. Eine Scheibe mit dem Hirn bestreichen und mit einer zweiten zusammensetzen. Schmalz in Topf erhitzen. Semmelschnitten in den restlichen zwei Eiern tauchen und mit Semmelbrösel panieren. Gut andrücken. In nicht allzu heißem Fett rasch knusprig goldbraun herausbacken.

Hirnpofesen

16 Weißbrotscheiben
1/4 l Milch
Hirnfülle von 1-2 Hirnen
Mehl, 2 Eier und Bröseln zum Panieren
Fett zum Herausbacken
Brotscheiben mit Milch befeuchten, je zwei Scheiben mit Hirnfülle bestreichen und in Mehl, Ei und Brösel panieren. Fett erhitzen, Pofesen rasch goldbraun

backen und auf Küchenkrepp legen. Tipp: Salat passt am besten zu diesem Gericht!

Hirnpudding

200 g Hirn (Schwein oder Kalb)
40 g Butter
20 g Zwiebeln
3 Eier
30 g Butter
1/16 l Milch
50 g Semmelbröseln
Fett und Bröseln für die Form
Salz, Pfeffer aus der Mühle
Alle Zutaten bereitstellen, Hirn überbrühen, Haut entfernen, Zwiebel schälen und fein hacken, Form ausfetten und mit Semmelbröseln bestreuen. 40 g Butter erhitzen, Zwiebel anschwitzen. Hirn schneiden, in die Pfanne geben, einige Minuten dünsten lassen. Salzen, pfeffern. Butter aufmixen, salzen, Eidotter dazugeben, kalte Milch, etwas Semmelbröseln, Prise Muskat, Pfeffer, alles gut vermengen, Hirn untermengen. Eiklar zu festem Schnee schlagen und unterheben. Masse in die Form füllen und eine Stunde im Wasserbad garen.

Hirnschöberlsuppe

100 g Butter
1 Schweinshirn
2 Eier
80 g Brösel
3 Semmeln
ca. 1/8 l Milch
Frische Petersilie
1 kleine Zwiebel
ÖL
Salz, Pfeffer
Alle Zutaten bereitstellen, Gehirn gut durchwaschen, Äderchen bzw. Häutchen entfernen, Petersilie abwaschen, fein hacken, Zwiebel schälen und fein hacken, Auflaufform gut ausfetten und mit Bröseln bestreuen. Semmeln mit Milch gut befeuchten. Hirn fein hacken. 3 Esslöffel Öl erhitzen, Zwiebel anschwitzen, Petersilie dazugeben. Hirn in die Pfanne geben und durchrösten. Vom Herd nehmen.

Butter flaumig abtreiben. Semmeln ausdrücken und in die Butter einmengen. Die Hirnmasse ebenfalls mit den Bröseln und den Eiern unterrühren. Mit Salz und Pfeffer abschmecken. Masse in die Form füllen und bei 180 °C im Ofen backen. Herausnehmen und in Würfel schneiden.

Hirnsuppe

1/2 Kalbshirn
1 kleine Zwiebel fein gehackt
1 EL Fett
50 g Mehl
2 Semmeln
Salz, Pfeffer
1/2 Bund gehackte Petersilie
Alle Zutaten bereitstellen, Zwiebel schälen, fein hacken, Petersilie waschen, trocknen, nicht allzu fein hacken. Hirn mit heißem Wasser übergießen, enthäuten und fein hacken. Einmachsuppe herstellen. Fett erhitzen, Zwiebel anrösten, Hirn dazugeben und unter Umrühren anrösten, würzen, in die Einmachsuppe mengen und mit gehackter Petersilie abschmecken. Semmeln klein würfelig schneiden, im Ofen schmoren und in die Suppe geben.

Hirnwürfel

2 Schweinshirne
3 Eier
50 g Butter
1 Becher Schlagobers
1 EL Mehl
Fett für das Blech
100 g Parmesan
4 EL Brösel
Butterflocken
Salz, Pfeffer aus der Mühle
2 Stängel Petersilie
Alle Zutaten bereitstellen, Schweinshirne putzen, wässern, Petersilie waschen, fein hacken, Backblech befetten. Eier trennen. Dotter mit Butter und Prise Salz aufmixen. Eiklar mit Prise Salz steif schlagen.

Schweinshirne blanchieren, fein hacken und in die Dottermasse mengen. Mehl, Petersilie und den Eischnee untermengen. Mit Salz und Pfeffer abschmecken. Masse fingerdick auf das Blech streichen und bei ca. 180 °C 10-12 Minuten backen. Herausnehmen, in kleinere Würfel schneiden. Würfel paarweise zusammenlegen. Mit Parmesan und Bröseln bestreuen.
Mit Butterflocken bestreuen und im Ofen bei starker Oberhitze einige Minuten überbacken.

Kalbshirn gebacken

Ein Kalbshirn wiegt rund 400 g. Das Kalbshirn ist das feinste Hirn und erinnert an Kalbsbries.
2 Stück Kalbshirn
Mehl, Eier, Brösel für die Panier
Fett zum Herausbacken
Salz
Kalbshirn eine Stunde wässern, danach Haut abziehen, alle Äderchen entfernen, nochmals sehr gut waschen. Kalbshirn in Scheiben schneiden und salzen. In Mehl wenden, in Ei tauchen und in Semmelbröseln wenden. Ausreichend Fett erhitzen, Hirn schwimmend goldgelb herausbacken.

Kalbshirn geröstet

2 Stück Kalbshirne
1 EL Butter/2 EL Öl
 Salz, Pfeffer
kleiner Bund Petersilie

Alle Zutaten bereitstellen, Petersilie waschen, trocknen, fein hacken, Hirne 1 h vorher wässern. Hirn gut waschen, mit heißem Wasser übergießen, Haut und Sehnen entfernen. Hirn in kleine Stücke drücken.
In Kasserolle Butter/Ölgemisch erhitzen, Hirn hineingeben, einige Minuten andünsten. Petersilie beigeben, mit Salz und Pfeffer würzen. Sofort servieren.

Kalbshirn in feiner weisser Kräutersauce

2 Kalbshirne
2 Schalotten
2 Becher Crème fraîche
2 EL Weißweinessig

Salz, weißer Pfeffer aus der Mühle, Majoran, Kerbel, Schnittlauch
Alle Zutaten bereitstellen, Kalbshirn eine Stunde wässern. Haut von den
Kalbshirnen abziehen, Äderchen entfernen, nochmals sehr gut waschen. Salzwasser aufkochen, Hirne einlegen und 12-15 Minuten ziehen lassen. Schalotten
mit Crème fraîche, Essig, Majoran im Mixer aufschlagen. Einen Esslöffel fein
gehackten Kerbel und Schnittlauch unterziehen. Kalbshirne gut abtropfen
lassen, in Scheiben schneiden und anrichten. Mit der Kräutersauce überziehen.

Kalbshirn mit Ei

2 St. Kalbshirn
1 mittlere Zwiebel
2 EL Butter
5 Eier
Schuss Milch
Salz, Pfeffer aus der Mühle
Petersilie

Hirn gut waschen, von Haut und Sehnen befreien, Zwiebel schälen, fein hacken. Butter in Pfanne erhitzen. Zwiebel andünsten. Hirn fein hacken und in
die Butter geben. Hirn hell anrösten. Eier in Gefäß schlagen, mit etwas Milch
verquirlen. Mit Salz, Pfeffer würzen. Über das Hirn verteilen und warten, bis
es stockt. Mit gehackter Petersilie bestreuen.

Kalbshirnsuppe, legiert

1 Kalbshirn
1 mittlere Zwiebel
1 St. Lauch
400 ml Suppe oder Brühe
1/8 l Milch
2 EL Butter
4 EL Obers
1 Dotter
Salz, Pfeffer, Prise Muskat
1 kleiner Bund Petersilie

Alle Zutaten bereitstellen, Kalbshirn eine Stunde vorher wässern, Zwiebel
schälen, fein hacken, Petersilie waschen, trocknen, nicht allzu fein hacken,
Gemüse waschen, putzen, nochmals waschen, klein schneiden. Kalbshirn von
Haut und Äderchen befreien, nochmals gut waschen, trockentupfen. Klein

schneiden. Butter in Topf erhitzen. Zwiebel anschwitzen, Gemüse dazugeben, Petersilie und noch einige Minuten anrösten. Umrühren. Hirn beigeben und einige Minuten mitdünsten. Mit Suppe und Milch aufgießen, gut vermengen und 10 Minuten leicht köcheln lassen. Mit Salz, Pfeffer, Prise Muskat abschmecken. Obers und Dotter leicht verrühren und langsam in die Suppe einfließen lassen. Nicht mehr kochen lassen.

Rindersuppe mit Hirndunstkoch

1 Hirn vom Schwein
Rindsuppe entweder selbst zubereiten oder Würfelsuppe, Hirndunstkoch wie Hühnerdunstkoch zubereiten. Hirn waschen, die Haut abziehen und mit Zwiebeln rösten.

Rindsuppe mit Hühnerdunstkoch

Hühnerklein
20 g Butter
1/2 Zwiebel feingehackt
Salz, Pfeffer
30 g Butter
2 Semmeln
2 Eidotter
2 Eiklar
Petersilie

Feingehackte Zwiebel und das klein würfelig geschnittene Hühnerklein (Magen, Herz, Leber) in Butter leicht anrösten, salzen und pfeffern.
Butter und Dotter aufschlagen, Semmeln in Milch oder Wasser einweichen, gut ausdrücken und zusammen mit der feingehackten Petersilie zum Abtrieb geben. Das Hühnerklein etwas abkühlen lassen, beifügen und den steif geschlagenen Schnee unterheben. Form befetten, Masse einfüllen; etwas Wasser in größere Pfanne geben, Form einstellen und rund 45 Minuten im BackOfen backen. Heraus nehmen, stürzen und auskühlen lassen. In Scheiben schneiden und mit der Suppe servieren.

Hitzplootz süß

Wir verwenden den Hefeteig, siehe Rezept Hefeteig.
dazu

1 Becher saure Sahne
1 Becher süße Sahne
1 Becher Schmand
1 Esslöffel Mehl
Zucker und Zimt
Äpfel nach Wahl
Pflaumen nach Wahl

Die Sahne, den Schmand, das Mehl miteinander verrühren und auf den ausgewellten Hefeteig geben. Großzügig mit Zucker und Zimt bestreuen. Wer mag kann geraspelte Äpfel oder Pflaumen drauf verteilen. Im vorgeheizten Ofen bei 200 Grad backen. Am Rand muss er braun werden, dann ist er durch. Sollten Luftblasen im Teig sein, diese zerstechen.

Hitzplootz mit Schinken und Grieben

Wir verwenden den Hefeteig, siehe Rezept Hefeteig. Hier wird 1 Esslöffel Schmalz unter gearbeitet. Dazu 1 Becher Schmand, 1 Ei, 2 Zwiebeln, 50 Gramm Grieben, 150 gr Speck, Kümmel und Salz. Die Zwiebel mit dem Speck und den Grieben anbraten. Den Schmand mit dem Ei und ein bisschen Salz verrühren. Gleichmäßig auf den ausgerollten Teig verteilen. Die Speckmischung großzügig verteilen. Mit wenig Kümmel bestreuen.

Hitzplootz mit Gemüse

Wir verwenden den Hefeteig, siehe Rezept Hefeteig. Hier wird 1 Esslöffel Öl unter gearbeitet. Dazu 1 Becher Schmand, 1 Ei. 4 Champignons, 1 Zucchini, 1 Zwiebel, 1 Paprika, Oregano, Salz . Den Schmand mit dem Ei und ein bisschen Salz verrühren. Gleichmäßig auf den ausgerollten Teig verteilen. das Gemüse großzügig verteilen.

Hochzeitssuppe selber machen (12 Personen)

eine gescheite Hochzeitsuppe besteht aus:
einer Brühe aus sehr gutem Rindfleisch (Siedfleisch oder Beinscheiben) +
Grießklößchen +
Markklößchen +
Brätklößchen+
Leberklößchen+
Flädle+
Backerbsen+
Eierstich+
Brandteigklößchen+
Spargelköpfen und kleinen Suppenmaultaschen.

Je nach Region kann der Inhalt der Suppe variieren. Die Hochzeitssuppe wird in Süddeutschland von Hochzeitspaar und Gästen traditionell nach der Trauung eingenommen und bildet meist den Auftakt des Menüs bei der Hochzeitsfeier. Es gibt sie jedoch auch in anderen Regionen Deutschlands, da die Brautsuppe für alle Gäste früher Bestandteil jedes Hochzeitsfestes war. (Anmerkung der Autorin) Wenn man die einzelnen Einlagen einen oder zwei Tage vorher zubereitet und im Kühlschrank aufbewahrt, hat man sehr viel weniger Stress und muß dann am Tag der Hochzeit oder des Festes nur die Brühe aufkochen und alle Zutaten in der Brühe erwärmen und ziehen lassen. Die Zubereitung der einzelnen Einlagen ist teilweise sehr zeitaufwändig.

Eierstich am Vortag zubereiten

4 Eier (Größe M)
200 ml Milch
Salz

Für den Eierstich Eier und Milch gut verquirlen und mit Salz würzen. In eine gefettete Auflaufform geben. Form mit Alufolie bedecken, in die Fettpfanne des Backofens stellen, reichlich heißes Wasser angießen und im vorgeheizten Backofen (E-Herd: 150 °C/ Umluft: 125 °C/ Gas: Stufe 1) ca. 45 Minuten stocken lassen. Eierstich über Nacht kalt stellen.

Hochzeitssuppe selber machen
Brühe als Grundlage der Suppe:

500 g Rinderbeinscheibe oder Siedfleisch
1 Zwiebel
1 Bund Suppengrün
2 Lorbeerblätter
4 Wacholderbeeren
2 Gewürznelken
400 g Möhren
500 g Spargel
200 g tiefgefrorene Erbsen

Für die Brühe Fleisch waschen. Zwiebel quer halbieren und Schnittflächen in
einer Pfanne ohne Fett kräftig anbraten. Suppengrün schälen bzw. putzen,
waschen und grob würfeln. Fleisch, Zwiebel und Suppengrünwürfel in einen
Topf geben, mit 3–4 Liter Salzwasser bedecken. Lorbeer, Wacholder und
Nelken dazugeben. Aufkochen und ca. 2 Stunden köcheln. Zwischendurch
aufkochenden Eiweißschaum mit einer Schaumkelle abschöpfen. Möhren
schälen, waschen und in Scheiben schneiden. Spargel schälen, holzige Enden
abschneiden. Spargel in Scheiben schneiden. Gesamtes Fleisch aus der Brühe
nehmen, vom Knochen bzw. Haut lösen und in Würfel schneiden, Brühe
durch ein feines Sieb gießen.

Brätklößchen

4 (ca. 500 g) feine ungebrühte Bratwürste
2.500 ml von der Brühe abmessen (evt. mit Wasser auffüllen), in einen Topf
gießen und aufkochen. Brätmasse aus der Hand zu kleinen Klößchen (1,5 cm,
Max. Daumenagelgroß) direkt in die heiße Brühe vor dem Servieren drücken.

Grießklößchen

2 Eier
100 g Butter
5 Esslöffel Hartweizengrieß
Salz, Pfeffer, Muskat

Alle Zutaten verrühren, der Teich muss sehr weich sein, 10 Min quellen lassen,
Mit zwei Kaffeelöffel Klößchen abstechen. Diese mindestens 5 min in der
Brühe ziehen lassen.

Brandteigklösschen

2 Eier
50 Gr. Butter
100 Gr. Mehl
50 Gr. Milch
Salz

Butter, Milch und Salz in einem kleinen Topf erwärmen, bis die Butter geschmolzen und alles gut verrührt ist. Nun das Mehl zugeben und solange rühren, bis sich die Masse vom Topf löst. Anschließend den Topf vom Herd nehmen und die Eier unterrühren. Die Brühe in einem Topf zum Kochen bringen und mit einem Esslöffel Klöße ausstechen und in die Suppe einlegen. Sobald die Klöße an der Oberfläche schwimmen, sind sie gar.

Suppenmaultaschen

Nudelteig
500 g Mehl
4 Stück Eier
4 Esslöffel Mineralwasser
etwas Salz

Füllung
2 Stück alte Brötchen
125 g Milch
0,5 Bund Petersilie
80 g Zwiebel
30 g Butter oder Margarine
2 Stück Eier
250 g Hackfleisch, halb und halb
250 g Brät
1 Prise Muskat
Pfeffer
Salz

Für den Nudelteig alle Zutaten kneten. Wenn zu trocken 1EL Mineralwasser nach und nach dazugeben. Teig herausnehmen, zur Kugel formen und abgedeckt ruhen lassen während die Füllung zubereitet wird. Für die Füllung die beiden altbackenen Brötchen in Milch aufweichen. Petersilie zerkleinern und zu den eingeweichten Semmelbröseln geben. Die Zwiebel zerkleinern und in Butter braun werden lassen. Alle Zutaten in einer Schüssel gut verkneten und würzen. Den Nudelteig 2 x ausrollen und mit dem Lineal genau abmessen. Länge 25 cm und 6 cm hoch. Einfach ausprobieren, so wie es passt. Die Maultasche ist 4 x 4 cm und dann 1 cm Rand zum andrücken. Nun mit der Hackfleischmasse bestreichen. Nun die zweite Teigbahn oben drauf legen. Nun von Ecke zu Ecke drüber schlagen und die Ränder andrücken. Immer mal wieder mit Wasser einstreichen.

Ich empfehle den ungeübten Köchen dieses Gerät:Unten kann man den Teig ausstechen und oben sehr fest zusammendrücken. Der Vorteil an diesen runden Maultaschen ist, dass sie absolut selbstgemacht aussehen. Die fertigen Maultaschen gebe ich auf eine bemehlte Arbeitsfläche, sodass sie nicht aneinander liegen. Wichtig, die Maultaschen sind innen mit Hackfleisch gefüllt, was besonders lang garen muss. Die Maultaschen also mindestens 10 min kochen und noch mal 5 min ziehen lassen.

Markklößchen (Hochzeitssuppe selber machen)

100g Knochenmark aus dem Rinderknochen
50 g Butter
3 Eier
Salz, Pfeffer, Muskat
Petersilie, Schnittlauch
2 EL Schmalz

Das Rindermark aus dem Knochen lösen. Das Schmalz erhitzen und das Mark in der Pfanne schmelzen. Dann durch ein Haarsieb streichen. In dem Schmalz die gewürfelte Zwiebel anbraten. Mit allen Zutaten in einer Schüssel gut vermischen. Kleine Kugeln mit ca. 1,5 cm formen. 10 min in leicht köchelnder Brühe ziehen lassen.

Leberklößchen

1 Ei
100 g Butter
5 Esslöffel Hartweizengrieß
80 g gehackte Leber

Salz, Pfeffer, Muskat Alle Zutaten verrühren, der Teich muss sehr weich sein, 10 Min quellen lassen. Mit zwei Kaffeelöffel Klößchen abstechen. Diese mindestens 5 min in der Brühe ziehen lassen.

Zum Schluß:

Spargel und Möhrenscheiben in die Brühe geben und ca. 5 Minuten garen. Eierstich in Würfel schneiden. Erbsen, Eierstich und Fleisch in die Suppe geben und kurz erwärmen.

Alle Einlagen in die Suppe geben.Petersilie waschen, trocken schütteln, Blättchen von den Stielen zupfen und hacken. Suppe anrichten und mit Petersilie bestreuen

Holunder

Je nach Standort blüht der Schwarze Holunder von Ende Mai bis Anfang Juli. Die weißen Blütendolden duften stark nach Muskatwein und Honig und werden traditionell zu Sirup oder Gelee verarbeitet, für Holunderblütentee getrocknet oder in Pfannkuchenteig ausgebacken. Eine bekannte Zubereitungsform für die Blüten sind ausgebackene Holun-derblüten, die im deutschen Sprachraum als Hollerküchel, Holunderpfannekuchen, Holunderküchle, Hollerschöberl oder (in Österreich) als Hollerstrauben bezeichnet werden. Dabei werden die Schirmrispen in einen dünnflüssigen Teig aus Mehl, Eiern und weiteren Zutaten, beispielsweise in Wein- oder Bierteig, getaucht, in der Pfanne gebacken oder frittiert und die dickeren Teile der Rispenstengel mit einer Schere abgeschnitten. Darüber hinaus werden die Blüten als geschmacksgebende Komponente für Getränke verwendet. Besonders weit verbreitet sind Holunderlimonade bzw. -sirup und Holundersekt. Die Blüten werden in eine Zuckerlösung gelegt und nach einigen Tagen abfiltriert. In dieser Zeit hat die Zuckerlösung das Holunderblütenaroma angenommen.

Volksglaube
Das Aushacken oder Verstümmeln eines Holunders brachte Unglück oder Tod, der Hollerstrauch im Hausgarten galt als Lebensbaum. Das Verdorren zeigte den Tod eines Familienmitglieds an. Er galt als Abwehrmittel gegen schwarze Magie und Hexen, schützte vor Feuer und Blitzeinschlag. Man sollte unter ihm vor Schlangenbissen und Mückenstichen sicher sein.
Auch beherbergte er wohlgesinnte Hausgeister, was den Strauch in vielen Hausgärten heimisch werden ließ und zu dem Spruch führte, dass man vor einem Hollerbusch den Hut ziehen müsse.

Holunder als Heilmittel

Holundersaft und die Holunderbeeren, aber auch Tees aus Rinde und Blütenständen gelten als probate Hausmittel gegen Erkältung, Nieren- und Blasenleiden sowie zur Stärkung von Herz und Kreislauf und finden bis heute Anwendung. Als Faktoren dieser Wirkung gilt das in den Früchten mit 180mg/kg reichlich enthaltene Vitamin C sowie Vitamin B, Fruchtsäuren und ätherische Öle. Dieses Antioxidans schützt die Zellmembranen vor Veränderungen durch freie Radikale und verlangsamt so den Alterungsprozess der Pflanzenzellen wie auch der Zellen des menschlichen Konsumenten. Zusätzlich soll es einen entzündungshemmenden und dadurch schmerzlindernden und fiebersenkenden Effekt haben. Einige Studien fanden, dass Holunder-Extrakte ein wirksames Mittel zur Behandlung der Grippe seien. Die ätherischen Öle mit ihren Aromakomplexen wirken leicht schweißtreibend und schleimlösend. Auch bei Magenbeschwerden wird Holundertee in der Hausmedizin erfolgreich angewendet. Die getrockneten Blüten werden als „Flores Sambuci" in Drogerien und Apotheken angeboten. Studien konnten auch diesen eine entzündungswidrige Wirkung nachweisen. Volkstümliche Anwendung finden neben den Früchten und den Blüten des schwarzen Holunders bisweilen auch seine Blätter (Folia Sambuci), diese werden bei rheumatischen Erkrankungen angewendet. Die aus der volkstümlichen Überlieferung bekannte Verwendung von Holunder als Heilpflanze bei Diabetes mellitus wurde in Studien untersucht, dabei konnte eine insulinähnliche sowie die Sekretion von Insulin stimulierende Wirkung nachgewiesen werden. Die Früchte haben eine leicht abführende Wirkung. Holunderöl wird durch Kaltpressung aus Samen gewonnen und findet in Kosmetik, Pharmazie und Medizin Anwendung. Verwendung: wichtig: Rohe, vor allem nicht vollreife Früchte können Übelsein verursachen.

arzneilich: getrocknete Blüten als Heißgetränk zur Schwitzkur bei fiebrigen Erkältungen und Schleimlösung bei Bronchitis.
Früchte: Frisch zur Konfitüre- oder Saftherstellung,
getrocknet: als beliebter Bestandteil wohlschmeckender Früchte- und Kräutertees.
Blüten: als schwach süßes, typisch duftendes Hausgetränk

Holerwasser

Hollerwasser: Bei Kindern früher beliebter Limonadenersatz. Bereitung: Frische Blütenstände samt Stengel abschneiden, ggf. kurz unter fließendem Kaltwasser reinigen und 10 Min. "kopfüber" in eine Tasse Kaltwasser tauchen.

Holunderblütenküchlein

10-12 Holunderblüten-Dolden
150 g Mehl
3 Eier
200 ml Milch
200 ml Wasser (nach Belieben auch
mit Kohlensäure, alternativ Weißwein

oder Bier)
3-4 EL Sonnenblumenöl
Zucker-Zimt zum Besteuen

Blütendolden nach Bedarf abwaschen und sanft trockentupfen oder kurz in
der Luft verwirbeln. Mehl mit Eigelb, Milch, Wasser (oder anderen
Flüssigkeiten) und einer Prise Salz in einer Schüssel zu einem flüssigen Teig
verrühren und 20-30 Minuten ruhen lassen. Eiweiß mit Vanillezucker steif
schlagen und unter den Teig heben. Öl in einer Pfanne erhitzen. Blütendolden
einzeln in den Teig tauchen und in der Pfanne goldgelb ausbacken. Fertig sind
die ausgebackenen Blütendolden.

Holundergetränk für den Sommer

Mit den Blüten kann man ein leckeres, alkoholfreies Erfrischungsgetränk für
den Sommer
herstellen.
Etwa 7 Holunderblüten-Dolden
1 l Wasser
1-2 Zitronen
1 kg Zucker
So geht's:
Dolden in eine Schüssel mit Wasser geben. Zitronen in Scheiben schneiden
und hinzugeben. 48 Stunden ziehen lassen. Abseihen und den Zucker
unterrühren. In gereinigte Flaschen füllen. Bei Bedarf mit Wasser verdünnen
und vor allem im Sommer genießen.

Holunder ernten

Die Blüten sollte man ernten, wenn ihr Wirkstoffgehalt und Aroma am
höchsten ist. Der optimale Zeitpunkt ist – während einer Periode mit
trockenem, sonnigem Wetter – am Vormittag, wenn der Morgentau verdampft
ist. Während länger andauernder Hitzeperioden verlieren die Blüten ihren
intensiven Geschmack; sobald es regnet, verrieseln sie. Nicht von Sträuchern
am Straßenrand ernten. Nur ganze Dolden mit vollständig geöffneten Blüten
ernten; am besten nicht pflücken, sondern abschneiden. Als Sammelgefäß
einen Korb verwenden, damit die Blüten locker und luftig liegen.

Auf keinen Fall in einer Plastiktüte sammeln; dort würden die empfindlichen

Holunderblüten schnell verderben.

Vor der Verwendung die (kompletten) Dolden ausklopfen bzw. schütteln, um sie von Schmutz oder kleinen Insekten zu befreien. Dann in möglichst kaltem Wasser schwenken, auf Küchenpapier gut abtropfen lassen und auf einem Kuchengitter an einem luftigen, schattigen Platz trocknen. Die (Einzel-)Blüten sind trocken, wenn sie sich leicht von den Stielen lösen. Dann von den Doldenstengeln abrebeln und in ein dunkles, dicht verschließendes Gefäß füllen, **damit** sie lichtgeschützt aufbewahrt werden und die ätherischen Öle nicht verfliegen können.

Holundergelee

500g frische Holunderbeeren
1 kleine Packung Gelierzucker 1:2
1 Teelöffel Zitronensaft oder 1 Packung Zitronensäure
(z. B. Dr. Oetker)

Die gesammelten Holunderbeeren müssen zunächst verlesen werden. Zupfe nur die ganz Schwarzen ab. Wasche sie anschließend und lass sie in einem Sieb abtropfen. Püriere die Holunderbeeren mit einem Mixstab. Streiche das Püree gründlich durch ein feines Sieb. Es sollten die trockenen Kerne und Schalen zurückbleiben. Koche nun das Holunderpüree zusammen mit dem Gelierzucker bei starker Hitze auf. Lass die Masse für 4 Minuten sprudelnd kochen. Füge noch den Zitronensaft hinzu. Fülle die kochend heiße Konfitüre in sterilisierte Gläser ab und verschließe sie sogleich. Stell sie für 15 Minuten auf den Deckel. Wenn es klackt, dann hat sich ein Vakuum gebildet. Im Handel gibt es 1 Literflaschen Holundersaft 100 %. Diese kann man ohne weiteres zum Geleekochen nehmen. Pro Flasche Saft nimmt man dann 1 Pack Gelierzucker und 1 Packung Zitronensäure.

Holunderblüten-Sirup

wir benötigen einen großen Topf oder eine große Schüssel
20 Blütendolden
2,5 Liter Wasser
4 ungespritzte Zitronen in Scheiben
0,25 L Apfelessig oder milder Weißweinessig
2,5 Kg Zucker

Holunder versäubern, d. h. den dicken Stiel wegmachen. Wir schichten die Blüten und die Zitronen, den Zucker, das Wasser, den Essig in dem großen Topf und rühren mit einem großen Holzlöffel kräftig um. Das Gefäß stellen wir in den kalten Keller für 5 Tage und rühren regelmäßig um. Nun sterilisieren wir die Flaschen und stellen Sie bereit. Die Mischung mit einem Sieb und sauberen Tuch abseihen. Wir schmecken das Getränk ab und süßen evtl. mit Zucker nach. Da es Sirup ist, werden wir es später bei Gebrauch mit Wasser verdünnen und kann daher ruhig ein bisschen übersüß sein. Einmal aufkochen und kochend heiß in die Flaschen füllen. Sofort verschließen. Im kalten Keller kann man diesen Sirup über Jahre aufheben. Je nach Geschmack macht man ½ Sirup ins Glas und ½ Wasser.
Im Sommer ist er eiskalt sehr erfrischend.

Hortobágyer Fleischpalatschinken

Die Hortobágyer Fleischpalatschinken sind eines unserer meistbesprochenen Gerichte. Es ist auch selten, dass so viele ungarische Elemente in einem einzigen Gericht zu finden sind. Seine Geschichte ist unklar und klar zugleich, aber es besteht kein Zweifel daran, dass diese habhafte Kreatur, die aus irgendeinem seltsamen Grund als Vorspeise gilt, unglaublich lecker ist.
Der „Hortobágyi" ist im Grunde eine dickere Palantschinke (im Vergleich zum klassischen ungarischen Pfannkuchen), ein salziger Pfannkucheneintopf aus Kalbfleisch. Das Fleisch wird in den Pfannkuchenteig eingelegt und mit einer Sauerrahm-Sauce übergossen. Er wurde offiziell von einem ungarischen Koch unter diesem Namen für die Weltausstellung 1958 in Brüssel zubereitet. Dieses Gericht gehörte zu einer Reihe von Gerichten, mit denen die sozialistische Gastronomie in Brüssel seinerzeit erfolgreich präsentiert wurde. Später wurde er dafür angegriffen, dass er nichts mit der ungarischen „Hortobágy" zu tun hat und dass das Rezept schon vorher existierte, und zwar in dem Buch „Ein praktisches Kochlehrbuch im Rahmen von hundert Mittagessen" von Andrea Kolmanné Lemhényi. Der Konflikt wurde vor allem dadurch ausgelöst, dass das Gericht von der sozialistischen Gastronomie vereinnahmt wurde, aber in Wahrheit kann man Rezepte auch schon vor 1939 finden, die dem „Hortobágyer" unheimlich ähnlich sind. Das älteste stammt aus dem Jahr 1909 und ist ein Rezept für Pfannkuchen mit Hühnerpaprika. Aber da die bürgerliche Küche des 19. Jahrhunderts bereits dünne Teigpfannkuchen mit Fleisch füllte, ist es mehr als wahrscheinlich, dass das Rezept Hunderte von Jahren alt sein könnte und nicht erst 1958 erfunden wurde. Aber Geschichte hin oder her, die „Hortobágyer Fleischpalatschinken" sind unbestreitbar eines

der göttlichsten ungarischen Gerichte.

Zutaten (für 10 Pfannkuchen)
200 g feines Mehl
2 Eier
200 ml Milch
150 ml Mineralwasser mit Kohlensäure
1 Prise Salz
1 Esslöffel Öl
+ Öl zum Braten
für den Gulasch (pörkölt)
500 g Hähnchenfleisch (kann aus Schenkeln oder Brüsten bestehen)
1-2 Zwiebelköpfe
1 große saure Sahne (330 g)
1 Esslöffel rote Paprika
1 TV-Paprika
1 Tomate
Öl
Salz
Pfeffer
Gulasch (pörkölt) vorbereiten
Die geputzten Zwiebeln fein hacken. Das Fleisch in kleine Würfel schneiden.
Die gewaschenen Paprikaschoten und Tomaten in kleine Würfel schneiden.

Zwiebel in etwas Öl anbraten, dann, wenn sie glasig geworden ist, die rote
Paprika und das Fleisch hinzufügen. Nach gutem Umrühren mit Salz und
Pfeffer würzen, etwas anbraten, dann die Paprika und Tomaten in den Topf
geben, mit Wasser auffüllen, zudecken und 30-35 Minuten köcheln lassen.
Einen Teil der sauren Sahne unter den Paprikagulasch rühren und einen Teil
zum Garnieren der Palatschinken übrig lassen.
Nun die Pfannkuchen zubereiten
Eier in eine Schüssel geben und leicht schlagen. Nach und nach das Mehl, die
Milch und das Sodawasser hinzufügen. Wenn der Teig zu dick ist, mehr
Wasser hinzugeben. Salz und das Öl hinzufügen. 30 Minuten ruhen lassen.
Etwas Öl in die Palatschinkenpfanne geben, erhitzen und die Pfannkuchen
ausbacken. Etwas Fleisch in die Pfannkuchen geben, wie ein
„Baguette" aufrollen, mit der Soße übergießen und mit saurer Sahne servieren.

Hurka

sind Brühwürste, die in zwei Hauptsorten vorkommen: „Májas" (Leberwurst) und „ Véres " (Blutwurst). Auf vielen Festen und in zahlreichen Snackrestaurants an den Touristen orten gibt es immer die gute ungarische Wurst. Heute beschäftigen wir uns einmal mit der Hurka. Hurka ist eine ungarische Blutwurst, die in der ungarischen Küche sehr beliebt ist. Diese traditionelle Wurstsorte wird in Ungarn sowie auch in anderen Ländern Mitteleuropas hergestellt und ist bekannt für ihren herzhaften Geschmack. Zutaten: Die Hauptbestandteile von Hurka sind Schweinefleisch und Schweineblut. Es werden auch Zwiebeln, Gewürze wie Salz, Pfeffer und Paprika sowie manchmal Reis oder Haferflocken hinzugefügt, um die Konsistenz zu verbessern und den Geschmack zu variieren. Zubereitung: Die Herstellung von Hurka beginnt mit dem Zerkleinern des Schweinefleischs und dem Mischen mit den übrigen Zutaten. Das Blut wird hinzugefügt, um der Wurst ihre charakteristische dunkle Farbe zu verleihen. Anschließend wird die Mischung in Schweinedärme gefüllt und zu Würsten geformt.
Kochen/Braten: Die Würste werden in Wasser gekocht, bis sie vollständig durchgegart sind. Manchmal werden sie auch gebraten, um eine knusprigere Textur zu erhalten. Varianten: Es gibt verschiedene Varianten von Hurka, je nach Region und persönlichem Geschmack. Einige beliebte Sorten sind „Héjja Hurka" (mit Leber) und „Májas Hurka" (mit Leber und Lunge). Servieren: Hurka wird normalerweise als Teil einer herzhaften Mahlzeit serviert. Es wird auch mit Sauerkraut, Senf oder anderen würzigen Beilagen kombiniert. In Ungarn sind sie generell eine beliebte Wahl bei Veranstaltungen wie Volksfesten und traditionellen Feiern. Man sollte jedoch beachten, dass der Geschmack von Blutwurst für manche Menschen gewöhnungsbedürftig sein kann, aber für Liebhaber deftiger Fleischgerichte ist Hurka eine kulinarische Delikatesse.

Hurka gebraten

2 mittlere Blutwürste
2 grose Zwiebeln
Öl zum braten oder Schmalz
Die Zwiebel halbieren und in Streifen schneiden. Zusammen mit etwas Schmalz oder Öl braten. Die Haut von der Blutwurst öffnen und alles kräftig anbraten.

Dazu passen Kartoffelpüree und Apfelmus oder Sauerkraut und Salzkartoffeln.

Blut und Leberwurst gebraten

Blut und Leberwürste
Schmalz
Zwiebeln
Wein (optional)
Brühe
Sauerkraut

Das Sauerkraut mit den Röstzwiebeln und dem Wein und der Brühe ca. 20 min. dünsten. Die Leberwurst ca. 5 min. in heißem Wasser erhitzen und im heissen Wasser bis zum servieren lassen. Die Blutwurst in Scheiben schneiden, mehlieren und braten. Man kann die Blutwurst aber auch im gleichen Wasser von der Leberwurst erhitzen. Alles zusammen heiß evtl. zu Pellkartoffeln servieren.

I

Indiánerkrapfen:

Der Intendant vom Theater an der Wien, Graf Ferdinand Pálffy, hatte 1820 seinen ungarischen Koch beauftragt, für seinen indischen Gast eine Süßspeise anzufertigen. Die Dessertfarbe sollte an die braune Hautfarbe des Künstlers anlehnen. Indianerkrapfen (auch"Indianer mit Schlag" gebräuchlich) ist die Bezeichnung für eine Süßspeise, die aus zwei ausgehöhlten Biskuit-Halbkugeln, die mit gezuckertem, vanilliertem Schlagobers (Creme Chantilly) zusammengesetzt, aprikotiert und mit Schokolade überzogen werden.
Sie sind nicht zu verwechseln mit den deutschen „Schokoküssen".

6 Stk Eier
180 g Kristallzucker
120 g Mehl glatt
2 EL Kokosfett
100 ml Schlagobers
8 g Sahnesteif
150 g Schokolade

Zuerst die Eier trennen und mit den Eiklar einen Schnee schlagen. Die Dotter mit Zucker schaumig mixen und das Mehl leicht unterrühren.
Dann den Eischnee unterheben. Die Masse in die befettete, bemehlte Indianerkrapfenform löffelweise einfüllen und bei 180 °C ca. 12 Minuten backen.

Die Indianerkrapfen aus der Form lösen und auskühlen lassen. Inzwischen die Schokolade mit dem Kokosfett bei niedriger Temperatur schmelzen. Die Krapfen mit der Schokolglasur überziehen und gut trocknen lassen. Dann das Schlagobers mit Sahnesteif fest schlagen. Jeweils zwei Indianerkrapfen mit Schlagobers füllen, zusammensetzen und in Papierförmchen anrichten.

J

Saftiger Johannisbeere-Nusskuchen mit Baiser

500 g rote Johannisbeeren (frisch oder gefroren)
2 mittlere Eier
100 g Butter oder Margarine
250 g Zucker
6-7 EL Milch
150 g gemahlene Haselnüsse
175 g Mehl
2 TL Backpulver
1 TL Zitronensaft
2 EL Haselnussblättchen oder Mandelblättchen
1 EL Puderzucker

Frische Johannisbeeren waschen, abtropfen lassen und, bis auf einige schöne Trauben zum Verzieren, von den Stielen streifen. Gefrorene Johannisbeeren auftauen, den Saft auffangen. 2 Eier trennen. Fett und 125 g Zucker schaumig rühren. Eier und Eigelb nach und nach unterrühren. Milch zufügen. Gemahlene Nüsse, Mehl und Backpulver mischen und zum Schluss unterrühren. Die Johannisbeeren locker unterheben. Teig in eine gefettete, mit Paniermehl ausgestreute Springform (26 cm Ø) geben und glatt streichen. Im vorgeheizten Backofen (E-Herd: 175 °C/ Gas: Stufe 2) 25-30 Minuten backen. Inzwischen restliches Eiweiß steif schlagen, übrigen Zucker nach und nach einrieseln lassen und den Zitronensaft zum Schluss unterrühren. Baisermasse locker auf den heißen Kuchen streichen, mit Haselnussblättchen bestreuen und nochmals ca. 15 Minuten backen. Kuchen aus der Form lösen und auf einem Kuchengitter auskühlen lassen. Kurz vor dem Servieren mit Puderzucker bestäuben und mit Johannisbeerrispen verzieren. Ergibt ca. 12 Stücke. Den aufgefangenen Saft mit Mineralwasser 1:1 mischen und dazu trinken.

Joghurt selber ansetzen

Fetter Naturjoghurt oder griechischer Joghurt
1 Liter Milch
Kleine Schraubgläser
Ein Thermometer

In einem grossen Topf werden die Gläser und ihre Deckel ca. 2 Minuten aufgekocht. Gläser rausnehmen. Der Ofen wird auf 40 Grad vorgeheizt. Milch
wird in einem Krug in dem Topf genau auf 40 Grad erhitzt. In jedes Glas
kommt 200 ml Milch und dazu von dem Joghurt 2 TL. Gut rühren. Die fünf
Gläser kommen in den Ofen. Ofen abstellen. Im Ofen über Nacht stehen lassen. Dann in den Kühlschank stellen Am nächsten Tag sollte stichfester Joghurt zur Verfügung stehen.

Joghurtsauce

150 Gr. Griechischer Joghurt
1 Zitrone
Salz
Dill gehackt
Minze gehackt
Knoblauch fein zerrieben

Alles miteinander vermischen. In den Kühlschrank für mindestens 2 Stunden
stellen.

K

Kaiserschmarrn oder Gerupfte oder Grimbeli

4 Eier
125 g Mehl
125 ml Milch
1 Prise Salz
1 TL Backpulver
40 g Zucker
80 g Rosinen
4 EL Butter zum Braten
1 EL Puderzucker zum Bestreuen

Eier trennen, Eiweiß steif schlagen. Restliche Zutaten miteinander vermengen. Teig quellen lassen. Zum Schluss den Eischnee unterheben. In einer großen Pfanne mit einer Suppenkelle als Maß einen Eierkuchen braten. Einmal umdrehen, dann mit der Gabel diesen zerreißen. Wenn er fertig ist, mit Puderzucker bestreuen. Dazu Apfelmus oder Pflaumenkompott reichen.

Kakaogetränk heiß

1 Esslöffel Kakaopulver pur
1 Teelöffel Zucker
250 ml Milch
Kakaopulver, Zucker und Milch in einem Topf mit einem Schneebesen verrühren, anschließend aufkochen. Dazu passt ein Klecks Schlagsahne

Karamellsauce

150 Zucker
5 EL Wasser
150 ml Schlagsahne
1 Päckchen Vanillezucker
40 g Butter
Für die selbstgemachte Karamellsauce eine Pfanne (oder einen Edelstahltopf) auf den Herd stellen und den Zucker und den Vanillezucker hineingeben. Die angegebene Menge Wasser hinzufügen und alles bei mittlerer Hitze zum Kochen bringen. Anschließend die Hitze reduzieren und den Pfanneninhalt solange köcheln (rund 10-15 Minuten) lassen, bis er eine goldbraune Farbe angenommen hat. Nun die Pfanne von der Kochplatte nehmen und die Butter so-

wie die Schlagsahne einrühren. Danach weiterrühren, bis die Butter geschmolzen und eine glatte Masse entstanden ist. Zuletzt die Karamellsauce in ein verschließbares Gefäß füllen und abkühlen lassen.

gebackener **Karpfen**, fränkischer Art

1 Karpfen
1 Flasche Bier
etwas Mehl
1 Zitrone
Salz

Butterschmalz oder Öl zum ausbraten / frittieren. Den Karpfen vom Fischhändler des Vertrauens gleich ausnehmen und professionell halbieren lassen. Wenn ihr den Fisch selbst halbiert, folgendermaßen vorgehen: Den Karpfen am Bauch aufschneiden (von der Mitte bis zur Schwanzflosse). Die Innereien vorsichtig entnehmen. Den Fisch gut innen und außen abwaschen und abtrocknen. Den Kopf abschneiden, wenn man ihn nicht ansehen mag. Im Rezept wird der Kopf dran gelassen und mit ausgebacken, die Backen des Karpfens sollen sehr lecker sein. Die halben Karpfen kommen nun zuerst kurz in Bier, dann werden sie gesalzen und anschließend in Mehl gewendet. In einer tiefen Pfanne reichlich Butterschmalz oder Öl auslassen. Schön heiß werden lassen und die Fische von beiden Seiten goldbraun braten. Nun die Karpfen gut abtropfen lassen, evtl. kurz auf ein saugfähiges Küchentuch geben. Den Fisch auf einer möglichst vorgewärmten Platte servieren, obendrauf einige Scheiben Zitrone platzieren und mit dem gebackenen Karpfen reichen. Dazu passt Kartoffelsalat oder gemischter Salat. Sind die halben Karpfen zu unhandlich oder hat man keine große tiefe Pfanne kann man die Hälften auch in handliche Stücke schneiden und dann verarbeiten.

Kartoffelteig für Klöße halb und halb (Grundteig)

1 Kg Kartoffeln
Wasser
Salz
2 Eier zur Bindung
1 Teelöffel Stärke
Prise Salz

500 g Kartoffeln schälen, in Stücke schneiden und in Salzwasser gar kochen. Danach 15 min abkühlen lassen und durch eine Presse drücken. Haben Sie

keine Presse, nehmen Sie den Stampfer. Auf keinen Fall den Mixer benutzen, dann werden die Kartoffeln schleimig und unbrauchbar.

Die anderen 500 g geschälten Kartoffeln werden roh gerieben. In der Schüssel sind jetzt die geriebenen Kartoffeln und ganz viel grüne Flüssigkeit. Mit den Händen werden die geriebenen Kartoffeln ausgedrückt und zu den gekochten Kartoffeln gegeben.

Die Flüssigkeit hat sich abgesetzt und wenn man das Wasser abschüttet ist unten ein Satz aus Stärke. Diese Stärke zu den Kartoffeln geben und noch ein Ei untergeben. 1/2 Teelöffel Salz dazugeben. Alles gut verkneten. Der Teig muss fest und gut formbar sein. Um gleichmäßig große Knödel zu bekommen, nimmt man einen Eisportionierer.
Ins leicht kochende, leicht gesalzene Wasser geben. Ohne Deckel vor sich hin simmern lassen, bis nach ca. 20 min die Knödel hochkommen. Erst wenn alle komplett an der Oberfläche schwimmen, sind sie durch.

Kartoffelbounzeli (ähnlich süßen Kroketten)

Teig wie oben (Kartoffelteig) zubereiten.
In den Teig noch 2 Esslöffel Zucker einarbeiten. Dann kleine Rollen formen. In einer gebutterten Kasserolle werden diese mit Platz locker eingelegt und bei 180 Grad gebacken. Sind sie auf einer Seite braun, alle umdrehen. Dazu Apfelmus oder Vanillesauce reichen.

Kartoffelauflauf mit Äpfeln, Rosinen

Teig herstellen aus (Kartoffelteig) und in den Kühlschrank stellen.

6 saure Äpfel, geschält und in Stücken
1 Tüte Mandeln gerebelt (kann man auch weglassen)
100 g Zucker
Zimt
100 g Butterflocken
1 Tüte Rosinen (kann man auch weglassen)
Butter zum ausbuttern der Form

Den gut gekühlten Kartoffelteig dünn auswellen und in 3 gleich große Teile zerschneiden. Die Form der Teile soll der Auflaufform entsprechen. Die Äpfel in angenehme Stücke schneiden, den Zucker drübergeben, nach Geschmack Zimt. Mindestens 1 halbe Stunde ziehen lassen. Dann die Rosinen und die Mandeln untermischen. Die Form gut ausbuttern und unten eine Schicht Teig einlegen, darauf die Apfelmasse einfüllen und dann wieder Teig. Solange wiederholen, bis alles aufgebraucht ist. Oben soll Teig sein. Nun mit den Butterflocken bestreuen. Nochmal Zucker und Zimt drüber streuen. Im Ofen mindestens eine Stunde bei 150 Grad backen. Variante: die Rosinen über Nacht in Rum einlegen.

Kartoffelsalat, der Echte

Aus fest kochenden Salatkartoffeln, in dünne Scheiben (Rädle) geschnitten, angemacht mit etwas feingehackter Zwiebel, warmer Fleischbrühe, Essig und Öl, abgeschmeckt mit Salz und Pfeffer und gut durchgezogen. Ein guter Kartoffelsalat darf eher soichnass als furzdrogga sein. (Schwabenlexikon)

1 Kilo Kartoffeln festkochend
1-2 Zwiebeln
250 ml Fleischbrühe
4 Esslöffel Apfelessig mild
Salz, Pfeffer, nach Geschmack
4 Esslöffel Öl
Maggie zum Abschmec
Schnittlauch, zur Dekoration

Die festkochenden Kartoffeln bissfest kochen. Die noch warmen Kartoffeln werden geschält und ganz dünn geschnitten. Meine Großmutter sagte immer, so dünn, dass man eine Zeitung hindurchlesen könnte. Dann eine klein gehackte und mit Salz bestreute Zwiebel dazu geben. Da die Brühe den Geschmack erzeugt und auf Salz am Anfang verzichtet wird, sollte die Brühe sehr intensiv sein und nur mit der Hälfte der angegebenen Wassermenge zubereitet werden. Zu der Brühe gibt man jetzt 2 EL mildem Obst- oder Apfelessig und ein wenig Salz. Diese Mischung gibt man über die dünn geschnittenen und noch warmen Kartoffeln. Achtung - NOCH KEIN ÖL dazugeben!! Vorsichtig vermengen und mindestens 1 Stunde ziehen lassen. Dann mit Salz, Pfeffer und Maggie abschmecken und falls notwendig nachwürzen. Die Kartoffeln saugen die Brühe komplett auf, deshalb kann es notwendig sein, noch weitere Brühe nach ca. 30 Minuten dazuzugeben. Wichtig ist, dass der Salat wie die Schwaben sagen „glitschig &

schlunzig" wird. Je nach Kartoffelsorte saugen die Kartoffeln mehr oder weniger Flüssigkeit. Nach mindestens einer Stunde - gerne auch länger wird das Öl dazugegeben. Nun wird der Salat vorsichtig umgerührt und abgeschmeckt.

Kartoffelsuppe mit Wiener Würstchen

1 kg Kartoffeln
1 Bund Suppengrün
1 Zwiebel
1Tl Salz
Pfeffer aus der Mühle
Majoran
Wiener Würstchen

Die Kartoffeln, die Möhren, die Zwiebeln und den Sellerie waschen und schälen. Anschließend alles zusammen in grobe Stücke schneiden und in einem großen Topf mit etwas Fett oder Schmalz anbraten. Jetzt soviel Brühe angießen, dass das Gemüse mit Wasser bedeckt ist und zum Kochen bringen. Wenn das Gemüse fast gar ist, den Majoran und Pfeffer zugeben und kurz mitkochen lassen. Das Gemüse sollte schön weich sein. Anschließend pürieren. Eventuell noch ein bisschen Wasser nachgießen so dass eine sämige Suppe entsteht. Dazu passen sehr gut Wiener Würstchen.

Kartoffelsuppe (Variante)

5 mittlere Kartoffeln
1 Stange Lauch
1 Karotte
1 Liter Brühe
Salz und Majoran, Pfeffer

Die Kartoffeln, die Karotte, den Lauch waschen und klein schneiden. In einem großen Topf mit etwas Fett oder Schmalz anbraten.

Jetzt soviel Brühe angießen, dass das Gemüse mit Wasser bedeckt ist und zum Kochen bringen. Wenn das Gemüse fast gar ist, den Majoran und Pfeffer zugeben und kurz mitkochen lassen.

Das Gemüse sollte schön weich sein. Anschließend mit einem Kartoffeldrücker stampfen. Eventuell noch ein bisschen Wasser nachgießen so dass eine sämige Suppe entsteht. Dazu passen sehr gut Wiener Würstchen.

Kartoffelsuppe (Variante)
mit Sahne, Zwiebeln und Speck

5 mittlere Kartoffeln in Stückchen
2 Esslöffel Schmalz
100 g Bauchspeck
1 große Zwiebel
1 Becher Süße Sahne
1 Liter Brühe
Salz und Majoran, Pfeffer
Maggie

Den Bauchspeck und die gesäuberte Zwiebel in kleine Würfelchen schneiden und mit Schmalz kross anbraten. Die Kartoffelstückchen mit anbraten und dann die Brühe aufgießen. Alles ca. 25 min weichkochen. Die Sahne unterrühren. Mit einem Kartoffelstampfer oder Kochlöffel alles nur kurz anstampfen, es müssen Stücke verbleiben. Jetzt alles würzen. Man kann jetzt zur Dekoration angedünstete Zwiebel und in Butter geröstete Brötchenwürfel in den Suppenteller geben.

Käse-Lauch-Suppe (Porree)

1 Lauch / Porree
1 mittlere Zwiebel
Knoblauch nach Bedarf
500 g Mischhack
Öl zum Braten
¾ Liter Brühe
1 Becher Schlagsahne
200 g Schmelzkäse
Pfeffer
Salz
Muskat
1 Zitrone

Ein großer Topf ist hilfreich, man kann besser umrühren. Lauch längs halbieren, in Streifen schneiden und waschen. Knoblauch schälen und würfeln. In einem Topf Öl auf hoher Stufe erhitzen und Hackfleisch ca. 5 Min. anbraten. Zwiebel, Knoblauch und Porree zugeben und nochmals ca. 3 Min. braten. Mit Salz, Pfeffer, Muskat würzen. Mit Sahne und Brühe ablöschen und zugedeckt ca. 10 Min. kochen lassen. Schmelzkäse in die Käse-Lauch-Suppe rühren und mit Zitronenschale und -saft abschmecken.

Kastanien, Maroni zubereiten

Wie lange muss man Maroni einweichen?
Maroni sollte man vor dem Braten 30 Minuten in lauwarmem Wasser einweichen oder 5 Minuten vorkochen. Exemplare, die an der Oberfläche schwimmen, deuten auf Wurmbefall hin und sind auszusortieren.

Wie brate ich Maroni?
Maroni kann man im BackOfen oder am Grill braten. Vor dem Braten sollte man die eingeweichten oder vorgekochten Maroni mit einem Kreuzschnitt einschneiden. Für die BackOfen-Variante dann die Maroni auf das bereits heiße Backblech im vorgeheizten BackOfen (220 °C) legen und ein Schüsselchen mit Wasser dazustellen. Für die Grill-Variante die Maroni auf eine Aluschale oder in eine hitzefeste Pfanne geben und auf den heißen Grill legen.

Wie gesund sind Maroni wirklich?
Maroni sind fettarm, aber aufgrund ihres hohen Kohlenhydratanteils sollte man ihren Energiegehalt nicht unterschätzen. 100 g enthalten ca. 220 kcal. Die Edelkastanien sind leicht verdaulich und enthalten viel Vitamin C, Vitamin B und Kalium. Maroni wird eine nervenstärkende und stimmungsaufhellende Wirkung zugeschrieben.

Wie viele Maroni rechnet man pro Person?
Pro Person rechnet man ca. 250 g Maronen. Am besten schmecken frisch gebratene Maroni mit heißem Glühwein oder Punsch.

Kastanienpüree (süss)

1 kg Edelkastanien
400 ml Wasser
300 ml Milch
1 Vanilleschote
50 g Zucker
100 ml Wasser
50 g geschmolzene Butter
150 ml Schlagsahne
50 ml Rum Schlagsahne (zum Servieren)

Waschen Sie die Kastanien und machen Sie einen X-förmigen Schnitt auf der runden Seite jeder Kastanie. Schneiden Sie nicht zu tief in das Fruchtfleisch der Kastanien. Die Kastanien auf ein mit Alufolie ausgelegtes Backblech legen und Wasser in das Blech gießen. Backofen auf 120 °C vorheizen und 40–45 Minuten backen, bis sich die Schalen öffnen und zurückrollen. Ziehen und brechen Sie die dunklen Schalen der Kastanien ab, während sie noch warm sind, und achten Sie darauf, dass Sie auch die Haut zwischen der Schale und dem Inneren entfernen. Gießen Sie die Milch in einen großen Topf, fügen Sie die Kastanien, die halbierte Vanilleschote hinzu. Kochen Sie sie bei schwacher Hitze etwa 45 Minuten lang, bis die Kastanien vollständig weich sind. Den Zucker in 100 ml Wasser bei schwacher Hitze auflösen. Die Kastanien abtropfen lassen und in eine Küchenmaschine geben. Fügen Sie den Zuckersirup, die Schlagsahne, die geschmolzene Butter und den Rum hinzu und mischen Sie, bis alles gut vermischt ist. Die Paste in eine saubere Schüssel umfüllen und für mindestens 6 Stunden in den Kühlschrank stellen. Verwenden Sie eine Kartoffelpresse, Spätzlepresse oder eine Reibe mit großen Löchern, um Kastanienpüree-Stränge herzustellen. Mit Schlagsahne servieren. Sie können Edelkastanien auch als Bejgli-Füllung verwenden, um dem traditionellen ungarischen Gebäck eine besondere Note zu verleihen.

Kastaniensuppe, Maronisuppe

- 400-500 g gekochte & geschälte Kastanien
- 2 Schalotten oder 1 Zwiebel
- 1 EL Butter
- 100 ml Weißwein
- 500 ml Rindsuppe

- 200 ml Schlagobers
- Muskatnuss
- Salz, Pfeffer
- Prise Zimt
- Schnittlauchröllchen

Für dieses Rezept die Zwiebel oder Schalotten klein schneiden. Die vorgekochten und geschälten Kastanien eventuell halbieren. Butter in einem Topf erhitzen, Zwiebel und Maroni darin anschwitzen, mit Weißwein ablöschen und kurz einkochen lassen. Mit Rindsuppe und dem Schlagobers aufgießen und die Kastaniensuppe ca. 10-15 Minuten bei niedriger Hitze köcheln lassen. Die Maronisuppe mit dem Stabmixer pürieren. Mit Salz, Pfeffer und frisch geriebenen Muskatnuss abschmecken und noch etwas am Herd nachziehen lassen. Die Kastaniensuppe auf Tellern anrichten und mit einer Prise Zimt bestreuen. Mit Schnittlauchröllchen garniert servieren.

Kirschsuppe, Kalte Sauerkirschsuppe

500 gr. Saure Kirschen
40 gr. Mehl
Salz
80 gr. Zucker
1 Glas Rotwein
600 ml Milch
Becher süsse Sahne, es schmeckt aber auch mit saurer Sahne
2 Gewürznelken (optional)
Zimz
Saft einer halben Zitrone

Kirschen entsteinen. Die Sahne wird mit dem Mehl verquirlt. Alle andere Zutaten in einen Topf geben und die Kirschen fast weich kochen. Die Mehlsahne beifügen und nochmal aufkochen. Kalt servieren.

Ungarische Knoblauchsuppe,
wie man sie in mesteri fürdő essen kann.

10 Stk Knoblauchzehen
3 EL Butter
3 EL Mehl
750 ml Rindsuppe (klar)

1 Becher Schlagsahne (250 ml)
1 Prise Pfeffer
2 Prisen Salz
5 EL Schnittlauch
Reibekäse, am besten einer, der sich schnell auflöst
Weissbrot in Würfeln
Petersilie

Für die Knoblauchcremesuppe zuerst den Knoblauch schälen und ganz fein
hacken. Danach in einem Topf die Butter zerlassen, sobald die Butter heiß ist,
das Mehl zufügen. Dabei ständig rühren. Anschließend die Knoblauchzehen
dazugeben, sofort mit der klaren Rindsuppe und der Schlagsahne aufgießen -
alles schnell mit einem Schneebesen verrühren, damit sich keine Klumpen
bilden. Das Brot würfeln und in Butter anschwenken. Die Suppe aufkochen
und anschließend rund 20 Minuten ziehen lassen. Zum Schluss mit Salz,
Schnittlauch und Pfeffer würzen. Vor dem Servieren einen Löffel Käse pro
Teller oben drauf geben. Brotwürfel verteilen. Das Ganze erinnert an Schweizer Käse-Fondue bloß das kein Weißwein verwendet wird. Petersilie großzügig verteilen

Kohlrouladen

Kohlrouladen, Kohlrollen, Krautwurst oder Krautwickel oder Gefülltes Kraut
ist im deutschen Sprachraum die Bezeichnung für verschiedene Varianten
gefüllter Kohlblätter, die gegart, gedünstet oder geschmort werden.
Die in Deutschland verbreiteten Varianten werden aus Wirsing-, Weißkohl-
und seltener auch Rotkohlblättern gewickelt, die zuerst blanchiert und danach
mehrere Blätter übereinander gelegt. Diese werden um eine gewürzte
Fleischmasse aus Hackfleisch, Speck, Zwiebeln, Salz, Pfeffer und Gewürze
gewickelt, mit Küchengarn gebunden oder mit Rouladennadeln oder Holz-
spießchen (auch Zahnstochern) zusammengesteckt. In wenig Fleischbrühe
werden sie bei mittlerer Temperatur geschmort. Nach manchen Rezepten kann
die Füllung noch Reis oder die Sauce Tomatenmark und Speck enthalten. Die
übliche Beilage sind Salzkartoffeln oder Kartoffelbrei.
Variante mit Weißkohl, Reis und Tomatensauce

Ein ungarisches Hauptgericht:
Kohlrouladen/ Krautrouladen.

-800g Schweinegehacktes
-400g geräuchertes Fleisch (Rippchen, Schinken oder Haxe)
-1 Ei
-300g Schweinespeck (geräuchert)
-200g Reis, halbgekocht
-2 große Zwiebeln
-4-5 Stück Knoblauchzehe
-Gewürzpaprikapulver ca. 4 Esslöffel
-Salz, schwarzer Pfeffer (ganz und gemahlen), Kümmel
gemahlen, Lorbeerblatt (3-4Stück)
-getrocknete Paprikaschote (geht auch ohne)
-Tomatenmark ca. 300g
-1,5kg Sauerkraut
-1kg Sauerkrautblätter
-Schmand

Halbgekochter Reis, Hackfleisch, Salz, gemahlener Pfeffer, Gewürzpaprikapulver (ca. 2 Esslöffel), gemahlene Kümmel (1 Teelöffel), Knoblauch (gepresst)
gut verkneten. Die Sauerkrautblätter mit dieser Fleischmischung füllen. (Paar
Stück Blätter nicht füllen, an der Seite legen). Sauerkraut einmal mit kaltem
Wasser gut ausspülen. Den Speck würfeln, in einem Topf geben, schmelzen
lassen. Zwiebeln klein hacken, zu dem Fett geben, glasig dünsten. Mit Gewürzpaprikapulver und Salz würzen. (Mit dem Salz muss man aufpassen,
Speck und geräuchertes Fleisch sind ja auch salzig). Ein Drittel von dem Sauerkraut, und danach Sauerkrautblätter auf dem Boden von unserem Topf
legen (ca. 3-4 Stück). Hälfte vom gewürfelten gerauchten Fleisch dazugeben,
paar Rouladen reinlegen, mit ca. 150g Tomatenmark, und 200ml Wasser aufgießen. Danach machen wir noch zweimal das gleiche: Sauerkraut, geräuchertes Fleisch und die Rouladen kommen dazu. Wenn wir fertig sind, den restlichen Tomatenmark, ganze Pfeffer, Lorbeerblätter und Paprikaschoten dazugeben, und noch mit ca. 200ml Wasser aufgießen. Wir kochen alles ganz langsam, ohne rühren in ca. 1,5-2 Stunden fertig. Serviert wird mit Brot, und
Schmand. Je mehr wir dieses Gericht aufwärmen, desto besser schmeckt es.

Kohlrouladen (2)

1 Wirsingkohl
500 g Mischhack
1 mittlere Zwiebel in feine Würfel gehackt
halbe Tasse Paniermehl oder
1 altes Brötchen in Milch eingeweicht
1 Ei
Pfeffer
Salz
Majoran
Liebstöckel
Thymian
Schmalz zum Ausbraten
2 Tassen Rinderbrühe

Vom Wirsingkohl die alten Blätter entfernen. 6 große Blätter in kochendes
Wasser tauchen und dann in eiskaltes Wasser tunken (blanchieren). Gut abtrocknen. Die Zwiebeln in einem Bräter in Schmalz glasig andünsten. Danach
Bräter beiseite stellen. Alle Zutaten in einer Schüssel gut vermischen, die
Zwiebeln dazugeben. In 6 gleich große Frikadellen formen. Das Hack in die
Blätter einwickeln und mit Zahnstochern oder Küchengarn oder Rouladenna-
deln zumachen. Es darf nicht zu locker sein. Im Bräter scharf anbraten. Den
restlichen Kohl in kleine Stücke schneiden und dazugeben. Dann mit Brühe
angießen und den Bräter schließen. 30 Minuten bei 180 Grad im Ofen garen.
Nun die Kohlrouladen und den gebratenen Kohl aus der Sauce nehmen. Eine
Tasse Milch mit 2 Teelöffel Stärke verrühren und in den Bräter geben. Gut
verquirlen und aufkochen. Mit Pfeffer und Salz abschmecken. Dazu passen
Salzkartoffeln oder Kartoffelbrei.

Knoblauch-Mayonnaise

Knoblauch-Mayonäse ist eine scharfe Gewürz Paste, die man zum Würzen
von Salat Sauce, Fleisch, Geflügel, Gemüse oder zum Bestreichen von geröstetem Brot verwendet. Aioli wird in Spanien ohne Ei zubereitet, da sonst eine
Mayonnaise entsteht, die bei der Wärme leicht verderben würde.

1 Knoblauch-Knolle
Oliven Öl
Salz

Für Aioli alle Knoblauch-Zehen einer Knolle pellen und durch die Knoblauch-Presse drücken. Langsam Öl untermixen, bis eine Paste entsteht. Die Menge vom Öl richtet sich nach der Größe und Frische der Knoblauch-Knolle. Sollten sich Knoblauch und Öl trennen, kann man ganz langsam etwas Milch zufügen, die dann als Emulgator dient. Aioli original zum Schluss mit Salz würzen.

Königsberger Klopse

200 ml Milch
1 Brötchen vom Vortag (oder 50 g Weißbrot)
1 1/2 Zwiebeln
2 Sardellen (aus dem Glas)
500 g Mischhack
1 Ei (Größe M)
Salz
Pfeffer
Muskatblüte, gemahlen
1 Lorbeerblatt
2 Gewürznelken
1 l Fleischbrühe
5 Pimentkörner
4 EL Butter
4 EL Mehl
200 g Sahne
2-3 EL kleine Kapern (aus dem Glas)
1-2 TL abgeriebene Schale von 1 Bio-Zitrone

Die Milch lauwarm erhitzen und das Brötchen darin einweichen. Die halbe Zwiebel schälen und ganz fein würfeln. Die Sardellen kalt abspülen und fein hacken. Das eingeweichte Brötchen mit den Händen gut ausdrücken und in eine Schüssel geben. Mischhack, Ei, Zwiebel, Sardellen, etwas Salz, Pfeffer und Muskatblüte dazugeben und kräftig durchkneten.

Mit feuchten Händen aus der Hackfleischmasse etwa 20 tischtennisball-große Klöße formen mit dem Eisportionierer. Die restliche Zwiebel schälen und das Lorbeerblatt mit den Gewürznelken daranstecken. Die Brühe mit der gespickten Zwiebel und dem Piment in einem weiten Topf aufkochen. Die

Klöße hineingeben und ca. 20 Min. bei kleiner Hitze ziehen lassen. Dabei ab und zu am Topf rütteln, damit sich die Klöße drehen und gleichmäßig garen.

Die Klöße mit einer Schaumkelle herausnehmen, abtropfen lassen und in einer Schüssel abgedeckt beiseite stellen. Die Brühe durch ein feines Sieb gießen und 700 ml abmessen.

Für die Sauce die Butter in einem großen Topf aufschäumen, das Mehl unterrühren und kurz farblos anschwitzen. Die Sahne dazugießen, dabei ständig mit einem Schneebesen rühren, sodass keine Klümpchen entstehen. Die abgemessene Brühe dazugießen und alles unter Rühren aufkochen. 5 Min. unter Rühren kräftig kochen lassen. Die Klöße hineingeben und ca. 5 Min. darin erhitzen.

Die Kapern unter die Sauce rühren und die Sauce mit Salz, Pfeffer, Muskatblüte, Zitronenschale und 3-4 EL Kapernsud (aus dem Glas) herzhaft abschmecken. Über die Königsberger Klopse streuen.

Krautsalat

¾ eines mittleren Weißkohls
2 mittelgroße Möhren
1/2 Zwiebel
1 Apfel

100 g saure Sahne
100 g Mayonnaise
1 EL Senf
2 TL Balsamico Essig weiß
2 TL Zucker
Zitronensaft
nach Geschmack Salz, Pfeffer, Paprika

Das Gemüse putzen. Die Schale vom Apfel bleibt dran. In einer großen Schüssel den Weißkohl in der gewünschten Größe hobeln. Dann die Möhren und den Apfel in der gleichen Größe hobeln. Die Zwiebeln in kleine Würfel schneiden und dazugeben. Alles gut vermengen. Die anderen Zutaten zu einer Salatsoße gut verrühren. Ist der Geschmack noch nicht rund, dann noch ein bisschen Zucker oder ein bisschen Zitronensaft zugeben. Über den Kohl gießen und mit den sauberen Händen alles gut vermischen. Für mindestens 2

Stunden in den Kühlschrank stellen. Noch einmal gut durchrühren und abschmecken.

Krautsalat2

500 g Weißkohl
250 ml Wasser
125 ml Essig
3 EL Zucker
½ TL, gestr. Pfeffer, frisch gemahlen
1 TL Salz
1 Zwiebel
Petersilie, gehackt

Das Weißkraut sehr fein hobeln und die Zwiebel in feine Streifen schneiden. Wasser mit Essig vermischen und den Zucker darin auflösen (Essig und Zucker nach Geschmack variieren).
Salz und Pfeffer ebenfalls nach Geschmack hinzufügen und über das Kraut und die Zwiebel verteilen. Petersilie zugeben, alles gut durchmischen und mindestens einen Tag ziehen lassen. Öfters durchmengen.

Krebspörkelt

50 Flusskrebse
Kümmel, Salz, Pfeffer
Petersilie
200 g. Butter
Paprikapulver
20 gr. Mehl
Tasse Brühe
Halbes Glas Weisswein

Die Krebse mit wenig Salz -Wasser und Kümmel und Petersilie kochen. Danach alles Fleisch lösen. Butter zerlassen dann die Krebse zufügen. Mit Mehl und Paprika bestreuen. Mit der Brühe und Weisswein ablöschen. Abschmecken. Mit Reis oder Weißbrot essen.

Kürbis, Kürbiskerne und Kürbiskernöl

Die österreichische Küche bietet viele regionale Ausprägungen. Neben der Wiener Küche, welche überwiegend in der Kochtradition der k. u. k. Monarchie Österreich-Ungarn steht, bestehen eigenständige regionale Traditionen in allen Bundesländern. Dort findet man häufig verschiedene Pfannengerichte, Knödelvariationen, dicke Suppen und Eintöpfe auf den Tischen. Die österreichische Küche hat Einflüsse aus allen Regionen der ehemaligen Habsburgermonarchie, insbesondere aus Ungarn, Böhmen und Norditalien sowie vom Balkan, aber auch äußere Einflüsse wie beispielsweise der französischen Küche. Gerichte und Zubereitungsarten wurden oft übernommen, integriert, angepasst oder vermischt. In West-Ungarn wurde das verschwundene Doppel Ofenblattinstrument Töröksíp von dudelsackartigem Klang unter dem Namen regössíp teilweise aus dem Flaschenkürbis gebaut. Eine typisch österreichische und ungarische Spezialität ist das Kürbiskern-Öl, das sich durch seinen nußigen Geschmack besonders für Salate eignet, wie zum Beispiel für Kartoffelsalat Das Kürbiskernöl wird auch als Verzierung für die klassisch-steirische Kürbissuppe eingesetzt. Eine Studie bestätigte die positive Wirkung von Kürbiskernöl auf Blase und Prostata. Seine Antioxidantien stärken das Immunsystems und wirken entzündungshemmend im Körper. Sein hoher Anteil an Vitamin E und Selen schützt unseren Körper von freien Radikalen.

Die Geschichte und Kultivierung des ungarischen Kürbisses

Der Kürbis dürfte eine der ältesten Kulturpflanzen der Welt sein, die ältesten Kürbisfunde des gewöhnlichen Kürbisses wurden von Wissenschaftlern um die Zeit von 10.700 bis 9.200 v. Christi datiert. Sie stammen aus dem Süden Mexikos. Dort belegen archäologische Funde, dass die öl- und eiweißreichen Kürbissamen den Ur-Amerikanern noch vor Mais und Bohnen als Nahrungsmittel dienten. Amerika als Herkunftsgebiet des Kürbisses ist durch verschiedene Hinweise auf einen Anbau durch nord-und Südamerikanische Indianerstämme bestens belegt. Erst nachdem Christoph Kolumbus Ende des 15. Jahrhunderts Amerika entdeckt hatte, kam der Kürbis nach Europa. Eine dieser Arten ist der sogenannte schalenlose Ölkürbis, der in Österreich und Ungarn und den umliegenden südlichen und östlichen Staaten kultiviert wird. Diese Schalenlosigkeit ist vermutlich durch eine natürliche Mutation entstanden. Bei der Gewinnung von Kürbiskernöl bietet diese schalenlose bzw. weichschalige

Form vor allem technische Vorteile, da das Schälen entfällt und die Rückstände (Presskuchen) ohne Schwierigkeiten verfüttert werden können. Das Kürbiskernöl und Kürbiskerne waren wegen des typischen, nußartigen Geschmacks und der wertvollen Inhaltsstoffe in der Gunst des Menschen schon immer deutlich höher angesiedelt als der Kürbis selbst. Wurde das Fruchtfleisch vor einigen Jahrzehnten noch als Viehfutter oder zur Marmeladeherstellung genutzt, so bleibt es heute als verrottender Rückstand auf den Feldern zurück. Charakteristikum des "ungarischen Kerns ist die dunkelgrüne Färbung, weshalb bei allen Weiterentwicklungen die Beibehaltung dieses Merkmals im Mittelpunkt steht. Der Kürbis wird auch heute händisch geerntet. Dabei werden die Kürbisse auf dem Acker oder am Bauernhof mit einem speziellen Kürbisspalter geteilt und die Kerne mit der Hand von der Frucht gelöst. Diese Art der Ernte ist zwar äußerst schonend und mit wenig Ernteverlust verbunden, dafür aber auch sehr zeit- und arbeitsaufwändig. Die handgeernteten Kerne werden anschließend meist auf Rosten an der Sonne ein bis zwei Wochen lang getrocknet. Den Bauern ist es mit eigens dafür entwickelten Erntemaschinen heute möglich, bis zu einem Hektar Kürbis pro Tag zu ernten. Dazu wird vor der Ernte ein Schneepflug umfunktioniert, der die Kürbisse in Bahnen zusammenschiebt. Die Erntemaschine nimmt anschließend die Kürbisse auf. Der Ölkürbis kann im Reifezustand 5 bis 8 kg wiegen und einen Durchmesser von ungefähr 25 cm vorweisen. Im Zentrum des Fruchtfleisches finden sich bis zu 300 g Kerne. Das Kürbiskernöl wird nach Bedarf frisch gepresst. Dabei geht man folgendermaßen vor: Pro Liter Öl werden ca. 2,2-2,4 kg Kerne vermahlen und mit Wasser und Salz zu einem Brei geknetet. Das Salz fördert die Trennung von Fett und Eiweiß. Die so gewonnene Masse wird von einem eigens dafür verantwortlichen Pressmeister etwa 1/2 Stunde bei 60 Grad Celsius in einer speziellen Röstpfanne geröstet, bis das Wasser verdampft ist. Das in den Kernen enthaltene Öl wird dadurch aufgeschlossen. Schließlich kommt die Masse in die Presse. Zwischen zwei Steinplatten wird das Kürbiskernöl bei einem Druck von 300-350 bar gewonnen. Die Schwebeteile lässt man etwa eine Woche absitzen oder entfernt sie durch Filtration.

Kürbiskernöl hat offiziell eine Haltbarkeit von neun Monaten. Wird das kostbare Öl gut verschlossen und lichtgeschützt unter ca. 15 Grad Celsius gelagert, kann man mit einer wesentlich längeren Haltbarkeit rechnen. Kernöl im Kühlschrank aufzubewahren ist nicht sinnvoll.

Kürbis-Ingwersuppe

Beste Suppe wenn du krank bist, (sogar vegan, weil gar kein tierisches Produkt drin ist. Ich schwöre auf die Suppe, weil viel Ingwer drin ist. Sie ist antibakteriell und hilft bei Husten.

1 mittelgroßer Flaschen-Kürbis oder Hokkaido
Ingwer, ca. 7 cm
Suppengrün mit Zwiebel, Möhre, Pastinake, Sellerie
1 Dose Kokosmilch
TL Curry
Vegeta Brühe
Kürbiskernöl
Kürbiskerne
1 TL Chili
Salz
Erbsen gefroren
4 Kartoffeln

Kürbis und Kartoffeln säubern und schälen und in kleine Stücke schneiden. Suppengrün putzen und klein schneiden. Dieses mit dem Kürbis und dem Ingwer (ohne Schale) und den Kartoffeln anbraten. Mit Brühe und Kokosmilch aufgießen. Alles so lange kochen, bis der Kürbis so weich ist, das man ihn mit dem Kochlöffel klein drücken kann. Mit dem Kochlöffel alles im Topf klein drücken. Nicht passieren. Die Gemüsestücke sollen klar erkennbar sein. Die Suppe wird nach und selber dick und breiig. Nun die Erbsen reintun. Aufkochen. Alle Gewürze reintun und abschmecken. Der Ingwer wird jedes Mal ein bisschen schärfer, wenn man die Suppe aufkocht. Die Kokosmilch mildert das Scharfe ein wenig ab. Die Suppe sollte die Konsistenz eines dicken Breis haben und scharf sein. Das brennt die Bakterien weg. Ist sie zu dünn, einfach auf kleiner Flamme weiterkochen oder 2 bis 3 Löffel von fertigem Kartoffelbreipulver dazugeben. Ich mache meinen Kartoffelbrei auch selber, aber manchmal ist das fertige Pulver die letzte Wahl wenn eine Suppe zu dünn ist. Sehr heiß servieren und ein Schwung vom Kürbiskernöl rüber gießen. Dazu Kürbiskerne rüber streuen. Ganz wagemutige reiben sich frischen Ingwer über die Suppe.

Kürbiskerne rösten

Kürbiskerne sind geröstet ein leckerer und gesunder Snack. Deswegen wirf sie nicht weg. Wir zeigen dir, wie du frische Kürbiskerne rösten und lange haltbar machen kannst. Kürbiskerne sind reich an ungesättigten Omega-6-Fettsäuren. Deswegen wird aus ihnen auch Kürbiskernöl gewonnen. Zudem enthalten sie viele weitere wichtige Nährstoffe wie: Vitamin E, Kalium, Magnesium, Eisen und Zink. In der Naturheilkunde werden Kürbiskerne wegen ihrer entzündungshemmenden Wirkung und als Zinklieferant empfohlen. Sie stärken das Immunsystem und sollen bei Menopausenbeschwerden und Diabetes helfen. Die Kürbiskerne, die du beim Kochen von Kürbis-Rezepten oder beim Kürbis schnitzen übrig behältst, sind also viel zu schade für den Kompost. Röste sie doch lieber! Tipp: Du kannst die Kürbiskerne in verschiedenen Geschmacksrichtungen rösten – deiner Experimentierfreude ist dabei keiner Grenze gesetzt. Dieses Rezept ist für salzige Kerne mit einer Knoblauchnote. Genauso gut kannst du die Kürbiskerne aber mit Honig und Zimt rösten für einen süßen Snack.

Kürbiskerne eines beliebigen Kürbisses
1.5 TL Olivenöl
Meersalz
Knoblauchpulver

Entferne grob das faserige Fruchtfleisch von den Kürbiskernen. Wasche die übrigen Fasern mit Hilfe eines Siebs ab. Entferne einzelne Fasern mit den Händen, mit einer Gemüsebürste oder einer sauberen Spülbürste. Die Fasern lassen sich einfacher lösen, wenn du die Kerne einen Tag lang in Wasser einweichen lässt. Die Kürbiskerne müssen einen Tag trocknen. Breite die sauberen Kürbiskerne zum Trocknen auf einem Küchenhandtuch an einem warmen Ort für einen Tag aus. Mische die getrockneten Kerne mit dem Olivenöl und den Gewürzen. Gib so viel Olivenöl in eine Pfanne, bis der Boden bedeckt ist. Füge das Meersalz hinzu. Dann gibst du die Kürbiskerne hinzu. Gib nicht zu viele Kerne auf einmal in die Pfanne, weil sie sonst anbrennen könnten. Würze mit dem Knoblauchpulver. Schließe die Pfanne mit dem Deckel und stelle sie bei hoher Hitze auf den Herd. Die hellen Schalen ploppen nach kurzer Zeit auf, sodass du an den dunklen Kern kommst. Wenn die meisten Schalen aufgeplatzt sind, nimm die Pfanne vom Herd. Abkühlen lassen und essen.

Kürbiskerne im Backofen rösten

Breite die Kerne auf einem Backblech aus und röste sie für fünf bis 15 Minuten bei 160°C mit Umluft. Wende und mische die Kürbiskerne spätestens nach fünf Minuten, sodass sie von beiden Seiten geröstet werden. Doch Vorsicht: Wie alle Kerne neigen auch Kürbiskerne dazu, plötzlich anzubrennen. Prüfe also lieber häufiger, ob die Kerne schon fertig sind. Auch der Honig (bei süßen Kürbiskernen) brennt schnell an. Viele Rezepte empfehlen, den Backofen vorzuheizen. Dabei wird jedoch oft viel Energie verschwendet, bei geringer Zeitersparnis. Lasse die Kürbiskerne einfach ein paar Minuten länger im Ofen und nutze auch die Restwärme. Luftdicht in Schraubgläsern aufbewahrt, halten sich die gerösteten Kürbiskerne für mehrere Wochen.

Könnte man die Schale der Kürbiskerne mitessen?

Die Schale der Kürbiskerne ist nicht giftig und könnte theoretisch mitgegessen werden. Allerdings ist sie hart und holzig. Beim Knabbern und Snacken ist das nicht schlimm, denn du kannst sie mit etwas Übung mit den Zähnen anknacken und den Kern raussaugen. Falls du deine Kerne zum Backen verwenden möchtest, kannst du sie vor dem Rösten schälen: Verteile dazu die faserfreien und getrockneten Kerne auf einer geraden Fläche. Rolle mit dem Nudelholz darüber, sodass die Kerne anknacken, jedoch nicht ganz platt sind. Koche sie für ca. 30 Minuten in Wasser. Die Kerne sinken nun langsam zum Boden, während die Schalen oben bleiben. Schöpfe die Schalen ab und spüle die Kerne in einem Sieb ab. Drücke die restlichen Kerne mit der Hand aus der abgekühlten Schale.Sie sind dann fertig und du könntest mit ihnen zum Beispiel Brot backen.

Welche Kürbissorte soll ich für Kürbiskerne nehmen?

Du kannst die Kürbiskerne jeder essbaren Kürbissorte verwenden. Gut geeignet sind Kürbisse mit größeren Kernen wie Hokkaido, Muskatkürbis oder der gelbe bzw. rote Zentner. Vor allem die Kerne des Ölkürbisses sind gut geeignet. Die Kerne dieser speziellen Kürbisart sind nicht verholzt und besonders dick. Deswegen können sie direkt ohne Schälen gegessen werden. Das Fruchtfleisch des Ölkürbis ist essbar, jedoch faserig und sehr mild im Geschmack. Deswegen eignet er sich nicht, um Suppe daraus zu machen. Ein leckeres Beilagengemüse, geschnitten oder geraspelt und gut gewrzt, lässt sich aus ihm aber zubereiten.

Gefülltes Huhn mit Käse, frittiert mit Kürbiskernen, Risibisi

2 Hühnerbrüste
Cheddarkäse
Holzpieker
Geröstete Kürbiskerne
Pro Person 100 Gr. Reis
1 Tasse Grüne Erbsen
Salz
Pfeffer
2 Eier
Mehl
Öl

Zuerst den Reis waschen, dann mit Salz aufsetzen. Der Reis soll bissfest sein. Die Hühnerbrüste waschen, halbieren und plattieren. Wir haben jetzt 4 große Hühnerschnitzel. Diese werden von beiden Seiten gewürzt und mit Cheddar belegt und mit den Holzpiekern geschlossen. 1 Panierstraße aufmachen. 1 Teller Mehl, 1 Teller Ei, 1 Teller Kürbiskerne. Ordentlich panieren und immer abklopfen. Die Hühnerbrüste werden in relativ viel heißem Öl ausgebraten, ja fast frittiert. Den Reis probieren. Darin die Erbsen untermengen.
Man kann auch Schweineschnitzel nehmen.

Kürbisbrot

Kürbisbrot ist gesund und lecker und du kannst es ganz einfach selbst backen. Wir zeigen dir ein einfaches Rezept für herbstliches Kürbisbrot. Kürbisbrot ist saftig, vegan und du kannst es ganz einfach selbst machen. Später schmeckt es toll mit Kräuterbutter, Kürbismarmelade oder ein wenig Frischkäse. Am besten eignet sich Hokkaido Kürbis. Verwende am besten nur Zutaten in Bio-Qualität. So stellst du sicher, dass keine synthetischen Pestizide beim Anbau verwendet wurden. Hokkaido bekommst du während der Saison regional auf vielen Wochenmärkten und im Biomarkt.

300 g Kürbis
500 g Dinkelmehl
1 Packung Trockenhefe
2 EL Agavendicksaft oder Zucker
3 EL lauwarmen Milch

1 TL Salz
1 Handvoll Kürbiskerne.

Schneide den Kürbis in kleine Stücke und dünste sie ein paar Minuten im Topf, bis sie weich werden. Püriere sie anschließend oder zerdrücke sie mit einer Gabel oder einem Kartoffelstampfer. Lass die Kürbisstücke nun abkühlen. Gib das Mehl in eine große Rührschüssel und rühre die Hefe unter. Gib den lauwarmen Pflanzendrink, Agavendicksaft und Salz in die Schüssel und vermische alles gut. Wenn du möchtest, kannst du auch Kürbiskerne in den Teig geben. Diese geben deinem Brot später eine tolle Konsistenz. Füge das Kürbisfleisch hinzu und knete alles gut mit Knethaken durch. Beginne auf niedrigster Stufe und erhöhe die Frequenz, bis du einen gleichmäßigen Teig erhältst. Lasse den Teig zugedeckt an einem warmen Ort circa 30 Minuten gehen. Fette eine Kastenform aus und gib ein wenig Mehl hinein, damit dein Teig später nicht in der Form klebt. Wenn der Teig gegangen ist, kannst du ihn in eine längliche Form kneten und in die Kastenform geben. Schneide der Länge nach einen Schlitz in den Teig. So geht das Brot später schöner auf und hat Platz, sich auszudehnen. Lasse den Teig anschließend noch einmal kurz gehen. Backe ihn anschließend bei 180 Grad Umluft.

Kürbismarmelade

1000 g Hokkaidokürbis oder anderen Kürbis
500 ml Orangensaft
1 Zimtstange
1 Vanilleschote
500 g Gelierzucker (3:1)
Zuerst Kürbis waschen, halbieren und Kerngehäuse entfernen. Danach in mundgerechte Stücke schneiden. Kürbis zusammen mit Orangensaft in einen Topf geben. Eventuell mit etwas Wasser auffüllen, sodass der Kürbis vollständig bedeckt ist. Dann die Zimtstange und das Mark der Vanilleschote dazugeben. Anschließend alles für 15-20 Minuten weich kochen lassen. Zimtstange entfernen. Alles mit einem Pürierstab fein pürieren. Danach den Gelierzucker hineingeben und für 5 Minuten kochen. Dabei ständig rühren, sodass nichts anbrennt. Heiße Kürbismarmelade in sterile Gläser füllen.

Kürbismarmelade mit Orangensaft und Zimt verfeinern.

Noch mehr Aroma bekommt deine Marmelade mit Kardamom und Nelken. Achte aber darauf, die Nelken vor dem Pürieren des Kürbisses zu entfernen. Eine fruchtig-süßliche Schärfe bekommt deine Marmelade mit etwas geriebenem Ingwer. Wenn dir der fruchtig-säuerliche Geschmack des Orangensaftes noch nicht ausreicht, dann gebe etwas frisch gepressten Zitronensaft oder etwas Zitronenschalenabrieb zur Marmelade dazu.

Kürbissuppe Sopron, Tökleves

1 kg Kürbis
1 Bund Dill
Becher saure sahne
50 g Butter
2 EL Mehl
1 Liter Brühe
2 Eidotter
Kürbiskernöl und geröstete Kerne zur Garnierung

Kürbis schälen, in Würfel schneiden, waschen, abtrocknen. Die Kerne werden in der Pfanne geröstet. Dill hacken. 30 Gr. Butter auslassen und den Kürbis anbraten. Die Hälfte vom Dill zugeben. 1 Tasse Brühe zugeben. Ggf. mehr Brühe zugeben. Der Kürbis muss ganz weich sein. Nach 20 Minuten durch ein Sieb streichen. Nun eine Mehlschwitze zubereiten und unterrühren. Mit der restlichen Brühe aufkochen. Vor dem Servieren abschmecken und die saure Sahne und die Eidotter untermengen. Nicht mehr kochen. Den restlichen Dill unterrühren. Wer mag, kann Kürbiskern Öl und Kerne auf die Suppe tun.

Kürbissalat, Töksalata

1 kg Kürbis
1 Bund Dill
Salz,
Essig,
1 Tasse Öl
Kürbiskernöl für die Garnierung
1 Tasse saure Sahne
Kürbis schälen, waschen, in grobe Raspeln schneiden. Ordentlich salzen, kneten. Nun zwei Löffel Essig unterheben. Nochmal kneten das Wasser ausdrücken. Öl und saure Sahne und Dill zu Dressing verarbeiten. Unter den Kürbis heben. Garnieren mit Dill.

Kürbis-Mohn-Reétes, Tökös-mákos rétes, Strudel von Kürbis und Mohn

Backofen auf Umluft 180 Grad vorheizen.
1 kg Kürbis
150 Gr. Zucker
Schale von 1 Zitrone
Saft von einer halben Zitrone
Zimt nach Geschmack
Nelke nach Geschmack
70 Gr. Vorbereiteter Mohn, gerieben
30 Gr. Semmelbrösel
Prise Salz
1 Packung Rétes, Strudelteig, man kann auch Blätterteig oder Hefeteig nehmen.

Kürbis schälen, waschen, in grobe Raspeln schneiden und salzen. Nach 20 Minuten ausdrücken. Kürbis mit Zitrone, Schale und 75 Gr. Zucker und den Gewürzen verkneten. Der Mohn wird mit dem restlichen Zucker, und den Semmelbröseln vermischt. Diese Mischung großzügig auf den gesamten Teig verteilen. Die Kürbismasse wird nur auf ein Drittel des Teiges verteilt. Nun sorgfältig aufrollen. Mit Eistreiche einstreichen und 25 Minuten backen. (Umluft 180 Grad). Daneben stehen bleiben, ggf. 5 Minuten weniger oder 5 Minuten länger backen.

Rétes, Strudelteig

250 g Mehl
1 Ei
30 g Öl (z.B. Maiskeimöl)
Salz
100 ml warmes Wasser
1 TL Essig

Für den Strudelteig Mehl in eine große Rührschüssel geben. In der Mitte eine Mulde formen und Ei, Öl, ca. 100 ml lauwarmes Wasser, 1 TL Essig und 1/2 TL Salz hineingeben. Alles mit den Knethaken des Mixers zu einer glatten, sehr elastischen Teigkugel verkneten. Bei Bedarf etwas zusätzliches Wasser zufügen. Den Strudelteig in Klarsichtfolie wickeln und ca. 30 Minuten bei

Zimmertemperatur ruhen lassen. Dann mit Öl beträufeln und mit den Händen viereckig, gleichmäßig auswalken. Dann das Nudelholz nehmen. Der Strudel-teig wird nun immer dünner und sollte zum Schluss den gesamten Tisch be-decken, ohne zu reißen. Der Belag wird nun nur zu einem Drittel unten gut verstrichen. Der Strudel wird nun gleichmäßig aufgerollt. Links und rechts der Rand wird eingeklappt. Mit einem Pinsel kann man Wasser verstreichen, da-mit der Teig nicht reißt. Man kann den Strudel entweder mit Öl bestreichen oder mit Eistreiche. 1 Eigelb und halbe Tasse Milch oder Wasser gut verklep-pern und aufstreichen 180 Grad, Umluft 25 Minuten (+-5 Minuten) backen

Frittierte Eier mit Kürbiskernmayonnaise

4 Eier
40g grob gemahlene Kürbiskerne
Salz
Pflanzenöl zum Ausbacken
Salatblätter zum Garnieren
50ml Kürbiskernöl
30ml Balsamicoessig weiß
eine Prise Salz

Wasser zum Kochen bringen. Die Eier hineinlegen und 6 Minuten kochen. Die Eier anknacken und anschließend sofort in Eiswasser zum Abkühlen legen, dann Eier schälen. Die geschälten Eier etwas salzen und in den grob gemahle-nen Kürbiskernen wälzen. In heißem Pflanzenöl goldbraun ausbacken. In der Zwischenzeit einen Klecks Kernölmayonnaise auf den Teller verteilen und den Salat mit dem Kernöldressing beträufeln, Ei drauf setzen. Schmeckt warm oder kalt.

Kürbiskernöl-Mayonnaise

1 Eidotter
1 TL Senf
Saft 1/2 Zitrone
eine Prise Salz
etwas Pfeffer
125ml Kürbiskern Öl

Für die Mayo wird ein Dotter mit einer Prise Salz und Pfeffer, Senf und Zitronensaft mit einem Mixer schaumig gerührt. Das Kürbiskern Öl langsam einrühren.
Öl emulgiert.

Caprese mit Kürbiskernöl

4 Tomaten
2 Kugeln Mozzarella
Einige Blätter Basilikum
Dressing
2 EL Kürbiskerne
50 ml Kürbiskern Öl
30 ml Balsamicoessig rot
Salz
etwas Pfeffer

Tomaten waschen und in Scheiben schneiden. Mozzarella abtropfen lassen. Ebenfalls in Scheiben schneiden. Tomaten und Mozzarella abwechselnd auf 2 Teller auflegen. Das Dressing gut verrühren und über den Salat träufeln. Zum Schluss mit gehackten Basilikumblättern und Kürbiskernen garnieren.

Kürbiskern-Gugelhupf 200 g gemahlene Kürbiskerne
100 g Weizenmehl (405)
50 g gemahlene Mandeln
240 g Ofenohrzucker
3 Eier
200 ml Sonnenblumenöl
185 ml Milch
1 Apfel
1/2 Päckchen Backpulver
1 Prise Salz
Butter und Mehl für die Form
Puderzucker zum Bestäuben

Eine Gugelhupfform (25cm Durchmesser) einfetten und mit Mehl bestäuben. Den Ofen auf 200°C Ober-/Unterhitze vorheizen. Kürbiskerne, Mandeln, Mehl, Backpulver und Salz in eine Schüssel sieben und kurz verrühren. Zur

Seite stellen. Die Eier und den Zucker in einer großen Schüssel mit einem Handrührgerät aufschlagen, bis man eine dickcremige Masse hat und sich der Zucker aufgelöst hat. Das Öl und die Milch langsam hineingießen, dabei weiterrühren. Die trockenen Zutaten auf die Masse sieben und mit einem Teigschaber vorsichtig unterheben. Zuletzt den Apfel relativ grob auf den Teig reiben und erneut vorsichtig mit dem Teigschaber verrühren. Den Teig in die Form geben und ca. 50 Minuten backen. Stäbchenprobe machen. In der Form auskühlen lassen vor dem Servieren mit Puderzucker bestäuben.

Frankfurter Kranz aus Kürbiskern-Gugelhupf
Ein abgekühlter Gugelhupf
1 Butter
1 Vanillepudding
400 ml Milch
6 TL Zucker ggf. mehr
Geröstete Kürbiskerne
Preiselbeeren im Glas oder 1 Glas gute Blaubeermarmelade oder 1 Glas Orangenmarmelade
Garnierungskirschen.

Den Vanillepudding kochen und abkühlen lassen. Die Kürbiskerne in einen Gefrierbeutel geben und grob zerschlagen. Nun die warme Butter 4 Minuten aufschlagen und den Vanillepudding unterheben. Es soll eine homogene Creme entstehen, ohne Klumpen. Nun den Gugelhupf je nach Größe 3 oder 4 Mal aufschneiden. Die Preiselbeeren oder die anderen Marmeladen glatt rühren. Nun wird dünn geschichtet. Mit Spritzbeuteln arbeiten. Unten kommen der große Boden, dann die Vanillecreme, dann die Marmelade und dann wieder ein Boden. Nicht zu viel von der Creme nehmen, wir brauchen den Rest für die äußere Hülle und für die Tupfen oben. Die Hülle wird nun mit den Kürbiskernen beworfen.

Cremiges Kürbisrisotto mit Kürbiskernöl und Kürbiskernen

100 g Risottoreis pro Person
Gemüsebrühe
400 g Kürbis

Olivenöl
Zwiebel
Parmesan
1 Schuss Weißwein
1 Schuss Kürbiskernöl
Kürbiskerne
Salz und Pfeffer

Als Erstes den Backofen auf 180 Grad vorheizen und den Kürbis in kleine
Stücke schneiden. Danach die Kürbisstücke bei 180 Grad für 15 Minuten in die
Backröhre geben. Als Nächstes die Zwiebel in kleine Stücke schneiden und in
Olivenöl andünsten. Daraufhin den Reis dazugeben und ebenfalls andünsten.
Anschließend mit Weißwein ablöschen sowie eine Tasse Gemüsebrühe hinzugeben. Im nächsten Schritt den Kürbis dazugeben und unter ständigem Rühren köcheln lassen. Immer wieder Flüssigkeit ergänzen, bis der Reis fertig
gekocht ist. Danach einen Schluck Kürbiskernöl hinzugeben, damit das Risotto
noch cremiger wird und zum Schluss den Parmesan reiben und unterheben.
Als Letztes das Risotto mit Salz und Pfeffer abschmecken und mit Kürbiskernen garnieren.

Rote-Bete-Feta-Salat mit Kürbis-Dressing

2 mittelgroße Rote Bete
100-150 g Feta pro Person
2 EL Kürbiskerne
2 EL Kürbiskernöl
1 EL Apfelessig
Salz und Pfeffer

gehackte Petersilie
Rote Bete schälen und kochen: 30 - 40 Min. für kleinere rote Bete
45 - 60 Min. für größere Knollen (Halbieren oder vierteln um die Kochzeit zu
verkürzen). Sie sind gar wenn man leicht hineinstechen kann. Alternativ vor-
gekochte Rote Bete verwenden. Feta und Rote Bete in Würfel schneiden und
auf einem Teller oder Schüssel verteilen. Geröstete Kürbiskerne hinzufügen.
Dressing: In einer kleinen Schale das Kürbiskernöl und den Apfelessig verrühren, und mit Salz und Pfeffer abschmecken. Über den Salat träufeln.

Vanilleeis mit Kürbiskernöl

4-6 EL Kürbiskerne
1-2 EL Zucker
Vanilleeis
Kürbiskernöl
evtl. Schlagsahne

Zuerst die karamellisierten Kürbiskerne herstellen. Dafür eine Pfanne erhitzen, die Kürbiskerne hineinstreuen, kurz anrösten, mit Zucker bestreuen und unter ständigem Rühren karamellisieren. Die karamellisierten Kürbiskerne auf ein Stück Backpapier ausbreiten und auskühlen lassen.Aus dem Vanilleeis Kugeln formen, in Schalen oder Eisbechern anrichten und mit Kürbiskernöl beträufeln. Zum Schluss mit den karamellisierten Kürbiskernen bestreuen und wer möchte mit etwas Sahne garnieren.

Rindfleischsalat mit Kürbiskernöl

400 g gekochtes Rindfleisch
2 Zwiebeln
frisches Gemüse wie Tomaten, bunter Paprika, Gurke, Mais, Frühlingszwiebel, Radieschen
Apfelessig
Kürbiskernöl
Salz, Pfeffer
Schnittlauch

Für dieses Rezept das gekochte Rindfleisch in Streifen oder in Würfel schneiden. Die Zwiebeln schälen und fein schneiden. Das frische Gemüse in mundgerechte Stücke schneiden. Das Rindfleisch mit dem Gemüse und den fein geschnittenen Zwiebeln vermischen. Aus Essig, Kürbiskernöl, Salz und Pfeffer eine Marinade richten und den Rindfleischsalat damit anmachen. Zum Schluss den Salat nochmals abschmecken, auf Tellern oder in Schüsseln anrichten und mit Schnittlauch bestreuen. Dazu Bauernbrot servieren. Der Rindfleischsalat kann mit vielerlei Zutaten abwechslungsreich zubereitet werden. Sehr gut passen gekochte Käferbohnen, hart gekochte Eier, Käse, Radieschen, Jungzwiebel und vieles mehr.

Kürbiscremesuppe

½ kg Kürbis (Hokkaido, Muskatkürbis,...)
1 Zwiebel
1-2 Knoblauchzehen
neutrales Öl oder Butter
600 ml Gemüse- oder Hühnersuppe
Salz, Pfeffer
Muskatnuss
Kürbiskernöl
Kürbiskerne
Ingwer
150 ml süße Sahne

Für das Rezept der Kürbiscremesuppe den Kürbis halbieren und die Kerne mit den Fasern entfernen. Den ausgeschabten Kürbis in Würfel schneiden. Der Hokkaidokürbis muss dabei nicht geschält werden, die Schale kann mitgegessen werden. Zwiebel und Knoblauch klein hacken und in Öl oder Butter anschwitzen. Den würfelig geschnittenen Kürbis dazugeben, kurz mitrösten und mit der Suppe aufgießen. Mit Salz, Pfeffer, Muskatnuss und wer mag etwas Ingwer würzen und köcheln lassen. Ist der Kürbis weichgekocht, die Suppe im Mixer unter Zugabe von Sahne pürieren und abschmecken. Ist die Suppe noch zu dickflüssig, einfach mit etwas Wasser oder Brühe strecken. Die Kürbiscremesuppe in einem Suppenteller servieren, mit etwas Kürbiskernöl beträufeln und ein paar geröstete Kürbiskerne drüberstreuen.

Kürbisnockerl mit Kernölsauce

600 g Kürbis geputzt (Hokkaido, Butternuss, Muskatkürbis)
150 g Mehl
50 g Grieß
2 Dotter
Salz, Pfeffer
Muskatnuss
1 Knoblauchzehe
1 EL Butter
1 EL Mehl
250 ml Suppe
200 g Frischkäse
50 ml Kürbiskernöl
Salz, Pfeffer

geriebener Bergkäse
geröstete Kürbiskerne

Den Kürbis halbieren und das Kerngehäuse entfernen. Die Kürbishälften im BackOfen oder im Dampfgarer rund ½ Stunde dämpfen, bis das Fruchtfleisch weich ist. Den heißen Kürbis mit einem Löffel aus der Schale kratzen, pürieren und auskühlen lassen. Falls nötig, etwas Wasser zum Pürieren hinzugeben. Den Hokkaidokürbis kann man mit Schale pürieren Den pürierten Kürbis abwiegen und die restlichen Zutatenmengen gegebenenfalls anpassen. Das Kürbismus mit Mehl, Grieß, Dotter, Salz, Pfeffer und Muskatnuss zu einem weichen Nockerlteig vermengen und etwas rasten lassen. Währenddessen in einem großen Topf reichlich Wasser erhitzen und gut salzen. Aus dem Nockerlmasse mit Hilfe von zwei Löffeln Nockerl formen, ins siedende Salzwasser einkochen und bei schwacher Hitze ziehen lassen. Die Kürbisnockerl steigen an die Wasseroberfläche, wenn sie gar sind. Mit einem Siebschöpfer herausnehmen und warmhalten, bis alle Nockerl fertig sind. Für die Kernölsauce zu den Kürbisnockerl die Knoblauchzehe fein schneiden und in Butter anschwitzen, mit Mehl stauben und mit der Suppe aufgießen und einkochen lassen. Frischkäse einrühren und mit Kürbiskernöl aufmixen. Zum Schluss die Kernölsauce mit Salz und Pfeffer abschmecken. Mit der Kernölsauce einen Spiegel auf vorgewärmte Teller ziehen und die Kürbisnockerl darauf anrichten. Etwas Bergkäse darüber hobeln und mit gerösteten Kürbiskernen garnieren. Sehr gut lassen sich die Kürbisnockerl im Dampfgarer zubereiten. Dafür die Kürbisnockerl auf ein eingeöltes Lochblech legen und rund 7 bis 10 Minuten bei 100 Grad dämpfen.

Kürbisspalten aus dem Ofen

1 Speisekürbis (Hokkaido, Butternuss, Muskatkürbis,...)
Salz
Pfeffer
Zitronensaft
Knoblauchzehen
Öl (Sonnenblumenöl,..)
frische Kräuter (Schnittlauch, Petersilie,..)

Für dieses Rezept den Speisekürbis waschen und halbieren. Mit einem Löffel die Kerne mit den Fasern herausschaben und den Kürbis mit der Schale in Spalten schneiden. Die Kürbisspalten mit Salz, Pfeffer, fein gehacktem Knoblauch und frischem Zitronensaft marinieren und auf ein Backblech legen. Mit Öl beträufeln und für ca. ½ Stunde bei 170° C ins vorgeheizte BackOfen schieben. Vor dem Servieren die fertigen Kürbisspalten aus dem Backofen mit frischen Kräutern bestreuen. Die Kürbisspalten eignen sich sehr gut als Beilage, aber auch als Hauptgericht mit einer Joghurtsauce und frischem Baguette schmeckt der Kürbis richtig gut. Den Kürbis mit Gewürzen und Kräutern nach Wahl (Rosmarin, Muskatnuss, Chili, Koriander,...) marinieren. Die Kürbisspalten zusätzlich mit Mandelblättchen bestreuen, ehe sie im Ofen gebacken werden.

Kürbislaibchen mit Dip

500 g Kürbis (Ölkürbis, Hokkaido, Muskatkürbis,...)
4 mittlere gekochte Kartoffeln (vom Vortag)
2 EL Semmelbrösel
2 EL Haferflocken
2 Eier
Salz, Pfeffer
Dille
Öl zum Braten
1 Bund Radieschen
1 Becher Sauerrahm
2 EL Naturjoghurt
Spritzer Zitronensaft
Kresse oder Schnittlauch
Salz, Pfeffer
evtl. eine Prise Zucker

Für den Dip Sauerrahm mit Joghurt und Zitronensaft glatt rühren. Die Radieschen putzen und fein würfeln oder reiben. Gemeinsam mit der Kresse unter den Dip rühren. Mit Salz und Pfeffer abschmecken und beiseite stellen. Den Kürbis schälen, entkernen und grob reiben. Die gekochten, ausgekühlten Kartoffeln ebenfalls schälen und reiben. Mit den restlichen Zutaten - Brösel, Haferflocken, Eier und Gewürze - vermengen und kurz anziehen lassen. Öl in einer Pfanne erhitzen, aus der Laibchenmasse Kugeln formen und flach drücken. Die Kürbislaibchen von beiden Seiten knusprig braten, herausnehmen und auf Küchenrolle abtropfen lassen.
Die fertigen Kürbislaibchen mit Dip servieren. Ist die Laibchenmasse zu flüssig oder bindet nicht, einfach noch Semmelbrösel dazugeben.

Du kannst auch geriebenen Käse unter die Masse mischen.

Kürbiskernkekse

250 g Weizenmehl glatt
150 g Butter kalt
100 g Puderzucker
200 g geriebene oder fein gehackte Kürbiskerne
1-2 EL Kürbiskernöl
2 Dotter
Prise Salz
Zimt und Nelkenpulver (optional)
1 EL Sauerrahm oder etwas Milch (zur besseren Bindung)
Marillenmarmelade
Schokolade

Alle Zutaten zusammen mit dem Mehl und mit kleinen Butterstückchen auf der Arbeitsfläche oder in einer Schüssel vermischen. Dann flott zu einem Teig kneten, zu einer Kugel formen und zugedeckt mindestens eine halbe Stunde kühl stellen. Den Teig auf der bemehlten Arbeitsfläche mit einem Nudelholz dünn ausrollen und Sterne ausstechen.

Die Kürbiskernkekse auf ein gefettetes oder mit Backpapier belegtes Backblech legen und in der vorgeheizten Backröhre bei 190° C ca. 10 Minuten backen. In der Zwischenzeit die Teigreste zusammenkneten und mit dem restlichen Teig gleich vorgehen. Nach dem Backen jeweils zwei Kekse mit Marillenmarmelade zusammensetzen. Die Kürbiskernkekse zur Hälfte in flüssige Schokolade tauchen und auf ein Gitter legen. Wer möchte, verziert die Kekse noch mit fein gehackten oder geriebenen Kürbiskernen. Gib etwas Zimt und Nelkenpulver in den Teig, diese Gewürze verleihen einen besonderen Geschmack! Nimm beliebige Keks-Ausstechformen (Stern, Herz, Karo, Taler,...).
Ist der Teig zu bröselig, kann man einen Esslöffel Sauerrahm oder etwas Milch hinzugeben, damit der Teig besser bindet. Für etwas Abwechslung kann man die Kekse auch in weiße Schokolade tunken!

Kürbisgemüse, Tökfözelek

1,5 kg geputzter Kürbis in Würfeln

Salz

Schnapsglas Weißer Essig oder Saft 1 Zitrone

Dill frisch oder gefroren

60 Gr. Schmalz

80 Gr. Mehl

40 Gr. Zwiebeln

Becher Saure Sahne

3 TL Zucker

1 TL Gewürzpaprika

Den Kürbis hobeln und salzen. Nach 20 Minuten auspressen. Dann mit Essig oder Zitronensaft beträufeln. Den Dill hacken. Mit Mehl und Schmalz und Paprika eine Mehlschwitze zubereiten, dann die Zwiebeln fein hacken und dazugeben. Den Kürbis zugeben. Mit Brühe auffüllen. Alles gut aufkochen bis der Kürbis durch ist. Mit Zucker und weiterem Essig abschmecken. Nun den Dill zufügen und auch die Saure Sahne. Schmeckt sehr gut zu Braten, Hackbraten, kann aber auch zu Pörkölt gereicht werden.

Kürbisgemüse mit Tomate, tök zöldségek paradicsommal

1,5 kg geputzter Kürbis in Würfeln

Salz

Schnapsglas Weißer Essig oder Saft 1 Zitrone

500 Gr. Schmackhafte Tomaten

60 Gr. Schmalz

80 Gr. Mehl

40 Gr. Zwiebeln

Becher Saure Sahne

3 TL Zucker

1 TL Gewürzpaprika

Den Kürbis hobeln und salzen. Nach 20 Minuten auspressen. Dann mit Essig oder Zitronensaft beträufeln.. Mit Mehl und Schmalz und Paprika eine Mehlschwitze zubereiten, dann die Zwiebeln fein hacken und dazugeben. Den Kürbis zugeben. Mit Brühe auffüllen. Alles gut aufkochen bis der Kürbis durch ist. Mit Zucker und weiterem Essig abschmecken.
Die Tomaten klein schneiden und in einer Pfanne rösten. Das Wasser soll verkocht werden. Nun den Kürbis zufügen und auch die Saure Sahne.

Abschmecken. Schmeckt sehr gut zu Braten, Hackbraten, kann aber auch zu Pörkölt gereicht werden.

Gefüllter Kürbis in Dillsauce, Töltött tök kapormártással

1 kg Kürbis von großen hellgrünen, länglichen Kürbissen oder 5 Zucchini
50 Gr. Butter
100 ml Brühe
1 Zwiebel
1 EL Öl oder Schmalz
500 Gr. Mischhack oder Hack deiner Wahl
500 Gr. Reis
1 Ei
1 Knoblauchzehe
Dill
Becher saure Sahne

Zwiebel und Knoblauch fein hacken, in Öl oder Schmalz anbraten. Hackfleisch zugeben. Würzen und 5 Minuten schmoren. Reis zugeben, 5 Minuten schmoren. Nun so viel Brühe angießen, dass der Reis bedeckt ist. Nochmal 5 Minuten kochen lassen. Abkühlen lassen und das rohe Ei dazugeben. Die Kürbisse nun schälen und aushöhlen, aber in der Form an sich ganz lassen. Nun füllen und in eine feuerfeste Form legen. Mit Brühe angießen. Bei 180 Grad bis zu 35 Minuten im Ofen dünsten. Der Reis sollte jetzt weich sein.
Für die Dillsauce den Dill hacken und unter die Saure Sahne rühren. Beim Anrichten bekommt jeder eine Hälfte vom Kürbis und Sauce nach Bedarf.

Kürbis in Essig, das Konservieren für den Winter

3 kg Kürbis in dünnen Streifen
1.250 Gr. Zucker
4 Nelken
1 Zimtstange
2 Zitronen, davon der Saft und
1 Zitronenschale
1 Liter Weinessig
1 Liter Wasser

In einer großen Schüssel werden der Kürbis, der Essig und das Wasser gemischt und mit Deckel über Nacht in der Speisekammer gestellt. Nun gut abtropfen lassen. Die Flüssigkeit wird mit Zucker, den Saft der 2 Zitronen, der Schale und den Gewürzen aufgekocht. Nun den Kürbis darin etwa 10 Minuten kochen. Danach in sterilen Gläsern abfüllen und verschließen.

Kürbis über den Winter aufbewahren

Das Kochbuch zu diesem Rezept ist von 1961 und wurde von mir auf einem Flohmarkt gekauft. Daher weiß ich leider nicht, wo und ob man die Zutaten Siegellack oder flüssiges Pech kaufen kann.

Schöne, tadellose Kürbisse werden trockengewischt und der Stengel wird nun in flüssigen Siegellack oder flüssiges Pech getaucht und in den Keller verbracht. Sie werden nun in Sand im Keller eingelagert, bis zum Gebrauch.

Kürbiseintopf,
Kürbiseintopf mit Hackbraten oder Buletten.

Einen mittleren Gemüse-Kürbis kleinschneiden und mit Suppengemüse und Brühe ggf. Salz und Pfeffer als Gewürz weichkochen. Nicht pürieren. Dann ein ganzes Bund Dill fein hacken und erst vor dem Servieren unterrühren. Den Hackbraten ganz normal mit Mischhack, Pfeffer, Salz, Paprika, , Brötchen, Zwiebel, Ei zubereiten und im Ofen bei 180 Grad backen. Mit dem Fleischthermometer prüfen. Alles über 70 Grad ist prima. Er sollte außen appetitlich braun sein. Bisschen abkühlen lassen. In dicke Scheiben schneiden und jeder bekommt eine Scheibe in den Eintopf. Dazu wird eine Scheibe Brot gereicht. Man kann auch mittelgroße Buletten, Fleischpflanzerl herstellen, braten und sie vor dem Servieren in den Teller geben.

Die Kombination Kürbis mit Dill schmeckt einfach großartig.

Kürbissuppe:

1 Kilogramm Hokkaido
1 Karotte
1 Kartoffel
1 Zwiebel

Sahne
Butter oder Bratfett
1 Liter Gemüsebrühe
Salz, Pfeffer, Muskat
nach Geschmack 4 cm von Ingwerwurzel

Das komplette Gemüse und den Ingwer würfeln und in Butter anbraten, bis
alles schön braun ist. Mit der Brühe aufgießen und alles weichkochen. Dann
würzen und pürieren. Mit der Sahne abschmecken. Jetzt nicht mehr kochen.
Dazu in Butter geröstete Brötchenscheiben servieren.
Variante: mit 1 Esslöffel Currypulver zubereiten.

Kürbiscremesuppe

500 g Kürbis (halber Kürbis)
1 Zwiebel
200 ml Wasser
100 ml Sahne
1 Brühwürfel
Salz
Pfeffer
Chiliflocken
Öl
für die Suppenbeilage: Chili-Kürbiskerne
Tortellini
Kürbisöl

Den Kürbis entkernen und in Stücke schneiden. Dann bei 200 Grad in den
Ofen schieben. Backen, bis er schön weich ist und man ihn aus der Schale
nehmen kann. Den Brühwürfel in dem Wasser auflösen. Die Zwiebeln in Öl
anbraten, dann den Kürbis, die Gewürze, die Sahne und das Wasser hinzufügen.

Kürbistortellini

Kürbistortellini gefüllt mit Schafskäse oder mit Kürbis-Walnuspesto oder
Spinat oder Gemüse, was du magst

Für den Nudelteig:

400 g Mehl
4 Eier (Größe M)
Salz
Für den Kürbis:
800 g Kürbis (z. B. Hokkaido)
Salz
Pfeffer
4 EL Olivenöl
1 Frühlingszwiebel
1 Chilischote
2 Stiele Thymian
1 TL Bio-Zitrone, die abgeriebene Schale davon
125 g Ziegenfrischkäse oder Spinat oder Gemüse oder Kürbismus

Außerdem:
2 EL Rohrohrzucker
4 TL Walnusskerne
80 g Butter

Zubereitung

Für den Tortellini-Teig Mehl, Eier und 1 TL Salz zu einem glatten, geschmeidigen Teig kneten. Den Teig zur Kugel formen, abdecken und ca. 30 Minuten
ruhen lassen. Den Backofen auf 180 Grad Ober- und Unterhitze vorheizen. Ein
Backblech mit Backpapier auslegen. Den Kürbis halbieren, entkernen und
ungeschält in ca.16 Spalten schneiden. Kürbisspalten mit Salz und Pfeffer
würzen und mit dem Öl beträufeln. Kürbisspalten (bis auf 4-5 Stück) auf der
mittleren Schiene ca. 30 Minuten backen, bis das Fruchtfleisch weich ist. Die
übrigen Kürbisspalten in einer (Grill)-pfanne von beiden Seiten ca. 10-15 Minuten weich braten. Die Frühlingszwiebel putzen, abbrausen und fein hacken.
Chili halbieren, entkernen und fein hacken. Thymian abbrausen und trocken
schütteln, Blättchen abzupfen und fein schneiden. Kürbisspalten aus dem Ofen
nehmen, leicht abkühlen lassen und das Fruchtfleisch mit einer Gabel leicht
zerdrücken. Thymian, Frühlingszwiebeln, Chili, Zitronenschale und Frischkäse mit dem zerdrückten Kürbispüree mischen und mit Salz und Pfeffer würzen. Den Nudelteig portionsweise auf einer leicht bemehlten Arbeitsfläche
oder in der Nudelmaschine etwa 2 mm dünn ausrollen und mit der Ausstechform oder einem kleinen Glas Kreise von ca. 8 cm Ø ausstechen.

Jeweils 1 TL Kürbismasse mittig auf die Kreise setzen. Die Teigränder dünn mit etwas Wasser bestreichen, Teighälfte über die Füllung legen. Ränder gut zusammendrücken, dabei eingeschlossene Luft herausdrücken. Die zwei Enden umbiegen, gut zusammendrücken. Tortellini auf ein bemehltes Tuch legen. So weiterfahren, bis Teig und Füllung aufgebraucht sind.

Tortellini portionsweise im knapp siedenden Salzwasser ca. 5 Minuten ziehen lassen, abtropfen, warm stellen. Zucker in einer Pfanne schmelzen. Walnüsse zugeben und karamellisieren lassen. Herausnehmen und abkühlen lassen. Butter in einer Pfanne erhitzen und leicht bräunen. Tortellini darin schwenken. Tortellini mit den Kürbisspalten aus der Pfanne, Walnüssen und, nach Belieben, Chilistreifen anrichten.

Tipp: wer keinen Käse mag oder nicht verträgt, einfach weglassen und für die Füllung evtl. 2 Kürbisspalten mehr nehmen. Wenn von der Füllung oder dem Käse noch etwas übrig bleibt, einfach mit den Tortellini und Kürbisspalten dekorativ anrichten.

Für Spinatfülle frischen Spinat 4 min kochen und hacken. Würzen.

L

Langos

Lángos ist dem deutschen Knieküchle sehr ähnlich, allerdings weist der Lángos selten eine absichtlich erzeugte Delle wie das Knieküchle auf.

Ursprünglich bestand Lángos aus Brotteig, der in der Backstube an der Öffnung des Backofens nahe der Flamme („láng") gebacken wurde. Original stammen die Fladen aus weichem Hefeteig aus Ungarn. Dort ist es ein beliebtes Streetfood und wird wie bei uns an Ständen verkauft. Da Langos ein typisches auf-die-Hand-Essen ist, ist der Belag meistens nicht sehr aufwendig. Aber eine Zutat darf in der ungarischen Originalvariante auf keinen Fall fehlen: Knoblauch!

400 Gr. gesiebtes glattes Mehl
1 Würfel frische Hefe
1 KL Salz
2 EL Speiseöl
⅛ l Milch
⅛ l Wasser
Für den Teig das Mehl in eine Rührschüssel sieben und mit der Germ gut vermischen. Die übrigen Zutaten der Reihe nach dazugeben und mit dem Handmixer (Knethaken) zu einem glatten Teig verkneten. Zugedeckt an einem warmen Ort so lange gehen lassen, bis der Teig doppelt so hoch ist.

Den Teig gut durchkneten und den Vorgang wiederholen.

Zum Ausbacken
500 g Kokosfett
Den Teig in 10 Stücke teilen und zu Kugeln rollen. Die Teigkugeln zu Fladen (20 cm Ø) ausrollen und mit den Fingern von der Mitte aus zum Rand hin etwas größer drücken. Die Fladen beidseitig in heißem Kokosfett bei 160 Grad Fetttemperatur schwimmend ausbacken.
Backzeit: etwa 6 Min.

Zum Bestreichen
1 TL Salz
3 geschälte, zerdrückte Knoblauchzehen

⅛ l Wasser

Salz mit Knoblauch und Wasser gut vermischen. Die noch heißen Langos damit leicht bestreichen und noch warm servieren.

Die einfachste Langos Variante: den Teig mit Knoblauchöl bestreichen und salzen. Creme aus Schmand und Knoblauch, darüber Reibekäse, mit ungarischem Letscho. Die beliebteste Langos Variante: geriebener Käse, Lauch und wahlweise Speck- oder Schinkenwürfel belegen.

- Kolbasz (das ist eine ungarische Paprikasalami) und Käse
- Frische Kräuter, z.B. Petersilie und Kresse
- Paprika, Pilze, Tomaten, Speck
- Chili und frischer Pfeffer für einen scharfen Belag
- Räucherlachs
- Geschmorte Zwiebeln, Schinken, Feldsalat
- Feta, Gurke und Tomate
- Mozzarella, Tomaten und Balsamico
- Tomatenmark, Rucola, Parmesan und wer mag Parmaschinken
- Camembert, Feigen, Walnüssen und Honig
- Puderzucker
- Zimtzucker
- Marmelade
- Nuss-Nougat-Creme
- Apfelmus und selbst gemachter Vanillesauce
- Nussmus
- Banane und Schokoraspel
- Schlagsahne
- verschiedene Eissorten
- Karamellsauce
- Selbst gemachte Spekulatiuscreme als weihnachtlicher Belag

Leber und Leberarten

Leberklösschen, siehe Rezept Hochzeitssuppe

Die wohlschmeckendsten Lebern stammen von Jungtieren wie Kalb, Lamm oder vom Reh, von Kaninchen, der Gans und der Ente. Es werden aber auch Lebern von Schwein und Rind sowie Huhn, Pute und Hase in der Gastronomie und Küche verwendet.

Rehleber ist eine Delikatesse vom Rehfleisch, sie wird in der Küche wie Kalbsleber behandelt.

Rinderleber ist ist rotbräunlich und schmeckt kräftig, bisweilen etwas bitter. Sie wird milder, wenn man sie eine Zeitlang in Milch einlegt. Wegen der Anreicherung von Schwermetallen werden Lebern von Rindern die mehr als 24 Monate alt sind nicht mehr als Lebensmittel in den Verkehr gebracht.

Schweineleber ist dunkelbraun, im Schnittbild etwas grober und sehr herzhaft im Geschmack.

Geflügelleber Verbreitet sind Lebern von Huhn und Pute, etwas seltener von Gans und Ente. Eine Spezialität ist Foie gras, eine durch Nudeln oder Stopfen erzeugte Fettleber von Gänsen und Enten. Diese Mastform wird heute in Deutschland, Österreich, der Schweiz, Finnland, Polen und weiteren europäischen Ländern weithin als Tierquälerei angesehen und ist deshalb unter anderem in diesen Ländern durch Tierschutzgesetze verboten.

Dorschleber Als Dorschleber bezeichnet man die Leber eines Kabeljaus, die meist in eigenem Saft (Öl), gewürzt mit Lorbeerblättern und Pfeffer, in Konserven oder Gläsern angeboten wird.

Kalbsleber erkennt man an der hellbraunen Farbe und am glatten Anschnitt. Sie ist recht zart, mild im Geschmack und etwa dreimal so teuer wie Rinderleber.

Die Leber wird zu den Innereien gezählt und enthält große Mengen an Vitamin A, B1, B2 und B12, C und D. Bei Leber gelten für den Metzger sehr strenge Vorschriften, sodass man bei sachgemäßer Lagerung im Kühlschrank Kalbsleber auch noch nach 2-3 Tagen beruhigt essen kann. Die permanente Lagertemperatur sollte ca. 4-6°C betragen. Dennoch sollte die Leber nicht über drei Tage im Kühlschrank liegen. Ist sie vakuumverpackt und wird bei zwei bis fünf Grad Celsius im Kühlschrank ungeöffnet gelagert, ist die Rinderleber innerhalb von zehn Tagen zu verbrauchen. Eingefrorene Leber ist spätestens nach einem Monat zu verarbeiten. Als Beilage empfehlen sich Zwiebeln oder Apfelscheiben aber auch Kartoffeln sowie Kartoffelbrei passen wunderbar zu Kalbsleber.

Kalbs-Leberklößchen-Suppe (Variante)

1 Ei
100 g Butterflocken
5 Esslöffel Grieß
Salz, Pfeffer, Muskat
100 g Kalbs-Leber fein gehackt
1 Liter Brühe
Suppengemüse in kleinen Quadraten

aus den Zutaten einen festen Teig herstellen und 10 min ruhen lassen. Die Brühe aufkochen und das Suppengemüse reingeben. Mit einem Esslöffel mittlere Kugeln herstellen und in der Brühe mindestens 5 min leise kochen lassen. In den Teller 3 Klößchen und Brühe geben und mit Schnittlauch garnieren.

Kalbsleberstreifen in Soße

4 Tassen dünn geschnittene Zwiebeln
100 g Butter
1/4 Tasse Mehl
1/2 Teelöffel Salz
1/8 Teelöffel frisch gemahlener schwarzer Pfeffer
500 g Kalbsleber, in Streifen geschnitten
3 Esslöffel Rinderbrühe
250 g Sahne
Schnapsglas Calvados.
Nach Geschmack frischen Ingwer

Geben Sie die Zwiebeln und die Butter in eine große Pfanne bei mittlerer Hitze. Kochen Sie unter häufigem Rühren, bis die Zwiebel weich und leicht gebräunt ist. Beiseite stellen.
Die Leber in mundgerechte Stücke schneiden, würzen und mehlieren.

Gut Abklopfen. Die Leber in die Pfanne geben, die Hitze auf mittlere bis hohe Stufe erhöhen und 5 Minuten unter ständigem Rühren braten bis sie durch aber noch rosa ist. Nehmen Sie die Leber aus der Pfanne und legen Sie sie auf einen vorgewärmten Teller oder eine Servierplatte.

Die Rinderbrühe, die Sahne und den Calvados in die Pfanne geben. Unter ständigem Rühren 1 Minute lang kochen, um die Pfanne abzulöschen.

Die Soße abschmecken. Nun die Zwiebeln und die Leber in die Soße geben. Einmal durchrühren. Dazu Kartoffelbrei reichen.

Variationen: die Zwiebeln mit einem 4 cm großen Stück gehackten Ingwer anbraten. Die Soße wird nun scharf und exotisch.

Berliner Kalbsleber mit Äpfeln und Zwiebeln

1 Zwiebel
50 g Butter
2 saure Äpfel
6 Scheiben Kalbsleber
Mehl
Pfeffer
Salz
Calvados

Die Zwiebel in Ringe schneiden. 1 EL Butter in einer Pfanne erhitzen und die Zwiebelringe darin in 5 Min. glasig dünsten. Aus der Pfanne nehmen und bereitstellen. Die Äpfel schälen, Kerngehäuse entfernen und in 0,5 cm dicke Scheiben schneiden. 2 EL Butter in der Pfanne erhitzen, den Zucker zufügen und etwas Farbe annehmen lassen. Die Apfelringe dazugeben und auf beiden Seiten karamellisieren lassen.

Die Leberscheiben trocken tupfen, würzen, im Mehl wenden und in einer zweiten Pfanne in der restlichen heißen Butter bei mittlerer Hitze von beiden

Seiten kurz braten. Die Apfelringe mit dem Calvados übergießen und die Zwiebel hinzufügen. Leber mit Salz und Pfeffer würzen und mit Äpfeln und Zwiebeln anrichten. Dazu passt Kartoffelpüree.

Lebbencs-Suppe

500 gr. Kartoffeln
20 gr. Salz
40 gr. Schmalz
100 gr. Räucherspeck
20 gr. Zwiebel
100 gr. Mehl
1 Ei
1 rote Paprikaschote
1 Tomate oder Tomatenmark, Paprikapulver

Kartoffeln schälen, würfeln und in Salzwasser halbgar kochen. Wasser aufbehalten. Aus Mehl und Ei einen Teig bereiten, ausrollen und in grosse Würfel schneiden. In Schmalz anbraten und rausnehmen. Speck und Zwiebel und Paprika anbraen, mit Paprika bestäuben und das Kartoffelwasser aufgiessen. Alles in diese Brühe geben und 10 Minuten kochen.

Letscho, Lecsó

Letscho ist ein Schmorgericht der ungarischen Küche, das grundsätzlich aus weißem Spitzpaprika (ungarisch: Lecsópaprika oder Magyar fehér paprika), Tomaten und Zwiebeln besteht und mit Salz und Pfeffer gewürzt ist.
Letscho ist in Ungarn eine Hauptmahlzeit und keine Beilage, deshalb wird es manchmal mit Eiergraupen (Tarhonya) zubereitet. Es können auch Lecsókolbász (eine ungarische Wurstsorte), Wein und Reis hinzugefügt werden. ¡Das Gericht hat inzwischen auch international Liebhaber gewonnen. So ist es beispielsweise ein wichtiger Bestandteil der österreichischen Küche geworden.

Letscho, Letschokartoffeln

Ungarisches Letscho mit Speck und Kolbász
500 Gr. ungarische Spitzpaprika,
3-4 Tomaten

2 Zwiebeln
1 Zehe Knoblauch
125 g Schinken-Würfel oder Speck.
1 EL Tomatenmark
Pfeffer Salz
1 Kolbász

Zuerst die Zwiebel hacken und wenig Öl bei geschlossenem Deckel dünsten. Knoblauch klein hacken und mit den Schinkenwürfeln und Kolbászscheiben weiter dünsten. Paprika und Tomaten kleingehackt dazugeben. Kein Wasser dazugeben, die Tomaten saften aus. 15-20 Minuten weiter kochen. Tomatenmark unterrühren und mit Pfeffer und Salz abschmecken. Mit Brot, Reis, Kartoffeln oder hart gekochten Eiern oder Fleischbällchen servieren.
Wer es schärfer mag, tut eine Chilischote mit rein. Ich reiche noch Sauerrahm, tejföl dazu, falls es doch zu scharf wurde. Eine Variante ist es, geschälte, geviertelte Kartoffeln mindestens 1 Stunde mizukochen.

Liebstöckelsuppe mit Huhn, Csirkeraguleves lestyánnal

Diese Suppe ist eine alte ungarische Suppe.
1 Suppenhuhn, oder du kannst jedes Fleisch nehmen, das du da hast) mit Rindfleisch ist sie auch lecker
200 Gr. grüne Bohnen
1 TL Bohnenkraut
Suppengemüse
1 Bund Liebstöckel
1 Zitrone
Öl
Petersilie
Pfeffer, Salz
saure Sahne
Mehl
Vegeta Brühpulver (kann man, muss man nicht)
1 Lorbeerblatt
4 Pimentkörner

Das Suppenhuhn, oder das Fleisch deiner Wahl wird mit dem geschälten, nicht zu klein geschnitten Suppengemüse, Bohnenkraut und 5 Liebstöckelstengeln und 5 Petersilienstengeln gar gekocht. Vegeta, Pfeffer, Salz, Piment, Lorbeeerblatt mitkochen. Ca 15 min vor Ende die Bohnen zugeben. Sie müssen knackig sein. Durch den weiteren Kochvorgang werden sie alleine weich. Alles kalt werden lassen und durch ein Sieb geben. Die Suppe auffangen. Eine Mehlschwitze machen und zur Suppe geben. Sie soll nur leicht gebunden sein. Nun das Huhn abpulen und das Fleisch kleingeschnitten zur Suppe geben. Die Bohnen zur Suppe geben. Das Gemüse kleinschneiden und auch beigeben. Je eine Handvoll Petersilie und Liebstöckel dazugeben. Saft einer Zitrone dazugeben. 1 x aufkochen, abschmecken und dann saure Sahne unterrühren. Man kann noch Kartoffeln beitun.

Liebstöckel

Der Liebstöckel ist bekannt als Gewürz- und Volksheilpflanze. Früher spielte es auch im Volksglauben eine bedeutende Rolle. Später, nach dem ersten Weltkrieg, wurde es als Maggikraut bekannt, obwohl sie nichts gemein haben. Liebstöckel wurde schon immer in Suppen verwendet, denn beim Kochen wird Sotolon frei, das Suppen einen intensiveren Geschmack gibt. Liebstöckel gilt als verdauungsfördernd und hilft gegen Blähungen. In der Volksheilkunde wird es gegen Halsschmerzen oder Ohrenschmerzen eingesetzt. Dem stark aromatischen Duft des Liebstöckels wurde eine Abwehrwirkung gegen böse Geister, die Mensch und Vieh schaden wollen, zugeschrieben, In der Steiermark wurde das Kraut zur Fronleichnamsprozession mitgenommen und geweiht. Dies sollte vor Unwetter und Hexerei schützen. Zu Mariä Himmelfahrt enthielt das Wurzbüschel im Rauriser Tal als Schutz vor Zauberei stets auch Liebstöckel. Obwohl der Name Liebstöckel nicht auf die Wörter Liebe und Stock zurückzuführen ist, führte der Wortbestandteil "Lieb" wohl dazu, dass das Kraut im Liebeszauber Anwendung fand. In Schlesien wurde beispielsweise die Wurzel mit sich geführt, um der Liebe zu begegnen. Bei den slawischen Bezeichnungen für Liebstöckel fand eine ähnliche etymologische Wortbildung statt, die die Beziehung zur Liebe nahelegte. Auch in diesem Sprachraum wurde die Pflanze als Liebesmittel genutzt. So versicherten sich in Slawonien angehende Ehefrauen mit einem Blick durch das Liebstöckel des zukünftigen Eheglücks.

Liebstöckelsuppe mit Hackfleischbällchen

Kochen Sie ein Stück Rippe oder ein Stück Fleisch mit Knochen mit gewürfelten Suppengemüse und Lorbeer und Liebstöckel bis das Fleisch von den Knochen abfällt. Nachdem es fertig gekocht ist, nehmen sie ein Sieb und fangen die Brühe auf. Das Fleisch von den Knochen behalten wir für den nächsten Tag, um eine kräftige Vorspeisensuppe zu kochen. Fügen Sie später das sehr fein geschnittene Koch-Gemüse der Brühe hinzu: Karotten, Zwiebeln, Sellerie, Pastinake, wer will Erbsen. In der Zwischenzeit die Fleischbällchen aus 300 Gramm Hackfleisch, drei Esslöffel vorgekochtem, aber noch nicht garen Reis, Petersilie, Salz, Pfeffer, ein rohes Ei und ein wenig Mehl oder Grieß zubereiten, um alles die zu binden. Die Fleischbällchen sind eher klein, rund. Sie werden auf auf einen Teller gelegt, von wo aus mit einem Löffel einer nach dem anderen der Brühe hinzugefügt werden. Die Fleischbällchen müssen gut kochen. Sie sind durch, wenn sie an die Wasseroberfläche steigen. Nun mit 3 El Tomatenmark abbinden und die Suppe probieren. Nachwürzen. In die heiße Suppe werden jetzt klein geschnittenes Koch- und Suppengemüse, frisch gehackter Liebstöckel und die kleinen Hackbällchen gegeben. Diese Suppe ist eine Vorspeisensuppe.

Schwäbische Linsen

Die schwäbischen Linsen sind ein Nationalgericht aller Schwaben. Sie werden üblicherweise mit Spätzle und Wiener Würstchen (Saiten) gegessen. Als Wiener Würstchen, Krenwürstchen, Frankfurter Würstl oder schwäbisch Saiten, bezeichnet man eine dünne Brühwurst im Saitling. Sie ist eine Abwandlung des Frankfurter Würstchens und wird im Gegensatz zu diesem aus Rind- und Schweinefleisch hergestellt.

Einweichzeit der braunen Linsen: min. 4 Stunden oder über Nacht
300–400 g braune eingeweichte Linsen
Suppengrün
ca.1 Liter Brühe
1–2 EL Schmalz
Thymian
1 Lorbeerblatt
Pfeffer
Salz
Balsamicoessig rot
Zucker
1 Teelöffel Senf
evtl. Maggie zum abwürzen
Mehlschwitze (optional) zum andicken
2 EL Butter

2 EL Weizenmehl

Spätzle zum Dazuessen

Die verlesenen Linsen über Nacht einweichen lassen, und am folgenden Tag durch ein Sieb gießen und bereitstellen. Das Suppengrün putzen und in kleine Stücke schneiden. Die Hälfte davon frieren wir ein. Das gewürfelte Gemüse kurz anrösten und mit Brühe ablöschen. Die Linsen mit Thymian und dem Lorbeerblatt zugeben und die Suppe ca. 30 Minuten lang köcheln lassen.

Für die Einbrenne in einer Pfanne Butter heiß werden lassen, das Mehl zugeben und je nach Wunsch, die Brenne hell oder dunkel rösten lassen. Diese in die Suppe geben und gut rühren. Einmal aufkochen lassen. Erst zum Schluss salzen und pfeffern. Den Senf unterrühren. Mit Maggie, Zucker und Essig abschmecken. Dazu Spätzle reichen

Linsensuppe mit Knacker und Kassler

Linsensuppe mit Knacker schmeckt ganz anders als das Gericht „schwäbische Linsen". Schwäbische Linsen sind eine Beilage zu Spätzle und Saitenwurst, breiiger und im Geschmack eher süß/ sauer. Linsensuppe mit Knacker und Kassler ist ein herzhafter Eintopf, den man alleine mit einer Scheibe dunklem Brot isst.

Einweichzeit der Linsen: min. 4 Stunden oder über Nacht

300–400 g braune eingeweichte Linsen

Suppengrün

3 Kartoffeln

2 dicke Scheiben Kassler

2 Knacker (geräucherte Mettwurst)

oder 2 Pfefferbeisser

ca. 2 bis 3 Liter Brühe

1–2 EL Schmalz

Thymian

Majoran

1 Lorbeerblatt

Pfeffer

Salz

Balsamicoessig rot

Zucker

1 Teelöffel Senf

evtl. Maggie zum abwürzen

Die verlesenen Linsen über Nacht einweichen lassen, und am folgenden Tag durch ein Sieb gießen und bereitstellen. Das Suppengrün und die Kartoffeln putzen und in kleine Stücke schneiden. Die Hälfte des Suppengrüns frieren wir ein. Das gewürfelte Gemüse und die gewürfelten Kartoffeln kurz anrösten. Den Kassler und die Knacker obenauf legen. Jetzt mit der Brühe ablöschen. Bitte dran denken, es handelt sich um Suppe, also viel Brühe dazugeben. Die Linsen mit Thymian, Majoran und dem Lorbeerblatt zugeben und die Suppe ca. 30 Minuten lang köcheln lassen. Nun das Kassler und die Knacker klein schneiden und in die Suppe geben. Erst zum Schluss salzen und pfeffern. Den Senf unterrühren. Mit Maggie, Zucker und Essig abschmecken. Dazu Schwarzbrot essen

Löwenzahn

Aufgrund seines hohen Gehalts an Vitaminen und Mineralstoffen lässt sich die auch unter den Namen Pusteblume und Bettseicher bekannte Pflanze getrost als regionale Superpflanze bezeichnen. Es gibt nur wenige Lebensmittel, die es hinsichtlich des Vitalstoffgehalts mit dem Löwenzahn aufnehmen können. Er enthält viel Vitamin C sowie Vitamin A und verfügt über einen hohen Gehalt an Magnesium, Kalium und Phosphor. Traditionell wird Löwenzahn unter anderem als hilfreiches Mittel bei Leberbeschwerden und zur Steigerung der Gallensekretion genutzt. Löwenzahn lässt sich vielseitig verarbeiten und in der Küche sowie für die Herstellung von Naturkosmetik verwenden. Der Löwenzahn zählt dank seiner gesundheitsfördernden Wirkung zu den Heilkräutern. Zu Unrecht wird er oftmals als Unkraut missachtet, denn er vertreibt Kopfschmerzen und die Frühjahrsmüdigkeit, weshalb er generell als Muntermacher gilt. Du kannst Löwenzahntee als Ersatz für Kaffee oder schwarzen Tee trinken. Eine Tasse Löwenzahntee am Morgen regt den Stoffwechsel von Magen Darm, Leber, Galle, Blase und Nieren an. Deshalb ist er auch ein optimaler Begleiter für eine Fastenkur und hilft beim Abnehmen.

Löwenzahntee als Aufguss oder als Sud:

Bei einem Aufguss werden frische oder getrocknete Pflanzenteile mit kochendem Wasser übergossen. Zugedeckt lässt du ihn 10 Minuten ziehen und siebst die Pflanzenteile ab. Jetzt kannst du den Tee als Aufguss probieren. Für eine Tasse benötigst du entweder ein frisches Löwenzahnblatt oder ein bis zwei Teelöffel getrockneter Blätter.

Löwenzahnhonig

250 g Löwenzahnblüten
30 cl Wasser
600 g Zucker

Löwenzahnblüten waschen und mit kochendem Wasser übergießen.
Ca. 15 Minuten köcheln, erkalten und für einige Stunden stehen lassen. Blüten abschieben. Zucker und Zitronenschale hinzufügen, Honig wieder aufkochen und ca. 30 Minuten köcheln. Löwenzahnhonig noch heiß in Gläser abfüllen.

Löwenzahn-Pesto

Löwenzahn-Pesto ist ähnlich wie das bekannte italienische Pesto aus Basilikum, aber als Kraut wird stattdessen Löwenzahn verwendet. Daher schmeckt es auch leicht bitter. Wie andere Löwenzahn-Gerichte regt es den Stoffwechsel an, stärkt Leber und Nieren, und wirkt gegen Frühjahrsmüdigkeit. Man kann Löwenzahn-Pesto als Sosse zu Spaghetti essen, aber auch zu Kartoffeln oder auf Brot schmeckt es gut. Da das Löwenzahn-Pesto recht kompakt ist, lässt es sich gut als Brotaufstrich verstreichen.

100 gr Löwenzahn
30 gr Parmesankäse (fein gerieben)
100 gr Sonnenblumen-Kerne (leicht geröstet)
150 ml Sonnenblumenöl
2 Knoblauch-Zehen
Salz, Pfeffer
Spritzer Zitrone

Die Zutaten können nach Belieben variiert werden. Um den herben Löwenzahngeschmack etwas abzumildern, werden ziemlich viele Sonnenblumenkerne verwendet. Dadurch wird das Pesto jedoch sehr steif, eignet sich allerdings gut zum Verstreichen. Wenn man es jedoch als Spaghetti-Sosse benutzen will, sollte man weniger Sonnenblumen-Kerne verwenden, um das Pesto geschmeidiger zu machen. Wasche die Löwenzahnblätter und trockne sie vorsichtig mit Küchenrolle ab. Schneide die Löwenzahnblätter in feine Streifen. Pelle die Knoblauchzehen und schneide sie in kleine Würfel.

Röste vorsichtig die Sonnenblumenkerne. Die Sonnenblumenkerne werden so weich, dass man sie mit einem Pürierstab zerkleinern kann. Decke das Püriergefäss ab. Gib nach und nach die restlichen Zutaten in das Gefäß. Zerkleiner und vermische die Masse mit dem Mixstab bis eine einheitliche Masse entstanden ist. Schmecke mit einem einen Spritzer Zitrone ab. Füll das Pesto in eine Schüssel, wenn du es gleich verwenden willst. An der Oberfläche dunkelt es sehr schnell nach, außer man lässt etwas Öl überstehen. Wenn du das Pesto eine Weile aufheben willst, füll es in ein kleines Glas. Achte darauf, dass oben eine Schicht Öl übersteht, um die Oxidation zu verhindern. Verschließ das Glas. Im Kühlschrank hält sich das Pesto 2 Wochen.

Lubi pecsenye nokedlivel

Das sind mit Hack gefüllte Schweinelende-Scheiben mit Paprikasauce und
Nockeldi.

8 Scheiben Lende
500 Gr. Gemischtes Hack—
150 gr
geräucherter Speck
1 Becher Sauerrahm
1 Teelöffel Mehl oder Stärke
2 große rote Zwiebeln
1 Knoblauchzehe gehackt
1 Ei
Öl
Salz, Pfeffer, Knoblauchpulver oder 2 Zehen Knoblauch für die Sauce
Wasser oder Brühe . Den gewürfelten Speck in etwas Öl anbraten, dann die
fein gewürfelte rote Zwiebel zugeben und die geschnittenen Knoblauchzehen
hinzugeben und andünsten. Das Hackfleisch gut würzen mit Salz, Pfeffer,dazu
ein Ei und kneten. ggf. Paniermehl, Semmelbrösel dazugeben. Rohe Zwiebel
wird nicht verwendet. Diese Masse in das geklopfte Fleisch streichen und wie
eine Roulade aufrollen. Zumachen mit Piekern, Zahnstochern. Die gefüllten
Fleischstücke nun in den vorbereiteten Zwiebelspecktopf legen. Kurz anbraten
und mit Wasser oder Brühe aufgießen. Bei schwacher Hitze etwa 50-60
Minuten mit Deckel zu köcheln lassen. Die gefüllten Fleischstücke , wenn sie
gar sind, aus der Sauce nehmen. Den Sauerrahm mit Pfeffer, Salz, Paprika
würzen, gut verrühren und mit 1 TL Mehl klumpenfrei verrühren. Nach und
nach unter Rühren in die eher kalte Sauce rühren. Jetzt aufkochen lassen.
Manche machen noch 1 TL Estragon rein. Die Rouladen in der Sauce
erwärmen und alle Pieker vor sem Servieren entfernen. Dazu Nockeldi
servieren.

M

Maggie-Würze

Werbeleute formulierten eingängig: „Ja, das macht das Essen fein, Maggi-Würze muss hinein." Maggi-Würze ist eine vegane Würzsauce, die ihren Namen durch die Entwicklung vom Schweizer Julius Maggi bekam. Das Produkt eignet sich durch den fleischigen Geschmack besonders zum Würzen von Suppen oder Eintöpfen. Die Maggi-Würze wurde am 8. Juni 1886 von Julius Maggi als preiswerter Ersatz für Fleischextrakt entwickelt. Hergestellt wird sie vom Unternehmen Maggi, das seit 1947 zu Nestlé gehört. Die MAGGI-Würze wird aus biologisch aufgeschlossenem, pflanzlichem Eiweiß hergestellt. Weitere Zutaten sind Wasser, Salz, Aroma, Glutamat und Hefeextrakte. Das Pflanzeneiweiß wird in einem biologischen Gärprozess in seine Bausteine - die Aminosäuren – aufgeschlossen. Dabei entsteht das charakteristische Aroma der Würze, das dem Geschmack des Liebstöckels sehr ähnlich ist. Dies brachte dem Würzkraut im Volksmund den Namen MAGGI-Kraut ein, der sogar Eingang ins Lexikon gefunden hat. Für die Herstellung von MAGGI-Würze wird Liebstöckel aber nicht verwendet.

Mákos guba, Mohnauflauf

Der ungarische Mohnkuchen „Mákos guba" war vor vielen hundert Jahren noch als „lőnye" bekannt, kam aber auch unter dem Namen Bobajka vor. Das erste bekannte Rezept ist mindestens dreihundert Jahre alt, aber es ist viel wahrscheinlicher, dass es schon früher existierte. Das erste ungarischsprachige Kochbuch, „Das Handbuch des Koch-Gewerbes" aus dem Jahr 1695 erwähnt „lőnye" zum ersten Mal schriftlich. In diesem Rezept ist schon der heutige Mohnkuchen, „mákos guba" erkennbar. „Guba" ist wahrscheinlich eines unserer ältesten ungarischen Desserts, mit einem ebenso alten Namen. Das Wort „Guba" ist ein lautnachahmendes Wort finno-ugrischen Ursprungs, was ungefähr bedeutet, dass es ein Nudelgericht ist. Es lohnt sich aber nicht, das Wort zu übersetzen, „guba" klingt einfach sehr gut. Es hat auch einen wichtigen Platz unter den ungarischen Volkstraditionen: Im Weihnachtsfasten, in den drei Wochen vor Weihnachten, im Advent, war der Mohnkuchen beliebt. Eine Dattel oder Feige oder andere Trockenfrucht wurde im Auflauf versteckt. Es wurde mit Hilfe des Kuchens vorausgesagt, welches Mädchen im kommenden Jahr heiraten würde. Nach 1945 begannen trockene Kipfel das ursprünglich verwendete Milchbrot oder Brezeln zu ersetzen. Das trockene

Kipfel wurde in Stücke geschnitten, mit heißem Wasser übergossen, oder in Milch eingeweicht, dann mit Zucker oder Honig gesüßt. Da das Essen des vorweihnachtlichen „Guba" eine mehrere Jahrhunderte alte Tradition ist, sind die Rezepte auch heute sehr vielfältig und abwechslungsreich.

2 Kipfel, getrocknet oder 2 trockene Brötchen, oder Weissbrot
200 ml Milch
1 Ei
Zitronen- oder Orangenschale, optional
50 g Mohn, gemahlen
40 g Zucker
1 Stck. Vanillezucker
Mandelblättchen
Rosinen, optional
Butter

Kipfel oder das Brot oder die Brötchen in Stücke schneiden und trocknen lassen. Das kann schon einen Tag vor dem Backen vorbereitet werden. Der Vorgang kann etwas beschleunigt werden, indem man die Kipfel im Ofen trocknet. Milch mit der Vanille zum Kochen bringen und auf die getrockneten Kipfel gießen. Es ist gut, wenn die Kipfel ordentlich in Flüssigkeit eingeweicht sind. Die Eier mit dem Zucker, dem Mohn und der Zitronen- oder Orangenschale mischen. Die Mohnmischung dem Kipfel zugeben, und nach Wunsch mit Mandelblättchen und / oder Rosinen bestreuen. In eine gebutterte Form legen und im Ofen bei 200 Grad ca. 20 Minuten backen, bis die Oberseite braun wird. Mit Vanillesoße servieren.

Markklösschen
als Suppeneinlage, siehe Rezept Hochzeitssuppe

Matjes

Salzheringe sind Heringe, die meist schon an Bord des Fangschiffs ausgenommen und in Salz oder Salzlake gelagert werden. Durch das Einsalzen werden die Fische konserviert und die Struktur ihres Muskelgewebes verändert. Eine besonders feine und beliebte Zubereitungsvariante des Salzherings ist der Matjes. Vor dem Verzehr sollten Salzheringe gewässert werden.

Matjes in Schmandsauce

12 halbe Matjes
200 gr, Schmand
150 gr Magerjoghurt
200 ml süsse Sahne
1 säuerlicher Apfel
4 Gewürzgurken in Scheiben
1 Zwiebel
Pfeffer aus der Mühle

Schmand, Sahne und Joghurt miteinander vermengen. Zwiebel in feine Ringe, Apfel in feine kleine Scheiben und Gurken in dünne Scheiben schneiden. Unter die Schmandmasse heben, mit Pfeffer abschmecken. In kleine mundgerechte Stücke schneiden und ebenfalls in die Sauce geben und unterheben. Alles ca. 2-3 Stunden durchziehen lassen.Dazu Pellkartoffeln servieren.

Mayonnaise selber machen

1 Ei (so frisch wie möglich)
250 ml Öl (z.B. Färberdistelöl)
1 EL Zitronensaft
1 TL Senf
1-2 Prisen Salz
Benötigte Hilfsmittel
1 Pürierstab
1 Glas (verschließbar)

Nimm einen Messbecher. Schlage das Ei auf und gebe es vorsichtig in den Becher Glas. Das Eigelb sollte intakt sein. Gieße das Öl vorsichtig über das Ei. Salze mit 1-2 Prisen Salz. Gebe nun den Stabmixer in das Glas und platziere ihn direkt über dem Eigelb, . dass Ei und Öl emulgieren. Nach einigen Sekunden kannst du den Stabmixer langsam nach oben ziehen. Die Mayonnaise ist fertig, wenn kein flüssiges Öl mehr im Glas ist. Nach ungefähr 30 Sekunden ist die Mayonnaise fertig. Füge 1 EL Zitronensaft und 1 TL Senf hinzu und mixe alles mit dem Stabmixer noch einmal gut durch. Gib alles in das das saubere Glas und lagere die Mayonnaise bis zu 7 Tagen im Kühlschrank

Metzelsuppe

Wurstbrühe oder Wurstsuppe (auch Metzelsuppe oder Greddelbrühe, in Bayern auch Brittsuppe) ist die Brühe, die bei der Herstellung von Brüh- und Kochwurst entsteht. Beim traditionellen Schlachtfest wurden vor den Würsten auch Fleisch und Leber im gleichen Kessel gegart, wodurch –besonders, wenn später auch noch Würste platzten– eine kräftige Brühe entstand, die die Grundlage zum Beispiel für Brotsuppe bildete.

1 Liter Kesselbrühe nach dem Schlachten
Schwarzbrot
Salz und Pfeffer
Schnittlauch

kleine Suppennudeln nach Bedarf
in Würfel geschnittenes Kesselfleisch nach Bedarf

Das Brot dünn aufschneiden und mit der Brühe aufgießen. Evtl. nachwürzen. Wer mag kann noch gekochte Suppennudel und Kesselfleisch dazugeben.

Milchsuppe herzhaft

altes Schwarzbrot
Wasser zum Einweichen
1 Liter Milch
Salz und Maggie

Das Brot in Wasser 10 min einweichen. Wasser abgießen, Brot in Würfel schneiden und warme Milch aufgießen. Mit Salz und Maggie würzen.

Milchsuppe süß

altes Schwarzbrot oder alte Brötchen oder alter Zopf
Wasser zum Einweichen
1 Liter Milch
Salz
Zucker oder Honig zum Süßen

Das Brot in Wasser 10 min einweichen. Wasser abgießen, Brot in Würfel schneiden und warme Milch aufgießen. Mit Zucker oder Honig abschmecken.

Milchbatzen nach Art der Karthäuserklösse

8 Brötchen, altbacken besser Milchbrötchen
500 ml Milch, evtl. mehr
2 Eier
20 g Zucker
etwas Salz
2 Tropfen Bittermandelaroma (optional)
125 g Fett, zum Braten
50 g Zucker
½ TL Zucker-Zimt
Teller mit Semmelbrösel

Die Brötchen halbieren. Die anderen Zutaten ohne Zucker-Zimt gut vermischen. Die Brötchen mindestens 1 Stunde in die Eiermilch einlegen, nach 30 min wenden. Nun kurz abtropfen lassen und i Semmelbrösel wenden. In Butter braten und mit Zucker-Zimt betreuen. Dazu die Mostsauce oder Vanillesauce servieren.

Milchreisauflauf mit Kirschen

1 Tasse Milchreis
0,5 Liter Milch, evtl. mehr
Becher Sahne
3 Eier
50 g Butterflocken
Rosinen (wer mag)
3 Esslöffel Zucker
Salz
1 Glas Sauerkirschen ohne Saft
Zucker-Zimt

Den Milchreis mit Milch und Sahne und Zucker kochen. Etwas erkalten lassen und dann die Rosinen, die Butter, die Eier, Salz unterrühren. Fehlt Zucker, nachwürzen. die Hälfte in eine gebutterte Auflaufform oder Kuchenform geben. Mit den Kirschen bedecken. den Rest Reis oben drauf schichten. Mit den

199

Butterflocken bedecken, bei 180 Grad goldbraun backen und mit Zucker-Zimt bestreuen. Warm essen.

Milchreis, wie ihn Oma kocht

1 Tasse Milchreis
0,75 Liter Milch, evtl. mehr
Becher Sahne
3 Esslöffel Zucker
1 Vanille-Pudding
braune Butter
Zucker-Zimt

Die Milch mit dem Zucker und dem Vanillepudding in den Topf geben und mit dem Schneebesen verrühren. Den Milchreis dazugeben und alles auf kleiner Flamme min 10 min kochen. Immer rühren. Dann die Sahne einrühren. Ist der Brei zu star, noch Milch einrühren. Nun den Topf mit Deckel für 4 Stunden ins Bett stellen. Inzwischen Butter so lange im Topf erhitzen, bis sie braun ist und aromatisch riecht. Auf den Teller gehören eine Kelle Brei, darauf dann 4 Löffel braune Butter, darauf Zucker-Zimt und Apfelmus wer mag.

Most

Als Most (lateinisch mustum) wird allgemein durch Keltern (Pressen) gewonnener Fruchtsaft bezeichnet, je nach Gegend auch bereits vergorener. Übliche Früchte sind Äpfel (Apfelmost), Birnen oder Trauben (Traubenmost als Vorstufe zum Wein, Federweißer). Andere Obstweine werden üblicherweise nicht als Most bezeichnet. Der lateinische Wortstamm bedeutet so viel wie „junger Wein".
Apfel- und Birnenmost wird aus sogenanntem Mostobst gewonnen, das einen höheren Gerbstoffanteil besitzt als Früchte, die für den Verzehr gedacht sind. Mit einer Mostpresse wird der Saft, der sogenannte Süßmost, aus den Früchten gepresst. Durch Hefepilze wird der enthaltene Fruchtzucker zu Alkohol vergoren. Die Gärung dauert zehn Tage bis drei Wochen. Einigen Mostsorten werden auch Edelhefen zugesetzt, die die Gärung um einige Tage verlängern. Anschließend wird der Most filtriert und geklärt.

Süßherbe Mostsuppe

1 Liter Most
0,25 Liter Wasser
2 Eier
2 Esslöffel Mehl
Becher süße Sahne
Salz und Zucker
1 Esslöffel saure Sahne
1 altes Brötchen in kleine Würfel geschnittenes
1 Esslöffel Butter
Zimt-Zucker zum Bestreuen
Den Most und das Wasser in einem Topf aufkochen, auf kleinster Flamme zur
Seite stellen. Die Eier, das Mehl, die Sahne gut verrühren und langsam in den
Most gießen. Mit dem Schneebesen sehr gut verrühren. Mit Zucker und der
sauren Sahne abschmecken. Sollte die Suppe zu dick sein, mit Most aufgießen.
Es kann passieren, das Klümpchen entstehen. Das ist nicht schlimm. Diese
sind sehr lecker. Die Brötchenwürfel in der Pfanne in Butter anrösten und mit
Zimt-Zucker bestreuen. Zusammen mit der Suppe schön anrichten.

Mostsosse oder Weinschaumsauce

0,25 l Most oder süßer Weißwein
2 Eier
1 Eigelb
60g Zucker,
Zitronenschale

Ein Wasserbad aufstellen und das Wasser leise kochen lassen.
Oben in den Topf alle Zutaten kräftig aufschlagen. Die Masse nicht zu heiß
werden lassen, sonst gibt es Rührei. Die Masse wird mit der Zeit cremig. Dann
vom Feuer nehmen und weiterschlagen. Passt sehr gut zu Dampfnudeln.

Mürbeteig

1 kg Mehl
600 gr Butter, weich
300 gr. Zucker
0,5 TL Salz
2 Eier

Alles gut verkneten und 1 Stunde abgedeckt in den Kühlschrank stellen. Vor dem Verarbeiten ausrollen und bei Kuchenteigen mehrmals mit der Gabel einstechen. Backen bei 180 Grad 20 bis 40 Minuten, je nack Backstück.

N

Nockeldi

200 gr Mehl
2 Eier
1 Glas Mineralwasser
1 TL Salz

Salzwasser aufkochen. Alle Zutaten verkneten und 20 min in den Kühlschrank stellen. Eine Schüssel mit kaltem Eiswasser bereitstellen. Auf einem Brett mit einem Messer dicke Nockeldi abschaben und solange kochen, bis sie hochkommen. Man kann auch mit einem kleinen Löffel kleine Nocken formen und ins Wasser geben. Im Eiswasser abschrecken. Schwäbische Spätzle sind eher weich. Nockeldi sind eher hart. Dazu schmeckt gut Pörkölt. Man kann sie aber auch süss mit Kompott oder Apfelmus essen.

Nudeln herstellen

2 Eier
200 Gr. Mehl
1 Esslöffel Hartweizengrieß
bisschen Wasser

Alles zusammenkneten, bis ein sehr fester Teig entsteht.
Mindestens für ½ Stunde zum Ruhen in den Kühlschrank legen.

Dann auf einem Küchentuch auswellen, bis man das Muster sehen kann. Jetzt die gewünschten Nudeln mit einem Nudelroller abschneiden.
Man kann sie in der Küche oder über der Wäscheleine trocknen oder gleich verwerten. Da sie frisch sind, ist die Kochdauer nur sehr kurz.

Nudel- Pilz-Pfanne

1 Packung Pilze
1 mittlere Zwiebel
1 Stück Rindfleisch
200 g Nudeln

1 Packung Schlagsahne
½ Packung saure Sahne
Pfeffer, Salz
Öl zum braten
1 Tasse Rinderbrühe
Nudeln kochen. Pilze, Zwiebeln, Fleisch in kleine Stücke schneiden. In Öl nur
kurz anbraten. Die Schlagsahne, die Brühe und die Saure Sahne dazu geben.
Die Nudeln unterheben. Alles abschmecken mit Pfeffer und Salz
Variante: Spätzlekäse drüber geben

Nussecken

Mürbteig:
130 g Butter
130 g Zucker
2 Eier
etwas Zitronenabrieb oder Zitronenzucker
1 Teel. Vanillzucker
300 g Mehl
1 gestr. Teel. Backpulver

Belag:
4 Eßl. Aprikosengelee
200 Butter
200 g Zucker
2 Päckch. Vanillezucker
1 Teel. Zimt
300 g Haselnüsse (2/3 gemahlenen und 1/3 gehackte Nüsse)
100 g gemahlene Mandeln
4 Eßl. Wasser
300 g Kuchenglasur oder Kuvertüre

Aus den oben angeführten Zutaten einen Mürbteig herstellen. Die kalte Butter
sollte rasch in kleinen Stücken unter das Mehl-Ei-Gemisch geknetet werden
und für eine halbe Stunde abgedeckt im Kühlschrank ruhen, dass die Butter
wieder kalt wird. Währenddessen stellt man die Nussmasse her. Hierzu
kommt die Butter, der Zucker, Vanillezucker, Zimt, Nüsse, Mandeln und das
Wasser in einen Topf und wird heiß gemacht bis alles verbunden ist.

Wer den vollen Nussgeschmack möchte, kann die Nüsse vorher in einer Pfanne anrösten, aber nicht zu lange, denn sie werden ja auch noch gebacken.
Teig aus dem Kühlschrank holen, auf einem Backpapier mit einem Wellholz ausrollen und das Papier auf ein Blech legen.

Die Aprikosenkonfitüre auf dem Teig gleichmäßig verteilen und darauf dann die abgekühlte Nussmasse verstreichen. Das sollte man schon ordentlich und eben machen, um so schöner sehen die Ecken dann aus.
Nussmasse kommt dann für 25 – 30 Minuten bei 180 Grad in den Ofen bei Ober- und Unterhitze. Rauten oder Dreiecke noch warm schneiden.
Wenn die Masse vollständig abgekühlt ist, werden die Ecken an den 3 Rändern in die aufgelöste Kuvertüre getaucht und auf einem Gitter abgelegt, dass die überflüssige Glasur abtropfen kann. Aufheben lassen sich die Nussecken gut in einer Blechschachtel oder Keksdose.

O

Ofenschlupfer

2 altbackene Brötchen in dicke Scheiben schneiden
oder vom altbackenen Weißbrot 4 dicke Scheiben abschneiden
oder vom altbackenen Zopf 4 dicke Scheiben abschneiden

1 Ei
0,75 l Tasse Milch
4 Ess-Löffel Zucker
1 Vanille-Zucker
1 Vanille-Pudding-Pulver
Zucker/Zimt Mischung zum bestreuen
4 saure Äpfel mit Schale in Scheiben gerieben

Das Puddingpulver, Vanille-Zucker, das Ei und den Zucker in der Milch gut verquirlen. In eine kleine runde Auflaufform immer eine Lage Brötchen und Äpfel schichten. Jede Stufe mit der Puddingmilch angießen. Ganz oben sollten Äpfel sein. Für 45 min bei 180 Grad im Ofen garen. Der Pudding muss gestockt sein, dann ist er durch. Zum Schluss mit Zucker/Zimt Mischung bestreuen.

Orangenweißbrot

1 Würfel frische Hefe, 42 g
warme Milch für die Hefe
150 g Rosinen
1 Packung gerebelte Mandeln
1 Packung Pistazien
1 Vanillezucker
250 g Butter
170 g Zucker
6 Eier (Gr. M)
1 TL Zitronenschale bio
1 TL Orangenschale bio
550 g Weizenmehl (Type 405)
1 Prise Salz
50 g Zitronat

50 g Orangeat
etwas Hagelzucker zum Bestreuen
etwas Mehl zur Teigverarbeitung
etwas Butter für die Form

Einen süßen Hefeteig herstellen und warm stellen. Da kommt zusätzlich das Orangeat und Zitronat rein und die Mandeln und die Pistazien. Einmal durchkneten und zweiteilen. Die Zitronenschale reiben, die Schale auch. Beide Teige gleich groß rechteckig ausrollen. Beide dick mit Butter bestreichen, dann mit Zucker bestreuen und den Orangen- und Zitronenschalen. Jetzt die Rosinen verstreuen. Beide Teige hintereinander legen und die Kante verschließen. Nun zur Rolle aufrollen und schön in die Kuchenform legen. Mit Ei verstreichen. 180 Grad 50 min. Ist der Hefe-Kuchen zu hell, noch länger backen.

Der <u>Osterhase</u>

Was hat der Osterhase mit Ostern zu tun? Der Hase ist ein Symbol für Fruchtbarkeit und Geburt. Zudem ist er ein Frühlingsbote und meist bei den ersten warmen Sonnen.strahlen im Frühling im Wald und auf den Wiesen anzutreffen. Weil diese zwei Komponenten aufeinander treffen, ist der Hase ein Symbolträger für Ostern. Die ersten Schoko-Osterhasen wurden bereits Mitte des 19. Jahrhunderts in deutschen Schaufenster hauptsächlich von Konditoren ausgestellt. Die Figuren waren jedoch im Gegensatz zu heute noch massiv und wogen mehrere Kilogramm. Am Anfang des 20. Jahr-hunderts wurde die Herstellung der Hasen revolutioniert, indem man von den massiven Schokoladentieren zu sogenannten Hohlfiguren überging. Vorbild für die Produktion waren die in der Imkerei verwendeten Honigschleudern, die durch zentrifugale Kräfte den Honig aus den Waben katapultieren. Die damaligen Chocolatiers spannten ihre Hasenformen auf die Schleuder und konnten durch die schnellen Drehungen perfekte Hohlfiguren herstellen – ein Prinzip, dass noch in der heutigen Hohlfigurenherstellung Verwendung findet.

Der Osterfladen

Der Osterfladen ist ein Gebäck, das traditionell an den Osterfeiertagen zum Frühstück und/oder zum Tee am Nachmittag gereicht wird. Am weitesten verbreitet sind süße Rezepte, meist aus Hefeteig mit Rosinen und Mandeln. Es gibt sowohl protestantische als auch katholische Traditionen, in denen der

Fladen vor dem Verzehr kirchlich geweiht wird. Der Osterfladen ist eine Variante von Osterbrot. Mittlerweile werden Osterfladen bereits deutlich vor Ostern auch im Handel angeboten, Schwerpunkt des Verkaufs sind die zwei Wochen vor Ostern.

für den Osterfladen:
300 g Weizenmehl (405)
1/2 Würfel frische Hefe
75 ml lauwarme Milch
65 g Butter
2-3 EL Zucker
1/2 TL Salz
Abrieb einer Zitrone
1 Eigelb
65 g Rosinen
1 Eigelb zum Bestreichen
für den Zuckerguss:
250 g Puderzucker
Saft einer Zitrone
100g Mandelblätter

Mehl in eine Schüssel sieben. Hefe zerbröckeln und mit 3 EL Zucker in 3 EL lauwarmer Milch auflösen. In der Mitte des Mehls eine Mulde machen und Hefemilch hineingeben. Etwas Mehl darüber stäuben. An einem warmen Ort (40 Grad) zugedeckt ca. 15 Minuten gehen lassen. Butter, Eigelb und restlichen Zucker schaumig rühren. Unter den aufgegangenen Hefeteig rühren. Die restliche Milch, Salz und Zitronenabrieb dazugeben und den Teig kräftig durchschlagen. Wenn sich der Teig vom Rand der Schüssel löst, ohne zu kleben, die Rosinen untermischen. Aus dem Teig einen runden Laib formen und zugedeckt an einem warmen Ort (ca. 40 Grad) nochmals ca. 30 Minuten gehen lassen. Backofen auf 200 Grad vorheizen. Den Osterfladen auf der Oberseite kreuzförmig einschneiden und mit Eigelb bestreichen. Im vorgeheizten Backofen bei 200 Grad 45 Minuten backen. Aus dem Ofen nehmen, abkühlen lassen und servieren.

Großes Osterbrot – mit Hefe

500 ml Milch + 2 Esslöffel Milch zum Bestreichen
200 g Butter
1 kg Mehl
2 Würfel (à 42 g) frische Hefe oder 2 Päckchen Trockenhefe
100 g Zucker
2 Päckchen Vanillezucker
2 EL Abrieb von 1 Bio-Zitrone
2 Eier (Größe M)
2 Eiweiß (Größe M)
200 g Mandelstifte (kann man auch weglassen)
200 g Rosinen (kann man auch weglassen)
2 Eigelb (Größe M)

Butter und 500 ml Milch erwärmen und verrühren. Mehl in eine Rührschüssel geben und in die Mitte mit den Händen eine Mulde hineindrücken. Hefe zerbröseln und in die Mulde geben. Anschließend die Milch-Butter-Mischung, Zucker, Vanillezucker, abgeriebene Zitronenschale, Eier und Eiweiß hinzugeben. Die Zutaten zu einem glatten Hefeteig verkneten. Anschließend Mandelstifte und Sultaninen unter die Masse heben. Den Teig noch einmal mit den Händen durchknete, bevor er zugedeckt an einem warmen Ort ca. 1 Stunde gehen muss. Teig erneut kneten, dann halbieren, 2 runde Laibe formen und je auf ein mit Backpapier ausgelegtes Backblech legen. Dort erneut eine Stunde gehen lassen. Anschließend mit dem Messerrücken ein leichtes Kreuz in die Brote drücken. Eigelbe und 2 EL Milch verquirlen und das Osterbrot mit der Milch-Ei-Mischung bestreichen. Im vorgeheizten Backofen (E-Herd: 175 °C/ Umluft: 150 °C/ Gas: s. Hersteller) ca. 40 Minuten backen. Anstatt in Brotform kann man auch einen Osterhasen oder einen Kranz formen.

Großer Osterhase mit Hefe und Quark

250 g Magerquark mit 250 ml Milch verrühren
2 EL Milch zum Bestreichen
200 g Butter
1 kg Mehl
2 Würfel (à 42 g) frische Hefe oder
2 Päckchen Trockenhefe
100 g Zucker

2 Päckchen Vanillezucker
2 EL Abrieb von 1 Bio-Zitrone
2 Eier (Größe M)
2 Eiweiß (Größe M)
200 g Mandelstifte (kann man auch weglassen)
200 g Rosinen (kann man auch weglassen)
2 Eigelb (Größe M)

Butter, Quark und 250 ml Milch verrühren. Mehl in eine Rührschüssel geben und in die Mitte mit den Händen eine Mulde hineindrücken. Hefe zerbröseln und in die Mulde geben. Anschließend die Milch-Butter-Mischung, Zucker, Vanillezucker, abgeriebene Zitronenschale, Eier und Eiweiß hinzugeben. Die Zutaten zu einem glatten Hefeteig verkneten. Anschließend Mandelstifte und Sultaninen unter die Masse heben. Den Teig noch einmal mit den Händen durchknete, bevor er zugedeckt an einem warmen Ort ca. 1 Stunde gehen muss. Teig erneut kneten, dann halbieren, 2 runde Laibe formen und je auf ein mit Backpapier ausgelegtes Backblech legen. Dort erneut eine Stunde gehen lassen. Anschließend mit dem Messerrücken ein leichtes Kreuz in die Brote drücken. Eigelbe und 2 EL Milch verquirlen und das Osterbrot mit der Milch-Ei-Mischung bestreichen. Im vorgeheizten Backofen (E-Herd: 175 °C/ Umluft: 150 °C/ Gas: s. Hersteller) ca. 40 Minuten backen. Anstatt in Brotform kann man auch einen Osterhasen oder einen Kranz formen.

Osterkekse
die Kekse schmecken auch noch nach Ostern

265 Gramm Mehl
150 Gramm Zucker
2 Prisen Muskat
ein Ei
150 Gramm weiche Butter
1 Teelöffel Orangen-Extrakt
250 Gramm-Puderzucker zum Verzieren

Alle Zutaten (außer Puderzucker) verkneten. 20 min im Kühlschrank ruhen lassen. Ofen vorheizen auf 160 Grad. Kekse ausstechen und 15 min backen. 10 min erkalten lassen und mit Puderzucker bestreuen.

Der doppelte Hase,
ein überraschender Osterkeks

300 g Mehl
2 TL Backpulver
100 g Zucker
1 Vanillezucker
1 Ei
150 g kalte Butter
1 Ausstecher in Hasenform
1 Ausstecher in Herzform
5 Esslöffel Marmelade zum Füllen

Ofen vorheizen auf 175 Grad. Alle Zutaten verkneten und eine halbe Stunde in den Kühlschrank stellen. Dann ausrollen und Hasen ausstechen. In jeden zweiten Hasen noch ein Herz ausstechen. Backen bei 175 Grad 8 min. Die Kekse gut gut abkühlen lassen. Die Marmelade glatt rühren und auf die unteren Kekse streichen. Die Hasen mit dem Herz oben drauf legen und gut andrücken.

Osterhasenkuchen

560 g weiche Butter
330 g Kristallzucker
1 Päckcheng. Bourbon-Vanillezucker
10 Eier (Größe M)
700 g Weizenmehl universal
5 TL Backpulver
2 Prisen Salz
6 EL Milch
80 g Haselnusscreme
30 g Kakaopulver
100 g Zartbitterkuvertüre
60 ml Sahne

Ofen auf 180 °C (Ober-/Unterhitze, 160 °C Umluft) vorheizen. 280 g weiche Butter, 160 g Kristallzucker und Vanillezucker mit den Quirlen sehr schaumig hell schlagen. 5 Eier einzeln je ca. 30 Sekunden unterrühren. 350 g Mehl mit 2 TL Backpulver und 1 Prise Salz mischen. Mehlmischung und 3 EL Milch unter die Buttermasse rühren. Eine Kastenform (30 cm Länge) mit Backpapier auskleiden. Teig einfüllen und glatt streichen. Auf zweiter Schiene von unten 50-55 Minuten backen (Stäbchenprobe). Aus dem Ofen nehmen, in der Form 10 Minuten abkühlen lassen, mithilfe des Backpapiers auf ein Gitter heben und mind. 60 Minuten vollständig auskühlen lassen. Backpapier vorsichtig abziehen. Nach und nach ca. 2 cm dicke Scheiben vom Kuchen schneiden und daraus jeweils ein oder zwei ca. 4,5 cm große Hasen ausstechen. Man benötigt ca. 15 Hasen. (Kuchenreste anderweitig verwenden oder essen.) Ofen auf 180 °C (Ober-/Unterhitze, 160 °C Umluft) vorheizen. Kastenform wieder mit Backpapier auskleiden. 280 g Butter, 50 g Haselnusscreme und 170 g Kristallzucker mit den Quirlen sehr schaumig schlagen. 5 Eier einzeln je ca. 30 Sekunden unterrühren. 350 g Mehl mit Kakaopulver, 3 TL Backpulver und 1 Prise Salz mischen. Mehlmischung und 3 EL Milch unter die Buttermasse rühren. Ca. 3 EL Teig gleichmäßig auf den Boden der Form streichen. Hasen dicht aneinander mittig auf den Boden stellen. Restlichen Teig in einen Spritzbeutel mit ca. 3 cm großer Öffnung füllen und zunächst neben den Hasen in die Form spritzen, möglichst ohne dass diese ihre Position verändern. Danach den restlichen Teig auf den Hasen verteilen und glatt streichen. Auf zweiter Schiene von unten 50-55 Minuten backen (Stäbchenprobe). Aus dem Ofen nehmen, in der Form 10 Minuten abkühlen lassen, mithilfe des Backpapiers auf ein Gitter heben und mind. 60 Minuten vollständig auskühlen lassen.

Kuvertüre fein hacken. Sahne in einem Topf kurz aufkochen, vom Herd nehmen, Kuvertüre und 30 g Haselnusscreme hineingeben und ohne Rühren 2 Minuten schmelzen lassen. Mit einem Silikonspatel in kleinen zügigen Kreisen rühren, bis ein glatter Guss entstanden ist. Kuchen damit einstreichen. An einem kühlen Ort ca. 60 Minuten trocknen lassen.

Osterschinken – Rezept:

Den rohen Schinken mit viel kaltem Wasser aufsetzen, ganz langsam zum Kochen bringen. Das Wasser soll nur leicht blubbern, darf nicht sprudeln. Kochzeit hängt vom Gewicht des Schinkens ab: man sollte den Schinken so viel Stunden lang kochen, wieviel Kg es wiegt. (1Kg-1 Stunde, 1,5Kg-1,5 Stunden…) Wenn der Schinken zu salzig ist, sollte man ihn vor der Zubereitung 1-2 Stunden wässern. D r Schinken ist fertig, wenn es sich ganz leicht mit einer Gabel zerteilen. lässt. Anschließend den Schinken im Kochwasser abkühlen lassen! Zum schicken gehört Weißbrot, Meerrettich, und in der Schinkenbrühe
gekochte Eier! Guten Appetit

Oubatzter mit Chicoree

15–20 Chicoréeblätter
200g Camembert
40g Butter
1 große Zwiebel
nach Bedarf Kümmel, Salz, Pfeffer, Muskat, Paprika

Fünfzehn bis zwanzig Chicoréeblätter abzupfen und waschen. Kleiner Tipp: Wenn Sie die Blätter kurz lauwarm abwaschen, ist der Chicorée weniger bitter. Camembert, Butter und Zwiebel kleinschneiden und mit einer Gabel gut verkneten. Mit einem kleinen Löffel die Masse auf die vorbereiteten Blätter verteilen. – Fertig sind die hübschen Chicorée-Schiffchen. Der perfekte Appetizer!

P

Palatschinkenteig

150 g Mehl
2 Eier
1 Dotter
0,30 l Milch
25 g zerlassene Butter oder Margarine
Salz

Das Mehl mit den ganzen Eiern, dem Dotter, der zerlassenen Butter und der Hälfte der Milch zu einem dickflüssigen Teig verrühren. Mit der restlichen Milch den Teig zur gewünschten Konsistenz bringen. Wenig Fett in einer Palatschinkepfanne erhitzen und soviel Teig unter Drehen der Pfanne hineingießen, daß der Boden dünn bedeckt ist. Beidseitig hellbraun anbacken. Aus der Pfanne nehmen, warmstellen und die restlichen Palatschinken herausbacken. Die Palatschinken dann mit einer beliebigen Fülle bestreichen und einrollen. Mögliche Füllungen: Marmelade, Topfen, Eis, Nüsse usw., pikante Füllungen (Fleisch, Hirn, Gemüse etc.) Mögliche Garnierungen: Staubzucker, Fruchtmark, Schokoladesauce, Schlagobers usw. Die angegebene Menge reicht für etwa 10 Palatschinken, je nach Größe der Pfanne. Teig vor Verwendung immer 15 Minuten ruhen lassen.

Gefüllte Paprika mit Hackfleisch für 4 Personen

4 grosse, rote Paprikaschoten
500 g gemischtes Hackfleisch
1 altbackenes Brötchen oder 1 / 2 Tasse Paniermehl
1 kleine Zwiebel
1 TL Paprikapulver
1 Ei
1 TL Salz
Pfeffer
Petersilie
1 Tasse Brühe

Den Ofen anheizen auf 180 Grad. Die Paprikaschoten waschen, den Deckel gerade abschneiden und die Paprika sauber entkernen. Die Stege entfernen.

Für die Zubereitung der Hackfleischfüllung zuerst das Brötchen in einer kleinen Schüssel mit Wasser einweichen. Die Zwiebel und die Petersilie fein hacken. Das Hackfleisch, das Ei, die Zwiebelwürfel und die Petersilie in eine Schüssel geben. Das eingeweichte Brötchen gut ausdrücken und ebenfalls hinzufügen. Nun die Füllung mit Salz und Pfeffer und Paprikapulver gut würzen und verkneten. 4 gleich große Kugeln formen und die Paprikaschoten mit dieser Hackfleischmasse gleichmäßig füllen. Dann die Brühe in eine Auflaufform füllen und die Paprikaschoten in die Brühe hineinsetzen. Die gefüllte Paprika mit Hackfleisch auf der mittleren Schiene bei 180 °C ca. 60 Minuten backen. Die fertigen Paprikaschoten aus der Form nehmen und aus der Flüssigkeit eine Sauce zubereiten. Mit Pfeffer, Salz abschmecken. Die Schoten wieder einsetzen und noch mal 10 min in den Ofen geben. Dazu passen Reis, Kartoffelbrei oder gekochte Salzkartoffeln. Variante: Wer mag, kann die rohe Hackfleischfüllung vorab in wenig Öl anbraten und dann die Paprikaschoten damit füllen. Hier verringert sich die Backzeit um 30 min. Variante: Man kann nur 250 g rohe Hackfleischmasse mit 1 Tasse angekochten, gesalzenem Reis vermischen und damit die Paprika füllen.

Gefüllte Paprika, in Tomatensoße

Zutaten: (für 6 Personen)
-Hackfleisch 500g (Rind, Schwein oder gemischt)
-Spitzpaprika ca.6 Stück
-Tomatenmark ca.150g
-Geflügelfond, Vegeta oder/und Wasser
-Reis ca.125g, halbgekocht
-2 Eier
-1 Zwiebel (klein geschnitten)
-Paprikapulver (3 Teelöffel), Salz, Pfeffer
-Knoblauchzehe (3 Stück, gepresst)
-Öl/ Schmalz, etwas Mehl
-Zucker (1 Esslöffel)
Paprika (gelbe Spitzpaprika) entkernen. Hackfleisch mit Reis, Eiern, Zwiebeln, Knoblauch, Salz, Pfeffer, und Paprikapulver gut vermischen. Mit dieser Mischung werden die Paprika gefüllt. Von der übrig gebliebenen Füllung können wir Hackbällchen, Buletten, Frikadellen machen. Inzwischen machen wir aus Öl/ Schmalz und Mehl eine Einbrenne und geben das Tomatenmark dazu. Mit Wasser, Brühe und/ oder Gemüsefond aufgießen, gut verrühren.

In dieser Soße kochen wir die Paprika und Frikadellen ca. 45-50 Minuten am besten in einer feuerfesten Form im Ofen. Am Ende geben wir 1 Esslöffel Zucker zu der Soße. Die süßliche Soße mit den herzhaften Bällchen/ Paprikas harmoniert sehr schön. Dazu Salzkartoffeln, Brot oder Reis essen

Gefüllte Paprika , Töltött paprika
Wie man sie in Bozsok serviert bekommt.

Zutaten: für 4 Personen
8 grosse ungarische gelbe Paprikaschoten
400 g gemischtes Hackfleisch
1 Zwiebel
1 Knoblauchzehe Salz
2 EL Paprika mild
2 Messerspitzen Paprika scharf
1 Ei
100 g halb gar gekochter Reis
Für die Tomatensoße:
20 g Butter oder Margarine
20 g Mehl
500 - 600 ml Brühe oder Wasser
500 ml passierte Tomate
2 Lorbeerblätter
Salz
1 Messerspitze scharfes Paprikapulver

Paprikaschoten unter kaltem Wasser waschen und putzen. 100 g Reis anstatt 20 Minuten nur 10 Minuten in gesalzenem Wasser halbgar kochen, abseihen und auskühlen lassen. Für die Füllung: Eine mittelgroße geschälte Zwiebel klein schneiden und in etwas Fett andünsten. Das Hackfleisch in eine Schüssel geben, die etwas ausgekühlten Zwiebeln darüber streuen. Die Masse mit einer zerdrückten Knoblauchzehe, 1 Ei, mildes und scharfes Paprikapulver und Salz zu einer festen Masse verkneten. Den inzwischen ausgekühlten Reis hinzugeben. Die vorbereiteten Paprikaschoten mit dieser Masse füllen. Sollte noch Hackfleischmasse übrig bleiben, diese zu Kugeln formen und zu den gefüllten Papikaschoten in die Tomatensoße einlegen und mitgaren. In einem reichlich großen, etwas breiteren Topf wird nun aus Margarine oder Butter, Mehl und Brühe oder Wasser eine helle Mehlschwitze zubereitet.

Die passierten Tomaten werden nun mit untergerührt und noch eventuell mit etwas Salz und 1 Messerspitze scharfem Paprika nachgewürzt. Ebenso 2 Lorbeerblätter mit zur Soße geben und die Tomatensoße unter Rühren einmal aufkochen lassen. In diese Menge Tomatensoße nun nacheinander vorsichtig die gefüllten Paprikaschoten einlegen, erneut kurz aufkochen, danach den Topfinhalt mit reduzierter Hitze, mit einem Deckel zugedeckt langsam in 40 - 50 Minuten fertig schmoren lassen. Mit Reis oder Brot servieren.

Paprikás Burgonya

Paprikás Burgonya heißt auf Deutsch soviel wie Paprikakartoffeln und wird Paprikás-typisch mit saurer Sahne verfeinert: Zwiebelwürfel und Knoblauch in Schmalz anbraten, paprizieren, mit Wasser oder Brühe auffüllen, Würfel von gekochten, gepellten Kartoffeln, und Würfel von Tomaten und grünen Paprika beigeben und schmoren. Zu den typischen Gewürzen ausnahmsweise auch schwarzer Pfeffer. Abwandlung durch Beigabe von Debracziner oder anderer geräucherter Wurst.

Paprikás Csirke

Paprikás Csirke heißt auf Deutsch Paprikahähnchen. Hierfür wird ein Hühnchen zerteilt und in Schmalz goldbraun angebraten, mit den Gewürzen in Hühnerbrühe weichgekocht. Brühe entfetten, mit Mehl binden und mit Sahne verfeinern. In Österreich ist die Schreibweise Paprikasch für verschiedene Paprikagerichte üblich, im Burgenland ist das Fischpaprikasch mit Fogosch bekannt. Paprikasch ist neben Gulasch, Pörkölt und Tokány eines der vier typischen ungarischen Nationalgerichte. Paprikasch ist ein Ragout, das aus Paprika, saurer Sahne und entweder weißem Fleisch oder Fisch, mit gehackten oder dünn geschnittenen Zwiebeln sowie mit Tomaten oder auch Kartoffeln zubereitet wird. Bekannt ist vor allem das Hühnerpaprikasch (ungarisch paprikás csirke, auch csirkepaprikás). Das Beifügen von Sauerrahm in den ungarischen Eintopf zeigt den deutschen Einfluss bzw. die Versuche in der zweiten Hälfte des 19. Jahrhunderts, ungarische Gerichte mit Sahne und Sauerrahm abzumildern.

Paprikás csirke

Zutaten für 4 Personen:
1 ganzes oder 1,5 kg Huhn,
80 g Schmalz,
1 große Gulaschzwiebel grob gehackt,
200 ml Sauerrahm,
Salz,
Paprikapulver,
1,5 EL Mehl

Zubereitung: Das von den Innereien befreiten Hähnchen nach dem Waschen in kleine, gleichgroße Stücke schneiden. Die Schenkel und Flügel in zwei, Brust und Rücken quer und längs in 4 Stücke teilen. Die Fleischstücke ein wenig salzen. Brust und Rücken werden nach dem Kochen trocken. Damit das gesamte Hühnerfleisch saftig bleibt, sollte man es am Vorabend marinieren, d.h. die Fleischstücke in einer Paprikamarinade in einer Tupperdose einlegen und im Kühlschrank lagern. Die grob gehackten Zwiebeln im Schmalz bei geringer Hitze glasig dünsten. Paprikapulver darin verrühren, wenig Wasser dazumischen und bei geringer Hitze die Zwiebeln auf das Fett reduzieren, dabei darauf achten, dass das Paprikapulver nicht anbrennt. Die Fleischstücke dazugeben (wenn ohne Marinade, dann salzen) und mehrmals wenden. Wenig Wasser zugeben und ohne Deckel dünsten, bis die im Hühnerfleisch enthaltene Flüssigkeit verdampft ist.Wenig Wasser zugeben und unter Deckel etwa 1 Stunde lang gelegentlich umrühren und nachgießen, bis das Fleisch gar ist. Kurz vor dem Garwerden 1, max. 1,5 EL Mehl in 200 mL Sauerrahm klumpenfrei verrühren, in den Topf geben und dort weiterrühren, damit keine Mehlklumpen gebildet werden. Unter dem Deckel das Fleisch bei mäßiger Hitze gar kochen. Serviert wird Paprikasch tradionell mit Nockeldi, Galuschka, Spätzle.

Pastinakenauflauf

800 g Pastinaken
170 g Sauerrahm
170 g Schlagsahne
3 EL Senf
100 g Käse (gerieben)
1 Prise alz
1 EL Öl

Das Backrohr auf 200 Grad vorheizen. Pastinaken waschen, schälen und in dünne Scheiben schneiden. In eine eingefettete Auflaufform verteilen. Sauerrahm, Sahne, Senf und Salz verrühren und über das Gemüse gießen. Mit Käse bestreuen und im Backrohr 50 Minuten backen. Sie können auch 1/2 Kartoffeln und 1/2 Pastinaken verwenden.

Alt-Wiener Patzerlgugelhupf

Für diese traditionelle Mehlspeise wird weicher Hefeteig mit Mohn, Nuss, Topfen und Powidl gefüllt und in eine Gugelhupfform geschichtet – ein Schmuckstück und Leckerbissen für jeden Kaffeetisch. Hefeteig ist ein vielseitiger Teig, der durch die Verwendung von frischer oder getrockneter Hefe als Triebmittel aufgeht und dabei eine luftige und lockere Konsistenz entwickelt. Er gehört traditionell in verschiedenen Ländern zur kulinarischen Kultur, wie etwa als Hefezopf in Deutschland, als Babka in Polen oder als Panettone in Italien. Auch in herzhaften Varianten wird Hefeteig oft verwendet, etwa für Pizza oder gefüllte Teigtaschen, und natürlich verhelfen die Hefezellen Brot und Gebäck zu einer flaumigen Krume. In der Wiener Küche gibt es viele traditionelle Mehlspeisen, die mit Hefeteig zubereitet werden. Etwa der aus drei, vier, sechs oder gar acht Strängen geformte Striezel oder die mit Powidl gefüllten Buchteln. In Fett herausgebacken zählen auch die – vor allem im Fasching beliebten – Krapfen dazu. Aus der böhmischen Küche stammend, sind die gedämpften Hefeteigknödel in der österreichischen Küche heimisch geworden. Hefeteig hat den Ruf, dass er schwierig herzustellen sei. Doch das stimmt nur bedingt, denn wer auf die Arbeitstemperatur achtet, hat die größte Fehlerquelle schon ausgeschaltet. Sowohl die Raumtemperatur als auch die Zutaten sollten weder zu warm noch zu kalt sein. Frische Hefe mag gern ein wenig gefüttert werden, bevor sie mit den anderen Zutaten verknetet wird. Das geschieht mithilfe eines "Dampferls". Dafür verrührt man Hefe mit einer Prise Zucker oder einem TL Honig und etwas warmer Milch, streut eine dünne Schicht Mehl darauf und lässt das Dampferl etwa 15 Minuten ruhen.
Die Eier sollten Zimmertemperatur haben und die Butter ebenso, oder sie wird geschmolzen und mit der warmen Milch vermischt. Wenn alles gut verknetet ist und sich der Teig leicht und ohne Spuren von Schüsselrand löst, muss er bei einer warmen, konstanten Temperatur gehen – das heißt, er verdoppelt sein Volumen. Das gelingt gut im abgeschalteten Backrohr oder in einer Tiefkühl- oder Styroporbox. Die Schüssel dabei immer abdecken, damit der Teig nicht austrocknet.

Für eine längere Gehzeit kann der Teig auch über Nacht in den Kühlschrank gestellt werden, das macht ihn besonders feinporig. Bei dieser Methode wird weniger Germ verwendet – etwa die halbe Menge reicht. Ein bis zwei Stunden vor der Weiterverarbeitung muss er wieder auf Raumtemperatur erwärmt werden. Bevor der geformte oder gefüllte Teig gebacken wird, darf er noch einmal gehen.

Für den Hefeteig:

500 g Weizenmehl – glatt

250 ml Milch

1 Würfel frische Hefe (42 g)

80 g Kristallzucker

40 g Butter

3 Eidotter

1 EL Vanillezucker

1 Prise Salz

1 Zitronenschale – gerieben

Für die Topfenfülle:

125 g Topfen

2 EL Zucker

1 Eidotter

1 TL Zitronenschale – gerieben

Für die Mohnfülle:

100 g Mohn – gequetscht

2 EL Zucker

2 EL Semmelbrösel

1 EL Rum

125 ml heiße Mich

Für die Nussfülle:

100 g Wal- oder Haselnüsse – gerieben

2 EL Zucker

2 EL Semmelbrösel

1 EL Amaretto oer Rum

125 ml heiße Milch

Pflaumenmusfülle

5 EL Pflaumenmus zum Füllen

Butter für die Form

Das Mehl in eine Rührschüssel wiegen. In der Mitte eine kleine Mulde machen. Die Germ mit 1 EL Zucker in warmer Milch auflösen und in die Mulde gießen. Etwas von dem Mehl darüberstreuen und das Dampferl etwa 15 Minuten gehen lassen. Währenddessen Butter in einem Topf schmelzen und mit Milch, Zucker, Salz, Vanillezucker und Zitronenschale vermischen. Das Mehl mit dem Dampferl und der Butter-Milch-Masse in der Küchenmaschine zu einem geschmeidigen Teig kneten. Dabei die Eidotter einzeln einarbeiten. Der Teig ist fertig, wenn er sich von der Rührschüssel löst. Die Schüssel abdecken und den Hefeteig an einem warmen Platz etwaauf das doppelte Volumen gehen lassen. Die Gugelhupfform mit flüssiger Butter ausstreichen. In der Zwischenzeit die vier Füllen zubereiten. Dazu die jeweiligen Zutaten in einer Schüssel verrühren. Den Teig in ca. 45 g schwere Stücke teilen und jedes Stück zu einer Kugel rundschleifen. Dann eine Kugel nach der anderen Kugel flach drücken und jeweils einen bis zwei Esslöffel Fülle in der Mitte platzieren. Den Teig rund um die Kugel schließen. Die gefüllten Kugeln in die gefettete Gugelhupfform schichten. Dabei darauf achten, dass verschiedene Füllungen übereinander liegen, damit beim Anschnitt unterschiedliche Sorten in jedem Stück zu sehen sind. Die Form abdecken und nochmals für etwa 30 Minuten an einem warmen Ort rasten lassen. Den Gugelhupf im vorgeheizten Backrohr bei 170 Grad Ober-Unterhitze ca. 45 Minuten backen. In der Form auskühlen lassen, dann stürzen und mit Staubzucker bestreuen.

Pfauenaugen

250 g weiche Butter, zerlassenen in der Pfanne
250 g Mehl
80 g Puderzucker
2 Päckchen Vanillezucker
4 El Backkakao
Für den Teig alle Zutaten miteinander verkneten, bis der Teig schön geschmeidig ist. Probiere den Teig, ob er dir süss genug ist.
Nun mit der Hälfte des Teiges den Backkakao verkneten.
Beide Teige für 20 Minuten in den Kühlschrank legen.
Den hellen Teig zu einer Schlange rollen. Den Kakao-Teig ausrollen. In die Mitte die Schlange legen. Zu einer grossen Rolle rollen und mit dem Messer Scheiben abschneiden. Backe die Pfauenaugen bei 150 Grad Umluft für ca. 15-20 Minuten.

Pfannenkartoffeln

500 gr. Festkochende Kartoffeln
1 Knoblauchzehe
2 EL Olivenöl
Salz, Pfeffer

Backofen auf 200 gr. vorheizen. Kartoffel mit Hobel möglichst dünn schneiden und auf ein Küchentuch legen. Den Knoblauch pressen. Eine grosse, schwere Pfanneoder eine Ofenbackform mit Knoblauch ausreiben. Die Kartoffeln in die Pfanne geben und mit dem Öl durchkneten. Dann den Knoblauch zugeben und würzen. Die Kartoffeln wie eine Spirale schichten. Nun in den Ofen geben für 45 Minuten, bis sie durch sind. Entweder aus der Pfanne servieren oder in eine Schüssel geben und dann servieren. Mit Sauerrahm servieren.

Pfitzauf

1 Liter Milch
500 Gr. Mehl
6 Eier
125 Gr. Flüssige Butter
Salz
nach Geschmack Zucker

Milch und Mehl und Eier glatt verrühren, die flüssige Butter langsam einarbeiten. Die Pfitzaufform ausbuttern. Den Teig nur zur Hälfte einfüllen. Bei 150 Grad ca. 30 min backen. Nicht den Ofen aufmachen! Dazu Mostsauce oder Vanillesauce oder Eis oder geschlagene Sahne reichen. Kompott aus Kirschen oder rote Grütze schmecken auch sehr gut dazu. Pfitzauf ist ein traditionelles Eiergebäck der schwäbischen Küche. Die Masse ist recht flüssig, entspricht dem Flädlesteig und besteht aus Milch, Mehl, zerlassener Butter, Salz, Eiern und nach Geschmack etwas Zucker. Dabei dienen Milch und Eier als Lockerungsmittel. Der Pfitzauf wird in speziellen Pfitzaufformen aus glasiertem Ton im Ofen ausgebacken. Stehen diese nicht zur Verfügung, können Tassen als Ersatz dienen. Die Formen werden nur zur Hälfte befüllt, denn während des Backvorgangs hebt sich der Pfitzauf weit über den Rand der Backform hinaus – er „pfitzt auf". Pfitzauf wird warm als Hauptspeise serviert, wahlweise mit Vanillesauce, Kompott oder mit Puderzucker bestreut. Es ist üblich, den Pfitzauf mit Gabeln aufzureißen. Verwandt mit dem Pfitzauf sind der englische Yorkshire Pudding und der US-amerikanische Popover.

Pilota Keks

Diese Keksringe sind eine traditionelle ungarische Kekssorte mit Vanillege-schmack, die mit Schokolade gefüllt werden. Ein kleiner Snack, der den Pilot-Keksen, die man im Laden kaufen kann, sehr ähnlich ist.

Für den Teig:
2 Stück Eier
250 Gr. Margarine
250 Gr. Puderzucker
1 Päckchen Vanillezucker
1 Päckchen Backpulver
2 EL Milch,
2 Esslöffel Kakaopulver
Für die Creme:
200 Gr. Puderzucker
2 Stück Eier
3 Esslöffel Mehl
1 Esslöffel
Kakaopulver
300 ml
Milch
100 Gr. Backschokolade
1 Gläschen Rum oder Rum-Geschmack
150 Gr.
Butter oder Margarine
Für die hausgemachten Pilot-Kekse die Eier mit der Margarine und dem Zu-cker verquirlen, das gesiebte Mehl und das Backpulver hinzufügen und mit etwas Milch verkneten. Den Teig in zwei Hälften teilen, eine hell lassen und die andere Hälfte mit Kakaopulver bestreuen. Den Teig 3 mm dick ausrollen und mit einer Ausstechform auf einen Durchmesser von etwa 4 cm ausste-chen. Auf einem gefetteten oder mit Backpapier ausgelegten Blech im vorge-heizten Backofen bei 180 °C (mit leichtem Abstand) 8-10 Minuten backen. Für die Creme alle Zutaten außer der Butter oder Margarine auf kleiner Flamme kochen, bis sie dickflüssig sind. Vom Herd nehmen und die Butter einrühren; wenn sie geschmolzen ist und zu gelieren beginnt, mit dem Schneebesen schaumig schlagen. Eine gelbe und eine braune Scheibe mit der Creme zu-sammenkleben. Hinweis.

Pflaumencrumble

Dieser Kuchen ist für alle, die keinen Boden mögen. Eine große Auflaufform ausbuttern. Ca 500 Gr. Pflaumen oder Zwetschgen entsteinen und in der Form eng an eng legen. Darauf braunen Zucker großzügig verteilen. Die Früchte müssen Saft ziehen. Dann Zimt verteilen.
Streusel
In einer Schüssel wird ein halber Block Butter weich gemacht. Darauf kommen 8 TL Zucker und ca. 200 Gr. Mehl. Der Teig soll fest sein und kommt für 30 Minuten in den Kühlschrank.
Den Ofen auf 180 Grad anheizen. Die Streusel fein verkrümeln und über die Pflaumen geben. Backen, bis sie braun sind. Dazu Schlagsahne oder Vanille-sauce oder Eis reichen. Im Winter nehme ich Pflaumen oder Zwetschgen aus dem Glas. Ich habe auch schon eingefrorene genommen, davon rate ich aller-dings ab.

Q

Quarkbällchen

sind kleine Krapfen, der die mit Quark zubereitet werden. .
Die Teiglinge werden dazu üblicherweise in heißem Fett für vier bis sechs
Minuten ausgebacken und anschließend mit Zucker und ggf. Zimt bestreut.

250 g Mehl
1 Pck. Backpulver
125 g Zucker
2 Pck. Vanillezucker
250 g Mager-Quark
3 Eier
1 Liter Frittierfett oder Öl
150 g Zucker vermischt mit Zimt zum Wälzen

Mehl und Backpulver zusammen mischen und in eine Schüssel sieben. Zucker
und Vanillezucker hinzufügen. Den Quark mit den Eiern mischen und zu den
trockenen Zutaten hinzufügen alles mit dem Handrührgerät verrühren.
Einen kleinen Topf bereitstellen, das Fett bei mittlerer Hitze erwärmen.
Mit dem Thermometer immer wieder die Temperatur prüfen, am besten lassen
sich die Quarkbällchen bei 180° ausbacken. Um die Bällchen mit der Hand zu
formen ist der Teig zu flüssig, deshalb einen Eisportionierer zur Hilfe nehmen,
damit kleine Teigkugeln abstechen und vorsichtig in das heiße Fett geben. Die
Quarkbällchen sollten 5-7 min im Fett schwimmen bis sie durchgebacken sind.
Die fertig frittierten Bällchen mit einem Schaumlöffel herausnehmen und auf
einem Küchenkrepp gut abtropfen lassen. Die noch heißen Quarkbällchen in
Zimt-Zucker wälzen und lauwarm servieren. Variante: aus 250 g Mehl und 1/2
Block (21 g) Hefe und den obigen Zutaten (ohne Backpulver) einen Hefe-Teig
herstellen und genauso zubereiten. Die Quarkbällchen schmecken dann eher
wie Berliner (Pfannkuchen).

Quarkschnitten nach Rákóczi

Teig
100 gr. Mehl
80 gr. Butter
50 gr. Puderzucker
1 Ei
Halber Becher saure Sahne
Messerspitze Natron

Masse
500 gr. Magerquark
150 gr. Zucker
25 gr. Gries
2 Eidotter
Halber Becher saure Sahne
2 Eiweiss zu Schnee geschlagen

Decke
Schnee von 3 Eiweissen
90 Gramm Zucker

Ofen anheizen, 200 Grad. Den Teig kneten und im Ofen 10 Minuten anbacken.
Die Masse gut verteilen und wieder in den Ofen schieben. Wenn der Kuchen
fast durch ist, mit dem Eischnee ein schönes Muster spritzen.
In Schnitten servieren.

Quarkkuchen ohne Boden, 26 Backform

4 Eier trennen
Das Eiweiß mit Salz aufschlagen
125 gr Butter für 30 Sek in die Mikro geben, dann mit den Eigelben aufschlagen. Die Butter zusammen mit
500 gr Magerquark
1 Vanillepudding
4 El Gries
200 gr Zucker
0.5 Backpulver
Saft 1 Zitrone oder Orange gut vermischen, den Eischnee unterheben.
Bei 180 Grad 1 Stunde backen

R

Rauke, Rucola

Der intensive Geschmack erinnert an Kresse und Walnüsse. Rucola wird auch als Würze zum Beispiel in Nudelgerichten, Risotto, Suppen, Ragouts, in Pesto und auf Pizzen verwendet. Als Rucola (auch Rukola, Rauke, Arugula). Rucola wird hauptsächlich als Salatpflanze angebaut. Im deutschsprachigen Raum ursprünglich als Rauke bekannt, aber in Vergessenheit geraten, wurden die Pflanzen unter ihrem italienischen Namen wieder populär. Die Senfrauke ist schon seit dem Altertum als Nutzpflanze bekannt. Sie wurde schon in römischer Zeit im Mittelmeerraum gegessen und galt sogar als Aphrodisiakum. Im Mittelalter gelangte die Rauke später auch nach Mitteleuropa. Der Doppelsame stammt ebenfalls aus dem Mittelmeerraum. Im Gegensatz zur Senfrauke ist er jedoch besser an die klimatischen Verhältnisse in Mitteleuropa angepasst und kommt auch häufig wild vor.

In Deutschland führte Rucola bis Ende des 20. Jahrhunderts ein Schattendasein unter den Salaten. Wegen seines scharfen Geschmacks war er nicht sonderlich beliebt. Erst der Trend zu internationaler und insbesondere mediterraner Küche führte zu seiner derzeitigen Bekanntheit und allgemeinen Verfügbarkeit.

Rukola-Salat
mit geräucherter Forelle, Rezept bei Forelle

Reichhaltige Suppe mit Innereien
Legényfogó leves, wie man sie im pásztor in Szombately essen kann

300 gr Hühnerbrust oder Schweinefleisch, was da ist
200 Gr. Hühnerleber, Magen, was da ist
Becher saure Sahne
150 Gr. Pilze
150 Gr. grüne Erbsen
2 grosse Karotten
2 Selleriegrün oder 1 Sellerieknolle
1 Zwiebel
1 Tomate
1 l Brühe aus Vegeta
1 Esslöffel Zitronensaft

1 Teelöffel rote Chilipaste
Salz
Pfeffer
Öl
Paprikapulver zum anbraten
1 TL Mehl für die Mehl-Schwitze

Die Zwiebel in kleine Stücke schneiden und auf ein wenig Öl dünsten, bis sie weich ist. Nun das Paprikapulver zufügen. Fügen Sie die gewürfelte Hähnchenbrust, Salz, Pfeffer hinzu, danach das Mehl und rösten alles an. Ablöschen mit der Brühe. Würfeln Sie das Gemüse. Karotten und Sellerie reinigen und schneiden. Die Pilze in Stücke schneiden, Erbsen. Die Tomaten in Würfel schneiden. Geben Sie das Ganze in die Suppe. Kochen Sie es in einer Stunde auf kleiner Flamme. Wenn Sie nur noch zehn Minuten zum Kochen haben, würfeln Sie die Leber und/oder den Magen und geben Sie sie der Suppe hinzu. Nun den Zitronensaft zugeben und saure Sahne unterrühren. Heiß servieren, aber nicht mehr kochen, die Sahne flockt aus.

Resteessen – Kartoffeln- Suppe mit Würstchen

Haben wir Kartoffeln übrig, werfen wir diese nicht weg, sondern gucken einmal, was wir noch im Kühlschrank haben und kochen was Leckeres.
Mit der Brühe, die wir bereits gekocht haben, kochen wir eine gute Suppe. Dazu ein bisschen Tiefkühlgemüse bereithalten. Dieses erst am Schluss in die Suppe geben. Die Brühe kochen wir auf und geben das Gemüse als auch die kleingeschnittenen Kartoffeln herein und schmecken die Suppe mit Pfeffer, Salz und Maggie ab. Falls Sie noch ein paar Wiener Würstchen im Kühlschrank gefunden haben, schneiden wir diese in Rädchen. Mit Petersilie garnieren.

Resteessen – Kartoffeln-Kartoffelbrei angebraten

5 bis 6 mittlere gekochte Kartoffeln
250 ml Milch
zerlassene Butter
Muskat
Salz
Pfeffer
1 Teelöffel Stärke

1 Teelöffel Butter
1 Ei zu Bindung

Die gekochten Kartoffeln in eine Schüssel geben. Am besten man schneidet sie ganz klein. Die Milch heiß machen, über die Kartoffeln gießen, mit der Butter, dem Ei und die Gewürze zu einem Kartoffelbrei verarbeiten. Die Stärke unterheben und den Teig für 10 min stehen lassen. In kleine Röllchen formen und braun braten. Auch einfache Kleckse sind möglich. Wer mag, kann Petersilie unter den Teig heben. Sehr gut schmeckt auch frische kleingehackte Chilischote (nur leicht scharf). Man kann dazu Joghurtsauce oder Saure Sahne essen.

Joghurtsauce

150 Gr. Griechischer Joghurt
1 Zitrone
Salz
Dill gehackt
Minze gehackt
Knoblauch fein zerrieben

Alles miteinander vermischen. In den Kühlschrank für mindestens 2 Stunden stellen.

Resteessen – Kartoffeln- Bratkartoffeln

5 bis 6 mittlere gekochte Kartoffeln in Scheiben geschnitten
1 mittlere Zwiebel
Speck, kleingeschnitten oder Schinken kleingeschnitten,
Thymian
Liebstöckel
Majoran
Pfeffer
Salz
Paprikapulver
Kümmel, wer mag
2 Esslöffel Öl

In einer großen Pfanne das Öl erhitzen und den Speck und die Zwiebeln schön anbraten. Die Kartoffeln reingeben und kräftig würzen. Alles 10 min braten, bis alles kross ist. Noch mal abschmecken. Wer mag, kann ein Ei unterrühren.

Dazu passen Gewürzgurken und Spiegeleier.

Resteessen – Nudeln-Suppe

Haben wir Nudeln übrig, werfen wir diese nicht weg, sondern gucken einmal, was wir noch im Kühlschrank haben und kochen was Leckeres. Mit der Brühe, die wir bereits gekocht haben, kochen wir eine gute Suppe. Dazu ein bisschen Tiefkühlgemüse bereithalten.

Die Brühe kochen wir auf und geben das Gemüse als auch die Nudeln herein und schmecken die Suppe mit Pfeffer, Salz und Maggie ab. Das geht auch mit Spaghetti, diese sollte man aber vorher ein wenig klein schneiden.

Resteessen – Nudeln-Puddingsuppe mit Nudeln oder Spätzle:

In der Nachkriegszeit, wenn man jemanden aufpäppeln musste, kochte man eine Puddingssuppe.

Heute verwenden wir 1 Pack Vanille-puddingpulver mit 0,75 Liter Milch und Zucker und geben die Nudeln darein.

Das geht auch mit Spaghetti, diese sollte man aber vorher ein wenig klein schneiden. Diese Pudding-Nudelsuppe schmeckt warm und kalt. Wer mag, streut noch Zimt-Zucker drüber.

Resteessen-Maultaschen -Maultaschensuppe mit Gemüse

1 Liter Brühe
¼ Beutel Gefriergemüse (200 g)
Maultaschen
kleine Suppennudeln, Handvoll

Die Brühe aufkochen, die Nudeln und das Gemüse reingeben. Die Maultaschen reingeben. Einmal aufkochen. Herdplatte ausmachen und die Suppe stehen lassen. Nach 5 min kann man sie essen.

Rétes, Strudelteig

250 g Mehl
1 Ei
30 g Öl (z.B. Maiskeimöl)
Salz
100 ml warmes Wasser
1 TL Essig

Für den Strudelteig Mehl in eine große Rührschüssel geben. In der Mitte eine Mulde formen und Ei, Öl, ca. 100 ml lauwarmes Wasser, 1 TL Essig und 1/2 TL Salz hineingeben. Alles mit den Knethaken des Mixers zu einer glatten, sehr elastischen Teigkugel verkneten. Bei Bedarf etwas zusätzliches Wasser zufügen. Den Strudelteig in Klarsichtfolie wickeln und ca. 30 Minuten bei Zimmertemperatur ruhen lassen. Dann mit Öl beträufeln und mit den Händen viereckig, gleichmäßig auswalken. Dann das Nudelholz nehmen. Der Strudelteig wird nun immer dünner und sollte zum Schluss den gesamten Tisch bedecken, ohne zu reißen. Der Belag wird nun nur zu einem Drittel unten gut verstrichen. Der Strudel wird nun gleichmäßig aufgerollt. Links und rechts der Rand wird eingeklappt. Mit einem Pinsel kann man Wasser verstreichen, damit der Teig nicht reißt. Man kann den Strudel entweder mit Öl bestreichen oder mit Eistreiche. 1 Eigelb und halbe Tasse Milch oder Wasser gut verkleppern und aufstreichen.
180 Grad, Umluft 25 Minuten (+-5 Minuten) backen

Rhabarber

Die geschälten oder ungeschälten Blattstiele dieser Nutzpflanze werden unter anderem zu Kompott, Konfitüren, Kuchen und auch zu Saft verarbeitet. Der Name Rheum rhabarbarum stammt vom mittellateinischen Wort rheu barbarum in der Bedeutung einer fremdländischen Wurzel: rheum für Wurzel und barbarus für ausländisch, fremd. Bei seiner Ankunft in Europa im 18. Jahrhundert wurde die deutsche Bezeichnung aus dem italienischen Wort rabarbaro entlehnt, entsprechend dem französischen rhubarbe und dem spanischen sowie portugiesischen ruibarbo. Rhabarber stammt aus dem Himalaya. Seit dem 11. Jahrhundert gelangte Rheum rhabarbarum L. als Importware aus Zentralasien oder China über die arabische Medizin des Mittelalters und die Schule von Salerno in die abendländische Medizin des Mittelalters, wo nicht wie heute die Stängel, sondern vor allem die unterirdischen Sproßachsen – insbesondere zur Zubereitung von Arzneimitteln – Verwendung fanden Im 16. Jahrhundert wurde er in Russland angebaut und gelangte im 18. Jahrhundert in andere Teile Europas. Über Frankreich und die Niederlande kam er nach England, wo der Anbau seit 1753 belegt ist. Die Treiberei wurde als erstes von Gärtnern in Chelsea betrieben und später in Yorkshire perfektioniert. Der erste gewerbsmäßige Anbau in Deutschland erfolgte 1848 in Hamburg-Kirchwerder und breitete sich von Norden nach Süden aus. Die meisten rechnen Rhabarber somit generell spontan zum Obst, wird er doch hauptsächlich zu Süßspeisen wie Kuchen, Kompott und Marmelade verarbeitet. Tatsächlich wird er aber botanisch dem Gemüse zugeordnet, da nicht der Fruchtstand, sondern die Stängel gegessen werden. Um besonders von den gesunden Inhaltsstoffen des Rhabarbers profitieren zu können, empfiehlt es sich, die Stangen möglichst zeitig im Frühjahr zu ernten, dann ist ihr Oxalsäuregehalt noch nicht so hoch. Traditionell endet die Erntesaison für Rhabarber am Johannistag (24. Juni), unter anderem, weil die Konzentration der Oxalsäure zum Sommer hin ansteigt. Ähnlich wie Spinat, Mangold oder Rote Bete gehört auch Rhabarber zu den Lebensmitteln, die besonders viel Oxalsäure enthalten. Der gelegentliche Verzehr von oxalsäurehaltigen Lebensmitteln ist für gesunde Menschen unbedenklich. Wenn sie regelmäßig auf deinem Speiseplan stehen, empfiehlt es sich aber zu berücksichtigen, dass Oxalsäure die Aufnahme von Mineralstoffen behindern – insbesondere von Calcium, Eisen und Magnesium – und die Entstehung von Nierensteinen begünstigen kann. Durch den gleichzeitigen Verzehr calciumhaltiger Lebensmittel wird Oxalsäure vor der Aufnahme gebunden und ausgeschieden. Wahrscheinlich wird Rhabarber deshalb traditionell häufig zusammen mit Milchprodukten wie Vanillesoße, Milcheis oder im Quarkkuchen serviert. Wer sich rein pflanzliche ernährt, kann diesen Effekt aber auch erzielen, indem er pflanzliche Calciumlieferanten mit Rhabarber kombiniert. Weil die Schale des Rhabarbers besonders viel Oxalsäure enthält, ist es meist sinnvoll, ihn vor der Verarbeitung zu schälen. Auch Kochen hilft, den Oxalsäuregehalt zu reduzieren, allerdings vor allem dann, wenn das Kochwasser nicht weiterverwendet wird. Frischer Rhabarber ist kühl gelagert etwa 3 Tage haltbar. Während der Lagerung sollte er, wenn möglich, in ein feuchtes Tuch eingewickelt werden. Bei der Lagerung muss man darauf achten den Rhabarber nicht in der Nähe von Obst zu platzieren, da er ansonsten schneller verdirbt. Alufolie ist ebenfalls nicht ratsam, da die enthaltene Oxalsäure damit reagiert. So wird Rhabarber richtig geschält: Blätter und ausgetrocknete Schnittenden mit einem Messer abschneiden. Reste von Erde unter fließendem Wasser abspülen. Das Messer an einem Stangenende unter der Schale ansetzen, die Schale zwischen Fingern und Messer fixieren und abziehen. Rundherum wiederholen.

Rhabarber-Kompott

Rhabarber lässt sich auf vielfältige Weise zubereiten. Während er in unseren Breiten überwiegend als Süßspeise in Form von Kompott, Kuchen und Co. serviert wird, genießt man ihn andernorts auch gerne in herzhaften Gerichten. Die einfachste Weise, Rhabarber zu kochen, ist ein klassisches Rhabarber-Kompott.

Du brauchst dafür nur drei Zutaten:
1 kg Rhabarber
150-200 g Zucker
1 Packung Vanillezucker

So wird das Rhabarberkompott zubereitet: Rhabarberstangen waschen, holzige Enden und schadhafte Stellen wegschneiden und nach Bedarf schälen. Zucker und Vanillezucker zusammen mit etwas Wasser in einen Topf geben und kurz aufkochen. Die Rhabarberstücke dazugeben. Die Rhabarber-Zucker-Mischung so lange köcheln lassen, bis die Rhabarberstücke weich sind. Das dauert meist nur wenige Minuten. Wenn man den Rhabarber dagegen zusammen mit dem Wasser erhitzt, wird er meist zu weich oder zerfällt gleich in Fasern.
Dazu passt Sahne, Vanilleeis oder Vanille-Sauce.

Gedeckter Rhabarberkuchen

Für den Teig:
200 g Mehl
100 g gemahlene Mandeln
100 g Zucker
1 Prise Salz
1 Ei
200 g Butter
800 g Rhabarber
150 g Zucker

Für den Teig das Mehl mit den Mandeln, Zucker und Salz mischen, auf eine Arbeitsfläche häufeln und in die Mitte eine Mulde drücken. Das Ei in die Mitte geben und die Butter in Flöckchen um die Mulde herum verteilen. Mit einem Messer sämtliche Zutaten krümelig hacken und mit den Händen rasch zu einem glatten Teig verarbeiten. Zu einer Kugel formen und in Frischhaltefolie gewickelt für 30 Minuten in den Kühlschrank stellen. Den Backofen auf 180°C Umluft vorheizen.

Inzwischen den Rhabarber waschen, putzen, in 2 cm große Stücke schneiden und mit dem Zucker mischen. Den Teig halbieren und die eine Hälfte auf bemehlter Arbeitsfläche etwas größer als die Form ausrollen. Eine gebutterte Auflaufform damit auskleiden und einen Rand hochziehen. Den Rhabarber darauf verteilen. Die zweite Teighälfte in Größe der Form ausrollen und in Streifen schneiden und kreuzweise auf den Rhabarber legen. Die Ränder gut andrücken und den Kuchen im vorgeheizten Ofen 30-35 Minuten backen. Herausnehmen, auskühlen lassen, aus der Form lösen und lauwarm in Stücke geschnitten servieren.

Dazu passt Sahne, Vanilleeis oder Vanillie-Sauce
Variante: mit Erdbeeren: 400 Gr. Rhabarber und 400 Gr. Erdbeeren mischen.

Rhabarberkuchen mit Quark und Baiser

für den Mürbeteig:
325 Gramm Mehl
125 Gramm Zucker
2 Eier

125 Gramm Butter
1 Prise Salz
für die Füllung:
1 Kilogramm Rhabarber
500 Gramm Quark
2 Eier
3 Eigelb
1 Packung Vanillepuddingpulver
Für das Baiser:
150 Gramm Zucker
3 Eiweiße
1 EL Butter (zum Einfetten)

Aus Mehl, Zucker, Eier, Salz und Butter einen Mürbeteig herstellen. Den Mürbeteig in Frischhaltefolie einwickeln und in den Kühlschrank legen. Den Rhabarber in ca. 2 Zentimeter große Stücke schneiden. Für die Füllung Quark, Zucker, Eier und Eigelb mit der zerlassenen Butter und dem Vanillepuddingpulver verrühren. Den Rhabarber unter die Quarkmasse heben. Backofen auf 180 Grad vorheizen. Den Mürbeteig auf einer mit etwas Mehl besiebten Backunterlage mit einem Nudelholz ausrollen und den Teig auf ein gefettetes Backblech legen. Der Teig sollte einen kleinen Rand nach oben bilden. Die Rhabarber-Quark-Masse auf dem Mürbeteigboden gleichmäßig verteilen und ca. 45-50 Minuten backen. Kurz vor Ende der Backzeit das Eiweiß steif schlagen, den Zucker unter weiterem Rühren auf niedriger Stufe hinein rieseln lassen bis sich der Zucker aufgelöst hat. Das Baiser nun über den vorgebackenen Kuchen ziehen und bei gleichbleibender Temperatur weitere 10 bis 15 Minuten backen. Den Kuchen vor dem Servieren abkühlen lassen.

Rhabarberblootz

Süssen Hefeteig nach Rezept, S. 68 benutzen
4 Stangen Rhabarber geputzt und in Stangen geschnitten
Semmelmehl
4 Eier
3 Esslöffel Zucker
1 Vanillezucker
2 Becher Schmand
2 Esslöffel Mehl

Denn Hefeteig dünn auswellen und auf ein gefettetes Blech legen. Zucker und Semmelmehl vermischen und auf den Teig streuen. Den Rhabarber auf dem Teig verteilen. Schmand, Eier, Mehl, Vanille-Zucker, Zucker schaumig schlagen und über den Rhabarber gießen. Bei 180 bis 200 Grad backen. Aber nicht zu schnell und nicht zu heiß, sonst verbrennt der Guss. Variante: Boden aus Mürbeteig, Sandmasse, Hefeteig, Blätterteig

Schokoladenkuchen Rigó Jancsi

Ein süßes Kleingebäck wird Rigó Jancsi genannt. Der Fürst des fahrenden Volkes Jancsi verführte 1896 zuerst mit seiner Musik, später mit seinem Charme die reiche belgische Prinzessin Chimay. Der Kuchen hat zwei Schichten sehr reichhaltigen Schokoladen-Bisquit-kuchens. Zwischen den beiden Kuchenschichten befindet sich eine dicke Schicht aus dunkler Schokolade und Sahnefüllung und eine sehr dünne Aprikosemarmelade. Die Füllung kann weiterhin einen Hauch von dunklem Rum und/oder Vanille enthalten. Der Kuchen ist weiterhin mit einer dunklen Schokoladenglasur bedeckt. 1896 spielten sie in einem Restaurant in Paris, Restaurant Payard, wo der belgische Prinz Chimay und seine junge Frau, die Tochter eines amerikanischen Millionärs, Clara Ward, alias Clara Ward, anwesend waren. Die Frau verliebte sich in den feurigen schwarzhaarigen Jancsi, sie ließ ihren Mann für ihn zurück.
Die Liebe war gegenseitig, und Jancsi ließ sich von seiner Frau Mariska Barcza scheiden. Dies löste ein so großes Aufsehen aus, dass mehrere Zeitungen, darunter die Nationalzeitung von Kálmán Mikszáth, über die Scheidungsklage berichteten. Die Liebe dauerte etwa zehn Jahre, in denen mehr als 8 Millionen Dollar verschwendet wurden.

Rigó Jancsi

5 Eier
100 gr. Zucker
100 gr. Mehl
30 gr. Kakao
30 gr. Aprikosenmarmelade
150 gr. Schokaladenzuckerguss oder Kuvertüre
100 g. Blockschokolade
500 ml Sahne
250 gr. weiche Butter

Messen Sie ihr Backblech aus. Backblech mit Backpapier auskleiden. Machen Sie sich Markierungen und drehen das Backpapier um. Es sollen 20 gleich grosse Teile entstehen. Ein Standardblech hat 40 x 32 cm. Eier, Zucker, Mehl, Kakao, weiche Butter mindestens 5 Minuten aufschlagen. Der Teig wird weicher und vergrössert sich. und den Teig sauber verteilen. Backen bei 170 Grad. Stäbchenprobe machen. In der Mitte bei 20 cm einmal durchschneiden. Dann können Sie den Boden besser längst schneiden. Sie haben jetz vier gleich grosse Teile. Die zwei unteren Teile werden dünn mit Aprikosenmarmelade bestrichen. Die beiden oberen Teile mit Schokaladenzuckerguss oder Kuvertüre einpinseln oder begiessen. Nun die Sahne aufschlagen. Die Blockschokolade bei 30 Grad im Wasserbad aufschlagen und schnell in die Sahne einrühren. Diese Sahne wird jetzt auf die beiden unteren Böden auf die Marmelade verteilt. Darauf kommen jetzt die beiden oberen Teile.

Tipp zum Schneiden. Bevor sie die beiden Schokoladen-Deckel aufsetzen, schneiden Sie die 20 Stücke an. Dann kann man später besser alles schneiden.

Ribiselkuchen mit Baiserhaube oder Johannisbeerenkuchen mit Baiserhaube

Für den Biskuit:
6 Eier, nicht getrennt
eine Prise Salz
6 EL Zucker
6 EL glattes Mehl
Für die Baiser-Masse
5 Eiweiß
1 EL Zitronensaft
10 EL Zucker
etwa 400 g Ribisel/Johannisbeeren

Ofen auf 180° vorheizen. Eier, Salz und Zucker zu einer sehr dickcremigen Masse aufschlagen, Mehl darüber sieben und vorsichtig unterziehen. Teig auf das Blech streichen und etwa 10-12 Minuten hell backen.
In der Zwischenzeit die 5 Eiweiß mit dem Zitronensaft steif schlagen, dabei den Zucker löffelweise einrieseln lassen. So lange weiter schlagen, bis das Eiweiß glänzt und so steif ist, dass man feste, standhafte Zacken aufziehen kann. Die Ribisel/Johannisbeeren unterheben und die Masse auf das heiße

Biskuit streichen. Das Blech wieder in den Ofen schieben und den Belag in etwa 10 Minuten goldgelb backen bzw. so lange, bis die Baiser-Zacken zu bräunen beginnen. Dann den Ofen ausschalten, kurz öffnen, dass die feuchte Luft entweichen kann und den Kuchen weitere 10 Minuten bei geschlossener Ofentüre trocknen lassen.

Arme Ritter

2 altbackene Brötchen in dicke Scheiben schneiden
oder vom altbackenen Weißbrot 4 dicke Scheiben abschneiden oder vom altbackenen Zopf 4 dicke Scheiben abschneiden

1 Ei
1 Tasse Milch
1 Vanille-Zucker
Zucker/Zimt Mischung zum bestreuen
Butter zum Ausbraten

Die Zutaten in einem tiefen Teller gut verquirlen. Die Scheiben für mindestens 5 min in die Eiermischung geben und zwischendurch mal umdrehen. Butter nicht zu heiß werden lassen. Die Scheiben langsam braten, bis sie goldbraun sind. Mit Zucker/Zimt Mischung bestreuen und warm essen.

Arme Ritter

Arme Ritter sind eine einfache Speise aus altbackenen Brötchen oder Weißbrotscheiben. Weitere, teils regionale Bezeichnungen sind: Rostige Ritter, Semmelschnitten, Semmelnudeln, Semmelschmarrn, Weckzämmädä, Kartäuserklöße, Weckschnitten, Gebackener Weck, Bavesen, Pofesen, Blinder Fisch (mit Zwieback). In Amerika werden diese zum Frühstück als French Toast gegessen. Als rabanadas sind sie in Portugal ein traditionelles Gebäck zu den Weihnachtstagen, das entweder in einer Mischung aus Ei und Milch oder in Wein, Tee oder Wasser getunkt wird. Die rabanadas werden nach dem Frittieren mit Zimt und Zucker bestreut oder mit einer Sauce aus Zucker, Zimt, Wasser und Portwein begossen. Zur Zubereitung werden die halbierten, selten auch entrindeten, Brötchen oder Weißbrotscheiben in einer Mischung aus Milch oder Rahm mit Eiern, Zucker, Vanille und Salz eingeweicht und anschließend in Butterschmalz oder anderem Fett gebraten. Je nach Rezept und Region wird zwischen zwei Brotscheiben Pflaumenmus oder Konfitüre gegeben, was aus den Armen Rittern Reiche Ritter macht, oder das eingeweichte Brot wird vor dem Herausbacken in Paniermehl gewälzt. Serviert werden sie mit Puderzucker, Ahornsirup oder einer Mischung aus Zimt und Zucker sowie Vanillesauce. Zu den verwandten Gerichten gehören auch der als Auflauf gebackene, vor allem in Österreich und dem südlichen Bayern bekannte Scheiterhaufen und der im Südwesten Deutschlands sogenannte Ofenschlupfer. Ähnlich kann das Gericht als Semmelauflauf beispielsweise mit geriebener Zitronenschale, Vanille und Rosinen in einer Auflaufform, bedeckt mit geriebenen Semmeln, Zimt, Zucker und Butterflocken, gebacken werden; der gebackene, in Scheiben geschnittene Auflauf kann in Butter gebraten und mit Kompott oder Saft serviert werden.

Rosenküchle oder frittierte Waffeln

Rosenküchle ist ein altes traditionelles Eiergebäck der schwäbischen Küche. Der Teig besteht aus Milch, Mehl, Zucker, Salz und Eiern. Man benötigt ein spezielles Roseneisen, welches es in verschiedenen Formen gibt.

Der Teig läst sich sehr gut vorbereiten und das Gebäck kann auch sehr gut in geselliger Runde zusammen mit den Gästen oder vor den Gästen gebacken werden. Die Rosenküchle gab es schon vor ca. 200 Jahren. Die dazu notwendigen Eisen gab es in unterschiedlichen Formen so zum Beispiel auch als Schnecke, die auch Sprungfeder oder Spiralwaffel genannt wird, oder regionale Motive wie Blumen, Kreuz, Herz oder Initialen eines Hochzeitspaares oder eines Bäckers. Ähnliche Spezialitäten sind die Schlotfeger bei denen um das konische Eisen eine Scheibe Teig gelegt wird der mit Bindfaden umwickelt Frittiert und mit Zucker und Zimt bestreut mit Sahne gefüllt wird, das Schneeballen Eisen aus Rothenburg Tauber, Römische Pasteten Eisen, sowie Gebäcke wie Strauben die mit einem Trichter ins Fett portioniert werden. Überlieferungen gibt es auch aus Siebenbürgen, denn dort wurden Baumstriezel, ein Gebäck auf einem konischen Holz im Backofen oder auf Holzkohle gebacken.

Rezept 1, wie es immer wieder gelingt.

1 Ei
2 TL Zucker
1 x Vanilienzucker
Prise Salz,
100 ml Milch,

100 ml Mehl (oder 1 Tasse)
Backpulver
Kokosfett zum Ausbacken

Wichtig ist, das Fett (Kokosfett) und die Waffelform muss heiß sein, damit der Teig anhaftet beim eintauchen, wenn es sich nicht ablöst ist es ok.

Rezept 2, Zutaten für ca. 15 Küchle
350 g Weizenmehl
5 Eier
¼ Liter Milch
2 EL Zucker
1 TL Salz
1 Vanilleschote
1 Zitrone Abrieb und Saft
Pflanzenfett, Biskin oder Schweineschmalz zum Ausbacken
Puderzucker zum Bestäuben

Das Rosenküchle-Eisen wird zum Erhitzen in einen Topf, ein Fondue oder die Friteuse gestellt. Danach werden die oben angegebenen Zutaten zu einem glatten Teig gerührt. Bitte nicht schaumig schlagen. Das mindestens 10 Minuten im Fett erhitzte Rosenküchleeisen kann nun zu 2/3 in den Teig getaucht werden. Nachdem innerhalb weniger Sekunden eine dünne Teigschicht am Rosenküchleeisen anhaftet, im Fett ca. 1 Minute ausbacken. Während des Ausbackens, das Eisen etwas bewegen und zum Lösen den Stiel etwas gegen den Topfrand klopfen, damit sich das Rosenküchle vom Eisen löst. Das gelöste Rosenküchle mit einer Drahtkelle wenden und auch von der anderen Seite noch 15 Sekunden backen. Das fertige, goldgelbe und knusprige Rosenküchle wird auf Küchenkrepp abgetropft und nach Belieben mit Puderzucker abgepudert und warm serviert.

Rührei

Das wichtigste sind gute Eier. Wenn du keine Bauernhofeier kaufen kannst, nimm Bio. 12 Stück zu 3 Euro. Dann Butter nicht zu heiß machen. Die Eier verquirlen, aber nicht zu stark. Langsam braten und vor allem nicht zu lange. Sie müssen cremig sein. Eier ziehen auf dem Teller noch nach. Mit einer Prise Salz würzen.

'Ruggele'

heißt auf Alemannisch 'rollen', und die Ruggele werden durch Aufrollen eines dreieckigen Teigstreifens hergestellt. Daher liegt die Vermutung nahe, dass die Ruggele aus dem alemannischen Sprachraum, also aus südwest-Deutschland oder der Schweiz stammen.

200 gr Butter
300 gr Mehl
200 gr Frischkäse (Doppelrahm)
40 gr brauner Zucker
40 gr weißer Zucker
50 gr Haselnüsse gemahlen
Butter, Mehl und Frischkäse alles zu einem glatten Teig verkneten, für 20 min kaltstellen. Zucker und Haselnüsse mischen und das Zuckergemisch auf die Arbeitsplatte verstreuen.

Teig in 4 gleich große Stücke teilen. Den Teig rund auswellen. Mit einem Tortenteiler die Schnittkanten markieren. Insgesamt 16 Dreiecke ausschneiden und zu Hörnchen aufrollen
Blech mit Backpapier auslegen. Backofen auf 175 Grad vorheizen und 12-15min. Backen. Am besten schmecken sie frisch.

Rumrosinen

Man kann sich einen Vorrat an Rum-Rosinen vorbereiten. Ein Einweckglas sauber auswaschen. Die Rosinen heiß abwaschen, trocken tupfen und mit ordentlich Rum begiessen. Diese eingelegten Rosinen kann man z. B. auch für Stollen oder Rosinenkuchen benutzen.

S

Sauer- und Süsskirschen einmachen
Kirschen, ein gutes Kompott für Kranke

1 kg Süßkirschen entstiehlt und entkernt
1 kg Sauerkirschen entstiehlt und entkernt

500 g Zucker,
etwas Zimt,
3 Nelken
soviel Wasser, das die Kirschen im Topf bedeckt sind.

Zuerst die Süßkirschen mit soviel Wasser, das die Kirschen im Topf bedeckt sind, dem Zucker und dem Zimt und den 3 Nelken aufkochen, dann die Sauerkirschen obendrauf geben und nochmal soviel Wasser einfüllen, das die Kirschen im Topf bedeckt sind. Einmal aufkochen bis alle Kirschen weich sind. Die Hälfte des Saftes in saubere Flaschen abfüllen und verkorken (oder Schraubverschluss). Die Kirschen gibt man in saubere Weckgläser (oder Schraubgläser) und schließt sie. (Die Flaschen oder Gläser klicken, wenn sie abgekühlt sind durch das Vakuum)

Sauerkirschsauce zu Wild

350 gr. Sauerkirschen, frisch oder aus dem Glas, entkernt
0,3 Liter Wasser oder vom Fruchtsaft
50 gr. Mehl
Salz
Glas Rotwein
1 Gewürznelke
Butter
Zucker nach Geschmack, mindestens 5 EL
Becher saure Sahne
Saft einer halben Zitrone

Sauerkirschen in Wasser oder Fruchtsaft, Nelke, Zucker, Prise Salz und Rotwein kochen. Aus Butter und Mehl eine helle Schwitze zubereiten. Die Schwitze in die Kirschsauce geben und aufkochen. Danach vom Feuer nehmen und die saure Sahne unterühren. Nicht mehr kochen.

Saure Kartoffeln

1500 gr. Kartoffeln
40 gr. Schmalz
60 gr. Mehl
Salz
1 Lorbeerblatt
30 gr. Zwiebel
Tasse Essig
Halber Becher saure Sahne
Pfeffer
10 gr.

Kartoffeln schälen, abwaschen und in Scheiben schneiden. Nicht zu weich kochen, salzen, Lorbeerblatt hinzufügen. Eine helle Mehlschwitze bereiten, die Zwiebeln hinzufügen und mit 1 Becher Koch-Wasser und Essig begiessen und gut rühren. Mit Essig und Zucker zusätzlich abschmecken. Hierein die Kartoffeln geben, abschmecken, pfeffern und die Sahne unterrühren.

saure Nierle

500 g Nieren
Milch
30 g Fett
1 Zwiebeln
1 EL   Mehl
125 ml Wasser oder andere Flüssigkeit
4 EL Sauerrahm
Balsamico-Essig
1 Prise Zucker
Salz und Pfeffer

Nieren waschen, häuten, in Streifen schneiden, nochmals waschen und in Milch einlegen.
Gehackte Zwiebel in Fett glasig dünsten, Nieren zugeben und solange schmoren, bis sie nicht mehr rot sind. Mehl darüber stäuben, leicht anbräunen und

243

mit Flüssigkeit aufgießen. Zugedeckt 5 Minuten dünsten lassen. Rahm, Essig und Gewürze zufügen, abschmecken und zum Schluss erst salzen. Nicht mehr kochen lassen, sonst werden die Nierchen zu hart. Als Beilage passen dazu Semmelknödel oder Bratkartoffeln, Kartoffelbrei. Wer mag, kann sich vor dem Essen roten Balsamico-Essig drüber gießen.

Sauerkrautsuppe, ungarische

Sauerkraut
Eisbein oder Stelze
Paprika
Zwiebeln
Rindsuppe
Kümmel

Für die ungarische Sauerkrautsuppe zunächst Zwiebeln schälen, halbieren und in feine Scheiben schneiden, Selchspeck klein würfeln. Speckwürfel in einem Topf ohne Zugabe von Fett anbraten und auslassen. Zwiebel hinzufügen und goldgelb rösten.Topf vom Herd nehmen, Paprikapulver kurz unterrühren und mit Rindssuppe aufgießen. Stelze hinzufügen und 1 Stunde weich kochen. Abkühlen lassen und in Stückchen schneiden. Sauerkraut abtropfen lassen. Wer die Suppe nicht so sauer mag, kann das Sauerkraut kurz mit Wasser abspülen. Danach das Kraut und gehackten Kümmel zur Suppe hinzufügen und zugedeckt für 30 Minuten weich dünsten. Fleisch dazugeben. Petersilie waschen und fein hacken. Ungarische Sauerkrautsuppe mit Salz und Pfeffer abschmecken. Wer die Suppe dicker mag, nimmt Mehlschwitze.

Schichtsalat

wir benötigen eine große Schüssel mit Deckel

1 kleines Glas Selleriesalat, oder siehe Rezept Apfel-Selleriesalat
1 kleine Dose Mais
1 Dose Ananas
1 Stange Porree
200 g Kochschinken
200 g Reibekäse
Glas Mayonnaise

4 Eier, hart gekocht
1 Teelöffel Senf
Salz und Pfeffer nach Geschmack

Den Porree putzen und in feine Ringe schneiden. Den Schinken in kleine Stücke schneiden. Die Dose Ananas abgießen. Den Saft von der Ananas mit der Mayonaise und zwei kleingehackten Eiern, Senf, Salz, Pfeffer gut vermischen und als Dressing beiseite stellen. Sellerie abtropfen und unten in die Schüssel geben.Nun wie folgt schichten: Mais, Porree, Ananasstücke und Schinken. Anschließend oben mit der Mayonnaise beträufeln. Mit den in Scheiben geschnittenen Eiern belegen und zum Schluss mit Käse bestreuen. Den Salat mit einem Deckel oder Teller zudecken und über Nacht kalt stellen. Die Schüssel genauso auf den Tisch stellen. Der Salat vermischt sich automatisch.
Würde man ihn vorher durchmischen, entstünde eine Matsche und der ganze Salat wäre ruiniert. Wer keinen Sellerie mag, lässt ihn weg.

Schinkenflecken

500 gr. Mehl
3 Eier
0,2 L saure Sahne
150 gr Schinken
Salz Pfeffer
Wasser

Aus Mehl, 1 Ei, wenig Wasser einen Teig kneten, ausrollen und in Würfel schneiden. Antrocknen lassen. Nun kochen und abschrecken. Ausbreiten. Schinken und Paprika anbraten. Die anderen Eier mit der sauren Sahne verkleppern. Mit den Nudeln vermischen und in eine feuerfeste Form geben. 10 Minuten bei 200 Grad backen.

Schmalz oder Warum ist das Essen bei der Omi immer so lecker?

Wegen seines ausgeprägten Aromas wird Schmalz vor allem deftigen Gerichten wie Eintöpfen oder Braten zugegeben. Im Vergleich zu vielen pflanzlichen Ölen ist es gut und hoch erhitzbar.

Beliebt ist es für Schmalzbrot. Traditionell wird auch Kuchenteig etwas Schmalz hinzugefügt, um den Geschmack zu verbessern oder wie beim schwäbischen Zwiebelkuchen werden vor dem Backen Schmalzflöckchen auf dem Kuchen verteilt. Jede Bratkartoffel, jedes Kohlgericht, wie Rotkohl oder Kohlrouladen, jedes Schnitzel oder Fleischpflanzerl gewinnt deutlich an Geschmack. Schmalz (von mittelhochdeutsch smalz; verwandt mit schmelzen), ist ausgelassenes tierisches Fett z. B. von Schweinen, Gänsen und früher auch von Hühnern. Das Schlachtfett von Rindern hat einen höheren Schmelzpunkt und wird Talg genannt. Im weiteren Sinne wird auch Butterschmalz zum Schmalz gezählt. Um Schmalz herzustellen, werden ungeräucherter Schweinespeck oder Gänsefett kleingeschnitten und bei mäßiger Temperatur ausgebraten. Anschließend wird das Schmalz durch ein sauberes Baumwolltuch gefiltert und geklärt. Da das Fett beim ausbraten durch den Entzug von Wasser und Eiweiß kaum verdirbt, kann Schmalz, soweit kühl und dunkel gelagert, durch Luftabschluss auch zur Konservierung von gegartem Fleisch verwendet werden. Die Haltbarkeit von Schmalz ist zwar ziemlich lang, aber wenn Sie es noch länger aufbewahren müssen, können Sie es einfrieren. Da Lebensmittel im Allgemeinen nicht gerne wiederholt eingefroren und aufgetaut werden, ist es am besten, Schmalz in kleinen Portionen einzufrieren.

Schneckennudel 1

Einen süßen Hefeteig zubereiten, siehe Rezept unter (Hefeteig). Nun kann man verschiedene Füllungen zubereiten:

Zimt-Zucker
Apfelstücke und Zimt
Mohn
(Rum)-Rosinen
Nussfüllung

Mit dem Nudelholz ca. 45 x 35 cm groß ausrollen. Gleichmäßig mit der Füllung bestreichen. Den Teig von der langen Seite aus aufrollen. In 10 gleich breite Stücke schneiden und mit den Schnittflächen nach unten auf ein Blech setzen. Weitere 30 Minuten gehen lassen. Mit Eigelb bestreichen und bei 180 Grad c. 25 bis 35 min backen. Das Gebäck soll schön braun sein. Abkühlen lassen. Aus Zitrone, Wasser und Puderzucker eine flüssige Glasur herstellen und die Schneckennudeln bestreichen.

Schneckennudel 2 aus der Backform

Einen süßen Hefeteig zubereiten, siehe Rezept unter (**Hefeteig**). Die Zubereitung ist die Gleiche wie oben, nur werden die Schnecken in eine gebutterte Backform geschichtet.

Den Backofen auf 180 °C (Gas 3, Umluft 160 °C) vorheizen. Schneckennudeln im heißen Ofen auf einem Rost auf der mittleren Schiene 45 Minuten backen. Auf einem Kuchengitter 10 Minuten abkühlen lassen.

Das Gebäck soll schön braun sein. Abkühlen lassen. Aus Zitrone, Wasser und Puderzucker eine flüssige Glasur herstellen und die Schneckennudeln bestreichen.

Füllungen für Schneckennudel:

Nussfüllung

250 g Haselnüsse
100 g Zucker
2 Pck. Vanillezucker
etwas Zimt
10 EL süße Sahne

Die Nüsse in der Pfanne anrösten. Nun mahlen. Alle Zutaten verkneten und zu einer Kugel formen. In den Kühlsckrank stellen. Vor dem Backen ca. 30 min in der Küche aufwärmen. Kalt kann man den Nussteig sehr gut ausrollen. Umso wärmer der Teig, umso mehr klebt er.

Mohnfüllung

250 g gemahlenen Mohn mit Milch bei mittlerer Hitze in einem Topf aufkochen, dabei gelegentlich umrühren. Dann ca. 100 g Zucker und Zitrone für den runden Geschmack hinzufügen. Umrühren, die Temperatur reduzieren und 10 Minuten kochen lassen, bis der Mohn weich ist. Den Topf beiseite stellen und vollständig abkühlen lassen. Diese Mohnfüllung wird beim Abkühlen dicker und sämiger. Die Fülle darf erst verwendet werden, nachdem sie komplett abgekühlt ist.

Apfelstücke und Zimt-Zucker-Füllung

5-6 geschälte saure Äpfel klein raspeln und großzügig mit Zimt-Zucker bestreuen. Mit der Zubereitung der Schneckennudeln nicht zu lange warten, denn sie saften schnell aus.

Schnecken zubereiten

120 Weinbergschnecken
4 Zwiebeln
150 gr. Butter
150 ml trockener WEisswein oder Wermut
500 gr. Kräuterbutter
2 Baguettes
Die Schnecken waschen und im Sieb abtrofen. Dann kurz blanchieren und in Eiswasser abschrecken. Nun mit einem Pieker die Schnecken vom Gehäuse befreien. Butter erhitzen und die gewürfelten Zwiebeln anschwitzen. Die Schnecken dazu geben und mit Weisswein ablöschen. Eine Stunde leise köcheln. Nun die Schnecken in die Gehäuse zurücktun und mit Kräuterbutter verschliessen. In einer Schneckenpfanne je 12 Stück platzieren oder alle 120 auf einem Blech so hinlegen, das die Öffungen oben sind. 3 Minuten im Ofen garen und mit Baguette servieren.

Schneeball,

häufig auch Schneeballen genannt, ist ein Gebäck aus Mürbeteig, das in Österreich und in der Region Hohenlohe/Franken (Rothenburg ob der Tauber, Feuchtwangen, Dinkels-bühl) bekannt ist. Seinen Namen verdankt es seiner kugeligen Form und der traditionellen Dekoration mit Puderzucker. Der Schneeballen hat einen Durchmesser von zirka acht bis zehn Zentimetern. Seit mindestens 300 Jahren sind die Schneeballen vor allem in Österreich sowie im Hohenlohischen und Fränkischen bekannt. Wurden sie einst vor allem zu besonderen Anlässen wie beispielsweise Hochzeiten serviert, können die runden Gebäckstücke heute rund um Rothenburg ob der Tauber und Dinkelsbühl in den meisten Bäckereien, Konditoreien und Cafés erworben werden. Es gibt sogar Unternehmen, die sich auf die Herstellung von Schneeballen spezialisiert haben und diese in immer neuen Variationen anbieten. Neben den klassischen, mit Puderzucker bestäubten Schneeballen finden sich dort auch mit Schokolade und Nüssen überzogene sowie mit Marzipan, Vanille, Nougat u. a.

gefüllte Kreationen. Für Touristen sind die Schneeballen ein beliebtes Mitbringsel.

Fränkische Schneeballen

4 Eigelb
2 Eier ganz
9 EL Sahne
1 EL Zucker
1 Prise Salz
750 g Mehl
Butterschmalz, zum Ausbacken

Das Butterschmalz in der Fritteuse oder in einem Topf auf ca. 180°C erhitzen. (Probe: taucht man einen Holzkochlöffel in das Fett, steigen kleine Bläschen auf). Den Mürbeteig in mehreren Etappen mit dem Nudelholz etwa 3 mm dick ausrollen. Aus dem ausgerollten Teig Quadrate von ca. 17 x 17 cm mit einem Teigrädchen ausradeln und etwa 10 Minuten zum leichten Abtrocknen ruhen lassen. Dabei eventuell einmal wenden und ganz dünn mit Mehl bestreuen. Danach in jede Teigplatte in etwa 1 – 1,5 cm Abstand wiederum mit dem gezackten Teigrädchen Streifen radeln, dabei aber bei der Teigplatte ringsum einen etwa 1,5 cm breiten Rand stehen lassen. Bei Verwendung von einem Schneeballeneisen oder auch unter der Bezeichnung Schneeballform bekannt (im Fachhandel oder im Internet erhältlich) dieses vor dem ersten Einfüllen im heißen Öl erwärmen, danach auf Küchenpapier abtropfen lassen. Jede eingeschnittene Teigplatte nun auf einen Kochlöffelstiel auffädeln. Dazu die Teigstreifen mit dem Holzstiel abwechselnd so aufnehmen, dass immer ein Streifen frei bleibt, wie man es vom Weben oder Löcher in Strümpfen stopfen her kennt. Den Holzlöffel hochheben, dabei mit der anderen Hand gleichzeitig locker den Teig von unten her festhalten, in das geöffnete Schneeballeneisen einlegen, verschließen und zunächst senkrecht stehend in das heiße Öl setzen, dabei die Schneeballform an der oberen langen Halterung festhalten und für gut 30 Sekunden ständig im Öl drehen, wobei eine schöne Rundung vom Schneeballen entsteht. Danach kann man die Schneeballform schräg im Fett liegen lassen und hin und wieder auf die andere Seite drehen. Nach 5 – 6 Minuten Ausbackzeit hat das Gebäck eine zart goldbraune Farbe angenommen und ist fertig zum Herausnehmen. Das geschlossene Schneeballeisen hochheben, gut abtropfen lassen, danach den Schneeball entnehmen und auf einer dicken Lage Küchenpapier zum Abtropfen des Fettes legen. So fort fahren bis alle Schneebälle gebacken sind.

Schnitzel Balkony Art
Schnitzel Budapester Art
Schnitzel Holsteiner Art
Z. Schnitzel

Bei diesen Gerichten handelt es sich immer um kurz gebratene Schweine-schnitzel mit Beilage. Man kann auch Lende nehmen. Je nach Geldbeutel nimmt man Huhn, Pute, Schwein oder Rind. Je nach Gusto isst man Pommes oder Kroketten oder Reis oder vielerorts auch Petersilienkartoffeln.

Balkony Art:
Pilze werden gesäubert und mit Zwiebeln scharf angebraten. Gut würzen und mit Sahne aufgegossen. Ggf. mit Kräutern, z. B. Majoran aromatisieren.

Budapester Art:
Dieses Gericht ist ganz interessant. Es wurde auf der Brüsseler Weltausstel-lung 1958 im ungarischen Zelt präsentiert. Pilze, Zwiebeln, gelber Paprika und Hühnerleber werden vorsichtig zu einer dicken Sauce gekocht. Die Leber muss weich sein. Dazu kommen noch grüne Erbsen. Ein großer Schöpfer kommt auf das Fleisch. Reis schmeckt dazu am besten.

Holstein Art:
Es wird ein Letscho aus Paprika, Zwiebeln, Tomaten und Gewürzen gekocht. Dieses wird großzügig über das Fleisch verteilt und 2 Spiegeleier vervollstän-digen das Gericht.

Z. Schnitzel:
In Ungarn ist das Wort „Z." nicht verboten und sie sind Teil des normalen Straßenbildes. Sie bezeichnen sich selber stolz als „Z". Das Z. Schnitzel ist hier in Ungarn kein Schnitzel mit Letscho, sondern ein Schnitzel mit extrem viel Knoblauch.

Schnitzel Budapest

6 Scheiben Schweinefleisch, z .b. Schnitzel, oder Lende
150 gr Hühnerleber
100 gr Champignons
1 kleine Zwiebel

1/2 grüne Paprika
150 Gr. grüne Erbsen
1 Esslöffel Tomatenmark
Salz
frisch gemahlener Pfeffer
ein wenig Speiseöl
200 ml Suppenbrühe

Öl erhitzen, die Zwiebel in kleine Stücke schneiden und zusammen anbraten und mit gemahlenem Paprika bestreuen. Gut anrösten. Das Fleisch extra braten und warm halten. Fügen Sie die gewaschenen Hühnerleberstücke zu den Zwiebeln und geben grüne Erbsen, geschnittene Pilze und grüne Paprikaschotenscheiben hinzu. Mit Salz bestreuen. Fügen Sie das Tomatenmark hinzu und mischen Sie es gut mit dem Ragout. Jede Person bekommt ein Stück Fleisch und darauf eine Kelle von dem Ragout. Mit Reis essen.

Z. Schnitzel

4 Kalbsschnitzel (oder Schweins- und Hühnerschnitzel)
1 Prise Salz
1 Prise Pfeffer
50 g Mehl
2 EL Butterschmalz
1 Stk. Zwiebel
3 Stk. Paprika
1 Stk. Pfefferoni
1 Stk. Knoblauchzehe
3 Stk. Tomaten (aus der Dose, geschält)
125 ml Weißwein
1 TL Tomatenmark
1 TL Paprikapulver (edelsüß)

Für die **Z. Schnitzel** zuerst das Fleisch leicht klopfen. Sodann mit Pfeffer und Salz würzen und in Mehl wenden. Von Pfefferoni und Paprika die Stiele und Kerne entfernen, in schmale Streifen schneiden. Zwiebel schälen und ebenfalls in Streifen schneiden. Den Knoblauch schälen und fein hacken. Die Tomaten in kleine Würfel schneiden. Butterschmalz in eine Pfanne geben und erhitzen. Schnitzel von beiden Seiten bei starker Hitze jeweils 1 Minute kräftig anbraten, 3 bis 4 Minuten bei mittlerer Hitze weiter braten. Herausnehmen, in

Alufolie wickeln und warm stellen. Knoblauch und Zwiebeln im Bratensatz anrösten, mit Wein ablöschen, Tomatenmark zufügen. Pfefferoni, Tomaten und Paprika unterrühren. Würzen mit Paprikapulver, Pfeffer und Salz. Eine Viertelstunde lang bei geringer Hitze köcheln lassen. Die Schnitzel aus der Alufolie entnehmen und mit in die Pfanne geben. Für 2 bis 3 Minuten mitköcheln lassen. Alles auf angewärmten Tellern anrichten.

Schomlauer Nockerln

Die Schomlauer Nockerln (SOMLÓI GALUSKA) ist die bekannteste ungarische Süßigkeit In dem berühmten Gundel Restaurant in Budapest arbeitete in den 1950er-Jahren ein Oberkellner namens Karoly Gollerits. Er ist der Erfinder dieses Desserts, das sogar an der Weltausstellung in Brüssel im 1958 großen Erfolg hatte und mehrere Auszeichnungen gewann.

5 Eier
0.5 Backpulver
180 Gr. Kristallzucker
150 gMehl (glatt)
60 g Kakaopulver
1 Becher Schlagobers

Guss
1 Päckchen Vanillezucker
250 ml Wasser
250 ml Rum
3 EL Zucker
150 g Rosinen

Vanillecreme
1.5 l Milch
80 g Staubzucker
80 g Vanillepuddingpulver (2 Päckchen)

Dotter, Zucker und Vanillezucker einige Minuten schaumig schlagen. Eiweiß steif schlagen und abwechselnd mit Mehl und Backpulver unterheben. Die Hälfte des Teiges mit dem Kakaopulver verrühren. Inzwischen den Backofen auf 200 Grad Ober- und Unterhitze vorheizen. Dann ein Backblech mit Backpapier auslegen und den hellen und dunklen Teig nebeneinander darauf verteilen. Für 20 Minuten bei 200 Grad backen lassen. Aus dem Ofen nehmen und gut auskühlen lassen. Für den Guss Wasser, Rum, Zucker und Rosinen in einen kleinen Topf geben und aufkochen. Auskühlen lassen und die Rosinen abseihen. Für die Vanillecreme Milch mit Zucker und Puddingpulver verrühren und aufkochen lassen. Immer wieder umrühren, einige Minuten köcheln. Anschließend auskühlen lassen. Hellen Biskuitteig in eine große Kastenform legen, Rosinen darauf verteilen und die Vanillecreme darüber geben. Den dunklen Biskuitteig darauf legen und mit dem Guss überziehen. Alles für 4 Stunden im Kühlschrank ziehen lassen. Mit einem großen Löffel Nockerl ausstechen und diese portionsweise auf einem Teller anrichten.

Schwamm-Nudeln

2 Eier
1 großen Esslöffel Mehl
Prise Salz
Pfeffer
Prise Muskat
1 Liter Fleischbrühe
wer mag 1 Tasse gemischtes Gemüse
(Möhren, Erbsen, Blumenkohl usw.)
Petersilie

Die Eier trennen. Aus dem Eiweiß und der Prise Salz einen steifen Schnee herstellen. Das Eigelb mit dem Mehl verrühren, Prise Muskat und Pfeffer dazugeben.Den Schnee unter den den Eigelbteig locker unterheben. Fleischbrühe einmal aufkochen, dann auf kleinster Stufe vor sich hin simmern lassen. Wer mag, kann jetzt das Gemüse dazugeben. Den Nudelteig langsam eingießen. Nicht rühren. Deckel auf den Topf geben und 5 min ziehen lassen. Oben auf der Brühe ist ein runder Pfannkuchen entstanden. Diesen vorsichtig raus heben und mit Messer und Gabel zerpflücken. Wer es schöner will, saubere Nudeln abschneiden. Die Nudeln auf den Teller geben und mit der Brühe angießen (mit oder ohne Gemüse). Mit Petersilie bestreuen.

Senf

Senf ist ein scharfes Gewürz, das aus den Samenkörnern des Weißen, Braunen und des Schwarzen Senfs hergestellt wird. Gebräuchlich sind sowohl reine Senfkörner (ganze Samen), Senfpulver (gemahlene Samen) und vor allem die aus den mehr oder weniger fein gemahlenen Samen und weiteren Zutaten bereitete Würzpaste, genannt „Tafelsenf" oder „Mostrich(t)". Das Wort Senf (von mittelhochdeutsch sënef „Senf, Senfsamen") ist ein Lehnwort aus dem lateinischen sināpi. Ob scharf oder süß, grob oder fein, Senf ist einfach vielseitig einsetzbar. Geben Sie Senfmehl in Suppen, Saucen, oder selbstgemachte Currys um eine schöne sauerscharfe Note zu erhalten. Auch zu hellen Fleischgerichten passt Senfmehl ideal. Senfmehl verfeinert Gerichte, wird traditionell mit für die Senfherstellung genutzt und kann auch in Fußbädern zu Stärkung des Immunsystems verwendet werden. Eine Anwendung, die man gut zu Hause machen kann, ist ein

Senfmehlfußbad.

Die befreiende Wirkung der Senföle geht durch den gesamten Körper: Zwei Esslöffel Senfmehl in warmes Wasser gerührt, helfen bei Migräne, beginnenden Erkältungen, Entzündungen der Nasennebenhöhlen und Atemwegserkrankungen. Kalte Füße werden warm, sogar Schlafstörungen und Depressionen können gemildert werden. Nehmen Sie einfach 2 EL schwarzes Senfmehl für ein Fußbad bis zum Knöchel und 4 EL schwarzes Senfmehl für ein Fußbad bis zur Wade und verrühren es in warmem Wasser. Baden Sie die Füße 15 bis 20 Minuten (eventuell heißes Wasser nachgießen, damit die Temperatur konstant bleibt). Nach der Anwendung die Füße gut mit klarem Wasser abwaschen.

Senf selber machen

Senfsaat oder Senfmehl im Reformhaus besorgen

500 g Senfsaat oder Senfmehl
30 g Salz
125 g Zucker
1.000 ml Wasser
300 ml Weißweinessig (5% Säure)
2 EL Honig

Einweckgläser oder Schraubgläser
Stabmixer

Zubereitung: Wenn du Senfsaat verwendest, musst du diese zuerst mahlen. Das geht am besten in einer sauberen Kaffeemühle. Du kannst aber auch direkt Senfmehl verwenden dann hast du dir diesen Schritt gespart. Den gemahlenen Senf gibst du zusammen mit dem Zucker und dem Salz in eine große Schüssel. Das Wasser kochst du zusammen mit dem Weißweinessig und dem Honig kurz auf und lässt es abkühlen. Sobald der Sud Zimmertemperatur hat, gibst du Ihn zu dem gemahlenen Senf.

<u>Senf</u> verfeinern:

Wenn dir unser Basisrezept zu langweilig ist, kannst du deinem Senf natürlich auch noch diverse Zutaten beimischen. An Kräutern eigenen sich Thymian, Rosmarin, Dill, Estragon oder auch saisonal Bärlauch. Wer es etwas fruchtiger und süßer mag, kann der Senfmasse folgende Obstsorten als Püree untermischen: Feigen, Datteln oder etwas Zitronenabrieb. Wenn Dir der Senf nicht scharf genug ist, gib einfach ein bisschen frisch gehackte Chili oder Chiliflocken mit dazu.

Wie lange ist der selbst gemachte Senf haltbar?

Sofern die Weckgläser gut verschlossen sind und du den Senf kühl und dunkel lagerst ist er bis zu 5 Wochen ohne Bedenken haltbar. Heißt du kannst auch ruhig eine größere Menge davon machen.

<u>Süßen Senf herstellen:</u>

Zutaten
1 kleine Zwiebel (kann man auch weglassen)
2 EL dunkler Waldhonig
2 Gewürznelken
3 Wacholderbeeren
5 Pfefferkörner
1 kleines Lorbeerblatt
Salz
3 EL Essigessenz
125 g gelbes Senfmehl (Reformhaus)
40 g grünes Senfmehl (Reformhaus)

175 g brauner Zucker
2 TL geriebener Meerrettich

Die Zwiebel schälen und vierteln, mit gut 350 ml Wasser, Honig, Gewürzen, etwa 1½ TL Salz und Essigessenz 15 Min. leise köcheln, dann abkühlen lassen. In einer Schüssel beide Senfmehle mit braunem Zucker mischen. Essigsud durch ein Sieb gießen und so viel davon unter die Senfmehle rühren, bis ein ziemlich flüssiger Brei entstanden ist. Restlichen Essigsud aufheben, den Senf zugedeckt bei Zimmertemperatur bis zum nächsten Tag quellen lassen. Den Meerrettich und nach Bedarf weiteren Essigsud einrühren, bis der Senf zähflüssig vom Löffel tropft. Den Senf in Steinguttöpfchen oder Gläser füllen und im Kühlschrank mindestens 1 Woche ruhen lassen. Der Senf hält sich genauso lang wie gekaufter. Jetzt vermischst du alles miteinander bis eine schöne homogene Masse entsteht. Dann kommt der Stabmixer zum Einsatz. Die Senfmasse kannst du nun so lange pürieren, bis sie die gewünschte Konsistenz hat. Achte aber darauf, das du immer wieder eine Pause machst, damit die Masse nicht zu heiß wird. Denn sonst entfaltet der Senf zu viele ätherische Öle und wird extrem scharf und ungenießbar! Wenn du die gewünschte Konsistenz erreicht hast, gibst du den Senf in Weckgläser und lässt ihn 2-3 Tage ruhen.
Tipps & Hinweise
Wenn du Senfsaat verwendest, kannst du sowohl groben als auch feinen Senf herstellen. Sofern du direkt Senfmehl nimmst, klappt natürlich nur der feine Senf. Sollte dir der Senf nach dem Pürieren nicht fein genug sein, kannst du Ihn auch noch durch ein feines Sieb passieren. Es ist wirklich wichtig das du den Sud gut abkühlen lässt, bevor du ihn zum Senfmehl gibst, gleiches gilt für die Pausen beim Pürieren.

Senfeier für 4 Personen

8 mittelhart gekochte Eier
Margarine
Mehl
Tasse Brühe
5 große Esslöffel mittelscharfer Senf
8 große Pellkartoffeln oder 12 mittlere Pellkartoffeln
Milch oder Sahne
Pfeffer, Salz

In einem Topf ca. zwei Esslöffel Margarine flüssig werden lassen. Das Mehl dazugeben und mit dem Schneebesen verrühren, dass sich keine Klümpchen bilden. Mit der Brühe sowie Milch oder Sahne ablöschen und kräftig rühren bis das ganze sämig wird. Den Senf dazugeben, kräftig verrühren.
Die Sauce sollte schön cremig sein, mit Salz und Pfeffer abschmecken, die Eier dazugeben. Variante: Speck und Zwiebel kräftig anbraten und daraus die Sauce zubereiten.

Senf-Honig Sauce zum Dippen

2 EL Honig
2 EL Zitronensaft
½ TL Senfpulver
½ TL rote Paprikapulver edelsüß
Alle Zutaten in einem Topf vermengen.
Bei schwacher Hitze unter ständigem Rühren die Senf-Honig Sauce zum Kochen bringen.Die fertige Sauce vom Herd nehmen und vollständig abkühlen lassen. Die Sauce schmeckt sehr gut zu kaltem Braten oder kaltem Räucherfisch.

Senf-Honig Sauce zum Dippen (2)

150 g mittelscharfer Senf
1 Esslöffel Wasser
1 Esslöffel süßer Senf
2 Esslöffel Honig
optional: 4 Zweige Dill oder 1 Zweig Estragon oder 1 Chilischote
Pfeffer, Salz zum Abschmecken
Alles miteinander verrühren, den Dill oder Estragon oder Chili fein hacken und unterrühren. Kalt stellen. Die Sauce schmeckt sehr gut zu kaltem Braten oder kaltem Räucherfisch.

Siedfleisch, Tafelspitz

Rindfleisch versäubern, die Haut abmachen. 1 kg Rindfleisch benötigt im Schnellkochtopf 45 Minuten. Man kann Suppenfleisch nehmen, aber auch Beinscheiben. In Ungarn muss man Tafelspitz bestellen. Eine Zwiebel mit Schale halbieren und im Topf kurz anbrennen lassen für eine schöne Farbe. Das Fleisch mit Suppengemüse, den Zwiebeln, Lorbeerblatt, Pimentkörnern,

Wacholder in den Schnellkochtopf geben und mit Wasser bedecken. Kein Salz! Das blutet das Fleisch aus. 45 Minuten kochen und probieren, ob es durch ist. Das Fleisch rausnehmen und abkühlen lassen. Kartoffeln schälen und kochen. Eine Buttermehlschwitze zubereiten, den Rettich aus dem Glas unterrühren und mit der Kochbrühe vom Fleisch angießen. 1 Zitrone auspressen, dazugeben. Alles glatt verrühren. Mit Pfeffer und Salz abschmecken, ggf. Brühe. Falls zu sauer, ein bisschen Zucker dazugeben. Das Fleisch in dünne Scheiben schneiden und mit Kartoffeln, Sauce, roter Beete servieren. Einen Tag später gibt's dann Gaisburger Marsch. Die restliche Brühe nehmen. Suppengemüsewürfel dazu. Das restliche Fleisch vom Vortag in kleine Streifen schneiden. Eine Kartoffel klein Würfel und in der Brühe weich kochen. Die Spätzle in Butter anbraten. Man kocht die Brühe auf. Das Fleisch kommt mit den warmen Spätzle in den tiefen Teller, gibt die Brühe mit Kartoffeln und Suppengemüse dazu. Das Fleisch wird im Teller warm serviert.
Petersilie drauf.

Spargel

Spargel lässt sich nach seiner Farbe grundsätzlich in drei verschiedene Typen unterteilen: weißen, grünen und violetten Spargel. Streng genommen handelt es sich dabei jedoch nicht um verschiedene „Sorten". Vielmehr sagt die Farbe etwas darüber aus, wie viel Licht die Spargelstangen während des Wachstums ausgesetzt waren: Die vollständig mit Erde bedeckten weißen Spargelstangen verfärben sich durch Sonnenstrahlung zunächst violett, später dann grün. Weißen Spargel sollte man stets gut schälen und die holzigen Enden abschneiden. Das ist zeitaufwändig, aber es lohnt sich, da faserige Teile den Spargelgenuss schnell trüben können. Weißer Spargel wird klassisch mit Sauce Hollandaise serviert. Violetter Spargel schmeckt ein wenig kräftiger als weißer Spargel. Wegen des feinen Geschmacks gilt er besonders in Frankreich als Delikatesse. Bei Geschmack und Zubereitung unterscheidet sich der grüne Spargel deutlich vom weißen. Er schmeckt etwas kräftiger und würziger. Die Stangen sind dünner, die Garzeit dadurch kürzer. Spargel enthält viele Mineralstoffe – wie Kalium (190 bis 280 Milligramm pro 100 Gramm), das blutdrucksenkend wirkt und wichtig für das Funktionieren der Nervenreizleitungen ist. Das Kalzium im Spargel (20 bis 22 Milligramm pro 100 Gramm) ist ein wichtiger Baustein für Zähne und Knochen.

Spargel entwässert den Körper. Spargel soll dabei helfen, das angelagerte Wasser auszuscheiden. Allgemein führt die gesteigerte Harnausscheidung auch dazu, dass beispielsweise Giftstoffe aus dem Körper geschwemmt werden. So wird das Blut gereinigt und die Leber-, Nieren- und Lungenfunktion unterstützt.

Weißer Spargel mit Sauce Hollandaise

1 kg weißer Spargel
1 Zitrone
250 g Butter
3 Eigelbe
¼ l Weißwein
Salz
Zucker
500 g festkochende Kartoffeln als Beilage

Die Kartoffeln schälen und kochen. Den Spargel putzen und die holzigen Enden abschneiden. In einem großen, flachen Topf den Spargel mit soviel Wasser bedecken, dass er gerade noch schwimmen kann. 1 Teelöffel Salz, 1 Teelöffel Zucker und eine halbe Zitrone sowie ein Teelöffel Butter dazu geben. Solange kochen (ca. 10 min), bis beim reinpieken kein Widerstand spürbar ist. 120 g Butter zerlassen. Lauwarm abkühlen lassen. 3 Eigelb und 1 Esslöffel Wasser in einer Metallschüssel kräftig mit den Quirlen des Handrührers aufschlagen. 3 Esslöffel Weißwein unter Rühren zugeben. Die Schüssel nun in ein heißes Wasserbad geben. Die Masse so lange weiterschlagen, bis eine cremige Sauce entsteht. Aus dem Wasserbad nehmen. Butter vorsichtig erst tropfenweise, dann mit dünnem Strahl unterrühren. Mit Salz, Pfeffer und etwas Zitronensaft abschmecken. Dazu schmeckt Schnitzel oder Kochschinken.

Spargelgerichte von den Abschnitten oder von Bruchspargel oder übrig gebliebenem Spargel

Frühlingssuppe mit Bruchspargel

1 Liter klare Fleischbrühe
4 Stangen Suppenspargel oder 8 Stücke Bruchspargel
125 g junge Erbsen
2 Karotten
50 g Perlböhnchen (kleine grüne Bohnen)
1 gutes Stück Blumenkohl
Petersilie und Schnittlauch
1-2 Tomaten

Den Spargel putzen, holzige Enden abschneiden. Die Erbsen werden enthülst, die Bohnen abziehen und in 2 Teile schneiden. Den Blumenkohl in kleine Röschen teilen. Die Karotten putzen und in dünne Scheiben schneiden. Die Brühe erhitzen und das Gemüse nur kurz angaren. Es darf nicht zu weich werden. Mit Petersilie und Schnittlauch und klein gehackten Tomaten bestreuen. Die Suppe kann durch Eierstich oder der Zugabe von Flädle oder Suppennudeln oder Markklößchen verfeinert werden.

Spargelsuppe

250 g Suppenspargel
1 Liter Wasser
2 Teelöffel Salz
40 g Butter
40 g Mehl
1 Eigelb
Muskat, Pfeffer

Den Spargel schälen, in ca. 3 cm lange Stücke schneiden und mit 1 Teelöffel Salz in ¼ Liter Wasser ca. 10 min kochen. In der Zwischenzeit aus Butter und Mehl eine helle Mehlschwitze zubereiten. Die Mehlschwitze mit dem Kochwasser aufgießen und gut verquirlen. Mit weiterem Wasser verdünnen und aufkochen. Eine Tasse von der Spargelsuppe kalt werden lassen und mit dem Eigelb verrühren, dann in die heiße Suppe zurückgeben. Mit Salz, Pfeffer und Muskat abschmecken. Die Spargelstücke nun in die Suppe geben. Die Suppe heiß servieren. Besonders intensiv schmeckt die Suppe, wenn man die Spargelschalen mitkocht. Diese müssen nach dem Kochen entfernt werden. Auch kann man dem Kochwasser einen halben Teelöffel Zucker und eine halbe Zitrone beigeben.

Spargelsuppe mit Ei und Blumenkohlsuppe mit Ei

1 Blumenkohl fein zerteilt oder Spargelabschnitte
1 Liter Brühe oder mehr, je nach Größe des Blumenkohl oder Spargel
Salzkartoffeln
Pfeffer
Muskat
2 Eier
2 Teelöffel Milch

Man schält den Spargel und schneidet ihn in 3 cm kleine Stücke. Den Blumenkohl zerteilt man in Röschen. In einem einem Topf kocht man den Spargel oder den Blumenkohl in der Brühe für gut 10 Minuten lang. Die Eier und die Milch verquirlen und langsam unterziehen. Das Ei flockt nun aus. Mit Pfeffer, Salz und Muskat abschmecken. Variante: weil das gestockte Ei in der Suppe oft nicht schön anzusehen ist, kann man auch Eierstich in die Suppe geben.

Spätzle

100 ml kaltes Wasser
250 g Mehl
3 grosse Eier

Für die Spätzle das Mehl mit Eiern und Wasser zu einem Teig verrühren und eine Prise Salz dazugeben. Ruhig schwungvoll rühren, damit Luft in den Teig kommt. Die richtige Konsistenz hat er, wenn er am Kochlöffel Fäden zieht, die aber nicht sofort abreißen. Den Teig ein paar Minuten stehen lassen. Einen großen Topf Wasser und Salz zum Kochen bringen.

Den Teig in die Spätzlepresse geben und und gleichmäßig in das kochende gesalzene Wasser pressen. Wenn die Spätzle aufschwimmen, abschöpfen und mit klarem Wasser abschrecken.

Man kann die Spätzle auch schaben. Dazu den Teig auf ein Brett verteilen und mit einem Küchenschaber schnell kleine Spätzle in das kochende Wasser schaben. Wer ganz faul ist, kauft sie im Supermarkt frisch oder getrocknet.

Spekulatiuscreme

als Belag für Palatcinka oder Langos oder als Tortencreme
200 g Gewürzspekulatius
120 g Kondensmilch (4% Fett)
75 g brauner Zucker
30 g Honig
80 g Butter
1 TL Spekulatiusgewürz

Den Gewürzspekulatius im Mixer ganz fein mahlen. Umso cremiger wird die Spekulatiuscreme.
Die Butter im Topf auslassen, braunen Zucker und Honig zugeben und rühren bis sich alles aufgelöst hat. Anschließend Kondensmilch, Spekulatiusgewürz und den gemahlenen Gewürzspekulatius zugeben und zu einer glatten Masse rühren. Die Spekulatiuscreme in ein Glas füllen und bei Zimmertemperatur abkühlen lassen. Später kann sie dann im Kühlschrank aufbewahrt werden.

Pellkartoffeln mit Spinat und Spiegel-Ei

1 Packung Spinat (frisch) ca. 500 g oder
1 Tiefkühlpackung Spinat
4 Eier
6 mittlere Kartoffeln
1 kleine Zwiebel
(Knoblauch nach Bedarf)
Öl
Butter
Salz
Pfeffer
Muskat
1 Packung süße Sahne

Den frischen Spinat gründlich waschen und klein hacken. Zwiebel klein hacken und in Öl anbraten, wer mag, kann jetzt den kleingehackten Knoblauch dazugeben. Den Spinat drüber geben, würzen und 5 min langsam zusammenfallen lassen. Die Sahne drüber geben, gut durchrühren und noch mal mit Pfeffer, Salz und Muskat abschmecken. Die Pellkartoffeln mit ausreichend Wasser und 1 Teelöffel Salz langsam auf kleiner Flamme ca. 20 min köcheln lassen. Sie sind fertig, wenn man reinpieken kann und kein Widerstand mehr da ist. Für die Spiegeleier, Butter in eine Pfanne geben und die 4 Eier gleichzeitig braten. Ein bisschen Salz drüber geben. Das Gelb muss noch cremig, flüssig sein, das Eiweiß allerdings gestockt.
Variante:
Tiefkühlspinat im Topf erwärmen und mit Salz, Pfeffer und Muskat abschmecken. Ggf. Mit Sahne verfeinern.
Achtung: nur einmal kurz aufkochen, das er richtig heiß ist. Dann gleich essen. Umso länger er kocht oder steht, umso schlechter wird sein Aussehen und Geschmack.

Spinatbällchen

Butter
500 gr. Spinat frisch
4 Eigelb
3 EL Sahne
30 gr. Parmesan

85 gr. Weichweizengries
Salz, Pfeffer
Zum Servieren
Butter
Salz
Salbei, optional

Butter erhitzen und Spinat 4 Minuten dünsten. Gut ausdrücken. Fein hacken. Spinat zurück in den Topf geben. 2 EL Gries und Eigelbe und Sahne und Parmesan unterühren. Würzen und 5 Minuten kochen. Aus dem Topf nehmen und kalt werden lassen. Kleine Bällchen formen. Klebt die Masse, Gries an den Handen hilft. 16 Bällchen formen und über Nacht in den Kühlschrank stellen. Nun Wasser mit Salz zum Kochen bringen und die Bällchen 3 Minuten kochen, bis sie hoch kommen. Braune Butter herstellen und ggf. Salbei ein bisschenanrösten. Uber die Bällchen geben und mit Parmesan servieren.

Spitzweck

Teig, siehe Rezept Hefeteig
Teig dünn ausrollen und in 5 cm breite Streifen schneiden. Dann schräge Rauten schneiden und noch mal gehen lassen. Mit einem feuchten Tuch abdecken. In der Friteuse von beiden Seiten hellbaun ausbacken, danach auf Küchenkrepp abtrocknen. Noch warm in Zimt-Zucker wälzen. Schmecken warm am besten.

Spritzkuchen

250 ml Wasser
60 g Butter, oder Margarine
1 Prise Salz
1 Paket Vanillezucker
125 g Mehl
4 Eier
1 TL Backpulver, gestrichen
Fett, zum Ausbacken
200 g Puderzucker
2 EL Wasser, heiß, evtl. 3 EL
1 EL Zitronensaft, oder Rum

Das Wasser mit Butter, Vanillezucker und Salz in einem Topf erhitzen, bis die Butter geschmolzen ist und die Mischung kocht. Vom Herd nehmen, das Mehl sofort auf einmal mit einem Kochlöffel kräftig einrühren, bis sich der Teigkloß vom Topfrand löst. Etwas abkühlen lassen. Dann unter kräftigem Rühren mit dem Handrührgerät die Eier einzeln einarbeiten, bis ein glatter, seidiger, spritzfähiger Teig entstanden ist. Zum Schluss Backpulver unterrühren. Großen Topf mit Fett erhitzen. Ein Stück Butterbrotpapier in der Größe des Topfes schneiden, in das heiße Backfett tauchen und auf eine Platte legen. Teig in einen Spritzbeutel mit weiter Tülle füllen und je 3 – 5 Kränze von 1½ -2 cm Höhe auf das Papier spritzen. Mit dem Papier in das heiße Fett gleiten lassen, dabei das Papier an einer Ecke festhalten, bis die Kränze abgleiten, dann herausziehen. Kränze am Anfang hin und her bewegen, damit das Fett über den Teig fließt, dann gehen die Spritzkuchen auf. Gebäck von beiden Seiten goldbraun backen. Auf einem mit Küchenpapier belegten Kuchengitter (Rost) abtropfen lassen. Für den Guss Puderzucker mit dem heißen Wasser und Zitronensaft (Rum) verrühren. Die Oberseite der Spritzkuchen damit bestreichen.

Die Steckrübe

Die Steckrüben erreichten Deutschland im 17. Jahrhundert aus Skandinavien, daher auch die Bezeichnung „Schwedische Rübe". Der tatsächliche Ursprung der Steckrübe ist jedoch ungeklärt. Heute wird sie weltweit angebaut. Erntesaison in Europa ist September bis Mai. In Notzeiten waren Steckrüben mehrfach die letzte Nahrungsreserve für einen Großteil der Bevölkerung. In die Geschichte eingegangen ist der sogenannte deutsche Steckrübenwinter während des Ersten Weltkriegs 1916/17. Da die Kartoffelernte im Herbst 1916 eine Missernte war, wurden Steckrüben als Ersatz. herangezogen. Sie waren vorher hauptsächlich als Schweinefutter angebaut worden. Da praktisch alle Lebensmittel in Deutschland knapp waren, dienten Steckrüben als Basis für die verschiedensten Gerichte, 1917 erschienen eigens Steckrüben-Kochbücher. Auch im Hungerwinter 1946/47 nach dem Zweiten Weltkrieg kamen in Ermangelung ausreichender Nahrungsmittelmengen die Ersatzrezepte für Steckrüben vielfach zum Einsatz. Heute wird die Steckrübe in vielen Restaurants als winterliche Delikatesse angeboten. Die gelbe Steckrübe (die weiße Steckrübe ist weiterhin vor allem Tierfutter) hat gerade einmal rund 35 Kalorien pro 100 Gramm, liefert dafür aber viele pflanzliche Kohlenhydrate, Kalzium, Kalium, Beta-Carotin sowie B-Vitamine und das Vitamin C.

Sie schmeckt durch den hohen Fruchtzuckeranteil leicht süss, aber auch herb und erdig. Sie erinnert geschmacklich an eine Mischung aus Kohlrabi und Möhren, kombiniert mit einer herben Note, die je nachdem, ob die Rübe etwas Frost hatte oder nicht – dadurch wird die Steckrübe nämlich süßer, fast leicht bitter im Gaumen wirken kann.

Steckrübeneintopf

1 Steckrübe
1 Suppengrün
4 Kartoffeln
250 Gr. Schweinfleisch, durchwachsen
2 Knacker (geräucherte Mettwurst) oder
2 Pfefferbeisser
Schmalz zum Anbraten, 2 Esslöffel
Pfeffer
Salz
Majoran
1 bis 2 Liter Brühe
Schuss Maggie

Das Suppengrün putzen und in kleine Stücke schneiden. Die Hälfte davon frieren wir ein. Die Steckrübe schälen und in kleine Stücke schneiden. Die Kartoffel schälen und in Stücke schneiden. In einem großen Topf, Schmalz erhitzen, das Suppengrün, die Kartoffeln und die Steckrübenwürfel anrösten, das Fleisch im Stück oben drauf legen und mit Brühe angießen. Die Brühe soll alles gut bedecken. Ca. 30 min köcheln lassen. Das Fleisch entfernen und in Stücke schneiden. Die Suppe mit Pfeffer, Salz, Majoran, Maggie abschmecken, das Fleisch unterrühren. Die Knacker in mittlere Scheiben schneiden und in die Suppe geben. Noch einmal aufkochen lassen. Die Suppe schmeckt am nächsten und übernächsten Tag umso besser.

Strapatzka

Strapatzka wird in Ungarn gerne in Freibädern anstatt Pommes gegessen. Es ist billig, macht satt und schmeckt richtig gut. Strapatzka werden aus Kartoffelteig gemacht und sehen aus wie ungarische Nockeldi, bloss das sie dunkler sind und sehr viel geschmackvoller sind. Man kann sie überall im Supermarkt kaufen. Die Strapatzka werden in Salzwasser gekocht, abgeschreckt und bei

Seite gestellt. Dann muss man sehr viele Zwiebeln in Scheiben schneiden und in Schmalz richtig lange braten. Speck wird in Würfel geschnitten und solange ausgelassen, bis er knusprig braun ist. Dann kommen die Strapatzka in die Speckpfanne. Alles wird gut vermischt. Serviert werden 2 Kellen Speckstrapatzka, daruf kommt eine Kelle von den Zwiebeln und oben drüber Pfeffer aus der Mühle und Paprikapulver für die Schönheit. An den Rand kommt ein großer Klecks mit Tejföl-Sauerrahm. Varianten sind Strapatzka mit Sauerkraut oder krümeligen Schafskäse.

1 kg mehligkochende Kartoffeln
250 g Mehl (Type 405)
2 Eier (Größe M)
Salz für den Teig und für das Kochwasser
Paprikapulver

Kartoffeln schälen und fein reiben. In einer Schüssel mit Mehl, Eiern und Salz verkneten. Mit einer Spätzlereibe oder einem Brett und einem Messer kleine Teigknödel in kochendem Salzwasser garen.

Streuselkuchen

Für diesen Streuselkuchen benötigt man einen Hefeteig (siehe Rezept Hefeteig). Den fertigen Teig lässt man 2 x gehen. Auf ein gut gefettetes Blech (inkl. der Ränder) diesen gleichmäßig ausrollen. Mit der Milch einpinseln. Nun mit den Streuseln bestreuen und nochmal gehen lassen. Ofen anheizen auf 250 Grad und bei 220 Grad backen bis er schön braun ist, ca. 25 min.

Streusel für den Kuchenteig

250 Gr. Butter
200 Gr. Zucker
1 Eigelb
500 Gr. Mehl

Die Zutaten gut verkneten und in den Kühlschrank stellen für 20 min. Dann in kleine Streusel zerkrümeln und auf den Kuchen geben. Zimt nach Wahl, Rosinen nach Wahl, Nüsse nach Wahl, Mandeln nach Wahl

Suppenmaultaschen,
siehe Rezept unter Hochzeitsuppe

T

Tarhonya

Besonders beliebt in Ungarn sind Tarhonya eine Mischung aus Nudel und Reis auf Deutsch - Eiergraupen. Die traditionelle Teigware sieht aus wie Eingetropftes in Suppen: kleine Teigklümpchen verschiedener Größe. Die Zubereitung ist denkbar einfach und ähnlich der von Reis: Man nehme eine Tasse Tarhonya und die doppelte Menge Wasser und gebe beides in eine feuerfeste Form in den vorgeheizten Backofen. Bei 250 Grad lässt man die Tarhonya vor sich hin köcheln und rührt manchmal um. Noch besser wird sie, wenn man statt mit Wasser mit Rindsuppe oder anderer Brühe aufgießt. Gelegentlich umrühren und bei Bedarf Wasser nachgießen. Die Tarhonya ist fertig, sobald sie bissfest gekocht ist. Dann mit ein paar Butterflocken garnieren und noch kurz im Ofen ziehen lassen, bis die Butter zerlassen ist. Tarhonya eignet sich besonders gut als Beilage zu deftigen Fleischgerichten wie etwa Gulasch, sie schmeckt aber auch köstlich zu Vegetarischem, z. B. mit Tomatensauce.

Tarhonyasuppe

300 gr. Knochen deiner Wahl
100 gr. Karotten, Mohrrüben
50 gr. Petersilienwurzel
40 gr. Fett
20 gr. Zwiebel
30 gr. Rote Paprika
40 gr. Räucherspeck
Petersilie
100 gr. Letscho aus dem Glas
100 gr. Trockenene Tarhonya

Die Knochen mit den Wurzeln 1,5 Stunden langsam kochen. Knochen entfernen. Tarhonya in Fett rösten, Zwiebel, Petersilie dazugeben. Paprika und Speck auch darin anbraten und mit Letscho aufgiessen. Mit Brühe aufgiessen. Abschmecken mit Salz und Pfeffer.

Tiramisu von Kastanien

Oh, du meine Güte, ist das lecker. Gegessen im fehér ló in Bük.

20 Löffelbiskuite
150 gr. Edelkastanie (Marone), gekocht und püriert Oder eine Packung Kastanienpüree
100 gr. Mascarpone
Rum
90 gr. Zucker
Becher Kaffee Kaffee
Becher Schmand
Vanillezucker
2 EL Milch
Kakaopulver etwas

Mascarpone, Schmand, Kastanienpüree, 80 gr. Zucker, Vanillezucker, Milch und 3 El. Rum glatt verquirlen. Die Sahne steif schlagen und unter die Masse heben. Kaffee mit 1 El. Rum und 1 El. Zucker verrühren. Eine Form oder 4 kleine Schälchen herrichten. Die Löffelbiskuits in den Kaffee tauchen und dann im Wechsel mit der Kastaniencreme in die Form oder Schälchen schichten. Mindestens 2 Stunden in den Kühlschrank geben und vor dem Verzehr noch mit dem Kakaopulver bestäuben.

Tomatenfisch

500 Gr. Fischfilet
200 Gr. Geräucherter Bauch
Margarine oder Öl zum Braten
2 große Gewürzgurken
1 mittlere Zwiebel
Salz und Pfeffer
4 Esslöffel süße Sahne oder Kondensmilch
1 Dose kleine Tomatenmark oder 4 Esslöffel Tomatenmark aus der Tube
6 Butterflocken

Zwiebel und Gurken kleinhacken, Bauch in kleine Würfel schneiden. In Öl oder Margarine anbraten. Tomatenmark und Sahne dazugeben, würzen. Für 5 min kochen. Eine feuerfeste Form einfetten, die Hälfte der Sauce einfüllen. Den Fisch einlegen und mit der restlichen Sauce bedecken. De Butterflocken locker verteilen. Den Fisch 25 Minuten bei 220 Grad im Backofen garen. Dazu passen gekochter Reis oder Salzkartoffeln und grüner Salat.

Welche Fische eignen sich zum Kochen:
Optimal sind ganze Fische oder Fischkoteletts, bei denen das Fleisch durch Haut und Gräten beim Garen zusammengehalten wird und so vor dem Zerfallen geschützt ist. Besonders geeignet sind Schellfisch und Seelachs, aber auch Weißfische wie Karpfen und Schleie, Kabeljau sowie Forelle.

Tomaten mit Hack gefüllt

Tomaten, mit Hack gefüllt, im Sommer, wenn man selbst viele Tomaten im Garten hat und nicht weiß, was man alles kochen soll.

8 grosse Tomaten, Paradeiser
50 g Reis
200 g Hack
1 mittlere Zwiebel, 2 Knoblauchzehen
1/2 Bund Petersilie
Öl
Salz, Pfeffer aus der Mühle

Alle Zutaten bereitstellen, Paradeiser waschen, Zwiebel, Knoblauch schälen, fein hacken. Reis waschen, abtropfen, in wenig Salzwasser bissfest kochen, abgießen und vom Herd nehmen. Paradeiser innen aushöhlen, beiseite stellen. In Pfanne etwas Öl erhitzen, Zwiebel und Knoblauch anrösten, das Fleisch der Paradeiser dazugeben und einkochen lassen, würzen. Reis mit dem Faschierten vermengen, salzen und pfeffern, Petersilie unterrühren. Paradeiser füllen, Deckel darauf setzen. Paradeiser in die Sauce setzen und rund 20 Minuten bei 180 °C im Ofen garen.

Topfenpalatschinken

Zutaten für 4 Portionen
100 g Mehl
250 ml Milch
2 Stk Eier
40 g Zucker
1 Prise Salz
0.5 EL Butter (für die Pfanne)
0.5 EL Butter (für die Auflaufform)

Zutaten für die Füllung

50 g Rosinen (optional)

1 EL Rum (optional)

30 g Butter (weich)

80 g Zucker

0.5 Stk Zitronenschale (abgerieben)

2 Stk Eier

250 g Topfen

Zutaten zum Übergießen

1 Stk Ei

125 ml Milch

1 Päckchen Vanillezucker

1 EL Zucker

2 EL Staubzucker (zum Bestreuen)

Für den Palatschinken zuerst das Mehl mit der Hälfte der Milch, den Eiern, Salz und Zucker in einer Schüssel verrühren - dann soviel Milch dazugießen, dass ein dünnflüssiger Teig entsteht. Eine Pfanne erhitzen und gleichmäßig mit 1/2 EL Butter ausfetten. Etwa 1/8 des Teiges mit einem Schöpflöffel hineingießen und die Pfanne schwenken, sodass der Teig auseinander fließt und der Pfannenboden dünn bedeckt ist. Die Palatschinken bei schwacher Hitze beidseitig goldgelb backen. Auf diese Weise 8 Palatschinken bereiten und warmstellen. Wenn der Teig zwischendurch eindickt, wieder etwas Milch unterrühren. Für die Fülle: Die Rosinen heiß abwaschen, trockentupfen und mit Rum beträufeln. Man kann sich einen Vorrat an Rosinen vorbereiten. Ein Einweckglas sauber auswaschen. Die Rosinen heiß abwaschen, trocken tupfen und mit ordentlich Rum begiessen. Diese eingelegten Rosinen kann man z. B. auch für Stollen oder Rosinenkuchen benutzen. Butter mit Zucker und Zitronenschale schaumig rühren. Die Eier trennen und Eigelbe unter die Buttermasse rühren. Topfen und Rosinen daruntermischen. Danach das Eiweiß zu steifem Schnee schlagen und ebenfalls unterheben. In der Zwischenzeit den Backofen auf 200 Grad (Ober-/Unterhitze) vorheizen, eine Auflaufform mit Butter ausstreichen. Die Fülle bleistiftdick auf die Palatschinken streichen. Die Palatschinken zusammenrollen und quer halbieren. Die Palatschinkenstücke mit den Schnittseiten nach oben in die Auflaufform schichten. Für den Guss: Ein Ei mit Milch, Zucker und Vanillezucker verquirlen und über die Palatschinken gießen. Die Form in den Backofen stellen und in etwa 25 Min. goldgelb überbacken. Die Topfenpalatschinken dick mit Staubzucker bestreuen und sofort servieren.

U

Ungarisches Rindergulasch, Pörkölt mit Spätzle

500g Rindfleisch
2 große Zwiebeln
2 Knoblauchzehen
Etwas Schmalz oder Öl
1 kleine Tomate
1 kleine Dose Tomatenmark
1Teelöffel scharfe oder süße Paprika-Creme
Salz, Pfeffer, Kümmel gemahlen
2 Esslöffel Gewürzpaprikapulver
ein guten Schluck Rotwein
Wasser oder Brühe

Spätzle
ca. 300g Mehl
2 Eier
Wasser, Salz

Zwiebel klein hacken, mit dem gepressten Knoblauch in einem möglichst großen Topf scharf anbraten. Wenn die schon glasig sind, Fleisch (in kleine Würfel geschnitten) dazugeben, und paar Minuten mitbraten. Mit Salz, Pfeffer, Gewürzpaprikapulver und eine Priese Kümmel würzen. Klein gehackte Tomate, Tomatenmark, Paprikacreme dazugeben, und mit einem guten Schluck Rotwein, und mit ca. 1 Glas Wasser oder Brühe aufgießen. (Flüssigkeit darf nicht zu viel sein! Lieber etwas noch nachgießen, unsere Soße soll schön dick sein!) Ca. 1 Stunde Kochen, und mit Nockerln, oder Nudeln servieren.

Spätzle:
Für den Spätzle Teig Mehl, Wasser (ca.50ml), Eier Salz mit einem Kochlöffel gut verrühren. Er muss glatt, fest, aber schön fließen sein. Ist der Teig zu dünn, gibt man etwas Mehl dazu. Spätzle in kochendes Wasser Reiben (mit einer Spätzle Reibe) und nach ca.5 Minuten herausnehmen, wenn sie an der Oberfläche schwimmen.

Natürlich kann man dieses Rezept variieren. Man kann ein Gulasch ohne Wein, oder mit Chili, auch aus Schweinefleisch kochen. Jedermann macht es ein bisschen anders, Hauptsache, es muss uns schmecken! Wir essen gerne Wildpreiselbeeren dazu, wenn wir ein Glas Rotwein trinken, oder Eingelegtes, dann passt aber Wein gar nicht mehr zu.

V

Vanillepudding selber kochen

500 ml Milch
1 Vanilleschote
60 g Zucker
2 Eigelbe (Gr. M)
25 g Speisestärke

Milch in einem Topf zum Kochen bringen. Vanilleschote längs aufschneiden und das Mark mit der stumpfen Messer-Rückseite auskratzen. Mark und die ausgekratzte Schote zur Milch geben. Zucker mit Eigelb, Stärke und 3 EL der Milch glatt rühren. Kochende Milch von dem Herd nehmen und unter Rühren den Stärke-Mix zugeben. Zurück auf die Herdplatte geben und bei geringer Hitze 1 Minute unter Rühren köcheln lassen. Vanilleschote entfernen und Pudding in eine Schüssel umfüllen. Nimmt man mehr Milch, wird der Pudding zur Suppe, man muss dann auch den Zucker angleichen.

Vanille-Buttercreme

Eine klassische deutsche Buttercreme mit Pudding, verfeinert mit Vanilleschote. Mit ihr kannst du über Torten und Kuchen bis zu Muffins viele deiner liebsten Back-Kreationen verfeinern und verzieren. Generell ist die Vanille-Buttercreme vielseitig einsetzbar. Du kannst Kuchen wie Bienenstich vom Blech füllen oder Cupcakes mit einem Spritzbeutel verzieren. Torten wie eine Erdbeertorte mit Biskuitboden kannst du mit der Vanille-Buttercreme füllen oder damit einstreichen.

1 Vanilleschote
500 ml Milch
100 g Zucker
2 Päckchen Puddingpulver, Vanille
350 g zimmer warme Butter

Den Pudding mit allen Zutaten außer der Butter zubereiten und im Kühlschrank abkühlen lassen. Mit den Schneebesen des Rührgerätes die zimmerwarme Butter hellcremig aufschlagen.

Nun den abgekühlten Pudding esslöffelweise unter die aufgeschlagene Butter rühren und so die Vanille-Buttercreme aufschlagen.

Achte hier unbedingt darauf, dass Butter und Pudding die gleiche Temperatur haben, sonst gerinnt die Vanille-Buttercreme.

W

Waldfrucht-Rote Grütze kochen und einwecken

1000 g Waldfrüchte (eingefroren)
400 g Zucker
1 Päckchen Zitronensäure
2 Teelöffel Stärke
5-6 Schraubgläser / Marmeladengläser

Die Waldfrüchte in einen großen Topf geben, den Zucker darüber streuen und 30 min stehen lassen. Dann die Zitronensäure darüber geben und alles gut durchrühren. Mindestens 5 min aufkochen lassen. Mit ein wenig Wasser 2 Teelöffel Stärke anrühren und langsam in den Topf gießen. Noch einmal 1 Minute kochen lassen. Heiß in saubere Gläser abfüllen und gleich schließen. Auf den Kopf stellen. Irgendwann hört man ein Plopp und die Gläser kann man wegstellen. Die rote Grütze kann man mindestens 1 Jahr aufheben, meist auch länger.

Gläser sterilisieren:
Dafür kochendes Wasser bis zur Hälfte in die Gläser gießen. Die Deckel müssen liegen extra und müssen komplett mit kochendem Wasser befüllt sein. Dann die Gläser mit den Deckeln zumachen und einmal kräftig schütteln. Das Wasser ausgießen. Das Wasser kann man, wenn es kalt ist, noch zum Blumengießen verwenden.

Wassersuppe mit Brot

altes Schwarzbrot in Scheiben,
pro Person 1 bis 2 Scheiben
1 große Zwiebel
Schmalz zum Braten
1 Liter Wasser, besser 1 Liter Brühe
Salz und Pfefferkörner
Schnittlauch

Das Schwarzbrot in mundgerechte Stücke schneiden. Die Zwiebel in Scheiben schneiden und in Schmalz anbraten bis sie schön braun sind. Die Brotstücke drauf geben, gut durchbraten. Die Brühe über das Brot geben und kurz ziehen lassen. Mit Pfeffer und Salz evtl. Maggie abschmecken. Mit Schnittlauch garnieren.

frittierte Windbeutel

5 EL Öl
250 ml Wasser
1 PrisenSalz
1 EL Zucker
150 g Mehl
3 Eier
n. B. Rosinen oder Äpfel
Puderzucker oder Zimtzucker zum Bestreuen
Öl, 2 Liter, oder 2 kg Fett zum Ausbacken

Öl, Wasser, Salz und Zucker im Topf aufkochen. Den Topf von der Kochstelle nehmen und das Mehl auf einmal hineinschütten. Alles mit dem Knethaken des Handrührgeräts gut durcharbeiten. Den Topf wieder auf die heiße Kochstelle stellen und so lange weiterarbeiten, bis sich der Teig als Kloß vom Boden löst. Den Teigkloß in eine Schüssel geben und mit dem Handrührer sofort 1 Ei darunterkneten und die Masse ein wenig abkühlen lassen. Die restlichen Eier nacheinander drunterkneten, bis der Teig glänzt. Nach Belieben Rosinen oder Äpfel unter den Teig mischen. Mit 2 Teelöffeln Klößchen abstechen und in heißem Öl oder Fett goldgelb ausbacken. Abtropfen lassen und mit Puderzucker oder Zimtzucker bestäuben.

Windbeutel - Backofen

0,25 Liter Wasser
50 g Butter
Prise Salz
150 g Mehl
4 große Eier

Alle Zutaten in einem Topf gut verrühren und dann aufkochen. Den Topf von der Kochstelle nehmen und das Mehl auf einmal hineinschütten. Alles mit dem Knethaken des Handrührgeräts gut durcharbeiten. Den Topf wieder auf die heiße Kochstelle stellen und so lange weiterarbeiten, bis sich der Teig als Kloß vom Boden löst.

Den Teigkloß in eine Schüssel geben und mit dem Handrührer sofort 1 Ei darunterkneten und die Masse ein wenig abkühlen lassen. Die restlichen Eier nacheinander drunterkneten, bis der Teig glänzt. Entweder mit 2 Teelöffeln kleine Windbeutel aufs Blech setzen, schöner wird es mit dem Spritzbeutel. Bei 220 Grad backen, bis sie leicht braun sind. Abkühlen lassen und füllen.

Wrukensuppe (gelbe Kohlrüben), répa

Kassler oder Rinderknochen mit Fleisch mit Wurzelgemüse und Lorbeer und Piment anbraten und dann schön in Brühe weichkochen.
Die gewürfelten gelben Rüben wie einen Möhreneintopf kochen und das Fleisch wieder dazu geben. Wer es deftiger mag oder nach Weihnachten noch Gans oder Entenfleisch übrig hat, der brät die Knochen der Ganz oder der Ente in Gänse- oder Entenschmalz mit Wurzelgemüse an an, dazu die Wruken geben, Brühe und Beifuss und schön weich kochen.

Wurstsalat

500 g Leberkäse oder Schinkenwurst
in Streifen geschnitten
1 kleine Zwiebel gehobelt
3 mittlere Gewürzgurken gehobelt
Balsamicoessig
Öl
Brühe
Salz
Pfeffer
Maggie
0.25 Liter Wasser kochen und in eine große Schüssel gießen. 2 Teelöffel Rinderbrühe auflösen. Die gehobelte Zwiebel dazugeben. Manche mögen keine rohen Zwiebeln oder vertragen sie nicht. Wenn man die Zwiebel in die kochende Brühe gibt, sind sie angegart und somit bekömmlicher.
Darauf die gehobelte Gewürzgurke geben und dann den Leberkäse. Gut durchrühren. 2 große Spritzer Essig, die Gewürze und 2 Esslöffel Öl darüber geben. Alles vermengen. Mit Maggie abschmecken. Ca. 2 Stunden in den Kühlschrank stellen. Brot dazu reichen. Wer mag, schneidet Käse klein und streut ihn über den Salat. Essig mit auf den Tisch stellen, manche mögen den Salat recht sauer.

Z

Zimtrollen mit dem Rolleneisen (Schillerlocken)

Schillerlocken, insbesondere in Österreich auch als Schaumrollen bezeichnet, sind ein tüten- oder rollenförmiges Gebäck aus Blätterteig, das gesüßt mit Schlagsahne oder Creme, ungesüßt mit Ragouts, Salaten oder Pürees gefüllt wird. Zur Herstellung werden etwa drei Zentimeter breite, dünne Blätterteigstreifen spiralförmig um kegelförmige Blechhülsen gewickelt, mit Eistreiche bestrichen und ausgebacken. Die süße Variante wird vor dem Backen oft in Hagelzucker oder ohne Eistreiche in Puderzucker gewälzt.

750 gr Butter
1 kg Mehl
4 Eier
100 Gr. Zucker
Zimt
Salz
0,25 l Weißwein

500 g Butter in Scheiben schneiden und kalt stellen. Davon 250 g Butter, Zucker und das Mehl, Zimt und die Eier verkneten. Den Wein hinzufügen. In den Kühlschrank für 30 min stellen. Das ist der Grundteig. Der Wein gibt Geschmack. Nach 30 min auswellen und wie einen Blätterteig behandeln. Pro Runde 250 gr Butter in den Teig einarbeiten. Wieder den Teig einschlagen, auswellen und danach in die Kühlung stellen. Der fertige Teil wird jetzt zugeschnitten. Er soll 0,5 cm dick sein und das Rolleneisen deutlich überlappen. Die Teigplatte wird um das Rolleneneisen 2 x umwickelt. Der Baumwollfaden wird durch die Rolle geführt und dann in Spiralen um die Teigplatte gewickelt. Der Faden hält den Teig fest. Das Ende des Fadens wird mit dem Griff des Eisens festgehalten. Die Zimtschnecke wird goldbraun in Fett ausgebacken. Danach wird der Faden abgewickelt. Einmal auf den Griff klopfen und die Rolle sollte sich lösen. Jetzt in Zimt-Zucker wälzen. Wenn sie kalt ist, kann man sie mit Vanille-Pudding oder Sahne füllen. Wer die Rollen nicht fritieren möchte, kann Teigstreifen über eine Metall-Tülle legen und damit ausbacken. Blätterteig ausrollen und in sechs Streifen ca. 40x4 cm schneiden. Jeden Teigstreifen von der Spitze her so um eine Metallform wickeln, daß der Teigstreifen mit zwei Dritteln eine Rundung bedeckt und das letzte Drittel den vorhergehenden Streifen überlappt. Eigelb verschlagen, den Teig damit bestreichen

und Zucker darauf streuen. Auf ein mit Backpapier ausgelegtes Blech geben und im vorgeheizten Backofen bei 180° ca. 15. min backen. Leicht abkühlen lassen und von der Form lösen. Nach völligem erkalten kann man sie füllen.

Zwetschgenknödel mit Hefeteig

Den Hefeteig (siehe Rezept Hefeteig) in der Hand zur Kugel formen. Dann den Teig ganz flach drücken, eine entkernte Zwetschge reintun und in die Mitte ein Zuckerwürfel geben. Alles gut verschließen. Ins leicht kochende, leicht gesalzene Wasser geben. Ohne Deckel vor sich hin simmern lassen, bis nach ca. 20 min die Knödel hochkommen. Erst wenn alle komplett an der Oberfläche schwimmen, sind sie durch.

Zwetschgenknödel mit Kartoffelteig

Den Kartoffelteig (siehe Rezept Kartoffelteig) in der Hand zur Kugel formen. Dann den Teig ganz flach drücken, eine entkernte Zwetschge reintun und in die Mitte ein Zuckerwürfel geben. Alles gut verschließen. Ins leicht kochende, leicht gesalzene Wasser geben. Ohne Deckel vor sich hin simmern lassen, bis nach ca. 20 min die Knödel hochkommen. Erst wenn alle komplett an der Oberfläche schwimmen, sind sie durch. Wer noch mehr Zwetschgen benötigt, kann

Zwetschgenkompott dazu essen.

1kg entkernte Zwetschen mit
5 Esslöffel Zucker,
Tasse Wasser
und einer Zimtstange einmal aufkochen und auf dem Herd ohne Flamme stehen lassen. Zu den Klößen lauwarm servieren und Vanillesauce (siehe Rezept) dazu reichen.

Spezial-Sauce zu Zwetschgenknödel (Karamell)

1 Liter Milch
5 Esslöffel Zucker
250 g Butter
4 Esslöffel Mehl
Prise Salz

Butter im Topf flüssig werden lassen, Zucker dazu geben, alles leicht karamellisieren lassen. 1 Tasse Milch mit dem Mehl anrühren. Restliche Milch in das Karamell geben, gut verquirlen. Dann den Mehlteig langsam unterrühren und aufkochen lassen

Zwiebelsuppe

300g Zwiebeln in dünnen Scheiben
2 Knoblauchzehen
30g Butter
200g Kartoffeln
1 TL Senf
3 Lorbeerblätter
3g Thymian, gerebelt
150 ml trockener Weißwein
400ml Gemüsebouillon oder Rindesuppe
1 Becher Creme fraiche oder saure Sahne
Parmesan-Knödel
300g Parmesan, fein gerieben
3x Eiweiß
Öl zum frittieren.

Man benötigt feuerfestes Geschirr aus Steingut oder Glasgeschirr oder kleine Metalltöpfe, da die Suppe im Gefäss noch mal in den Ofen kommt. Butter auslassen und die Zwiebel anschwitzen. Nicht zu dunkel, sonst wird es bitter. Kartoffeln würfeln und Knoblauch klein schneiden. Alles ausser der Sahne in den Topf geben und 20 min kochen. In der Zwischenzeit 3 Eiweiss und den Parmesan vermischen und kleine Knödel formen. ÖL auf 160 Grad erhitzen und die Knödel frittieren, bis sie hoch kommen. Suppe mit dem Kartoffelstampfer oder einem Schneebesen klein stampfen. Nicht den Mixer nehmen, dann schleimt die Suppe. Nun die Saure Sahne unterheben und noch mal gut rühren. Nicht mehr kochen. 2 grosse Schöpfer Suppe in das feuerfeste Gefäss geben. Pro Person 4 Knödel in die Suppe hineingeben und mit Parmesan bestreuen. Bei 200 Grad 5 Minuten in den Ofen bei Ober- und Unterhitze zum Warmhalten an Anschmelzen des Käses stellen. Brot dazu reichen.

Haushaltstipps

Haushaltstipp – Dünger aus Kaffeesatz

Den Kaffeesatz auf einen großen flachen Teller geben und in die Sonne stellen oder an einen warmen Platz. Nach 2 Tagen wenden und nochmal 1 Tag trocknen lassen. Ist der Satz nicht richtig trocken, wird er im Blumentopf schimmeln. Pro Pflanze 1 Teelöffel Satz auf die Erde verteilen. Bei großen Pflanzen oder Palmen kann man 2 bis Teelöffel verwenden.

Haushaltstipp – Zwiebeln, die austreiben.

Muss man Zwiebeln wegwerfen, die austreiben? Nein, man kann das Grün problemlos essen. Man suche die Zwiebeln heraus, die anfangen zu treiben. Dann nimmt man einen Blumentopf und füllt Erde rein. Die Zwiebeln einfach oben auf die Erde daraufstellen und ein bisschen angießen. Am nächsten Tag ein bisschen mehr gießen und jetzt einfach stehen lassen. Die Zwiebeln bilden Wurzeln und wachsen nun alleine weiter. Ist die Erde sehr trocken, dann ein bisschen gießen. Hast du keinen freien Blumentopf, aber eine große Topfpflanze, dann gib die Zwiebeln da auf die Erde. Nach einer Woche sollte ein schönes Grün da sein. Das Grün kannst du wie Schnittlauch verwenden, schneide es klein und gib es über Rührei oder anstatt von Zwiebeln in Bratkartoffeln. Was auch sehr gut und fein schmeckt, ist eine Quiche. Anstatt von Lauch einfach das Grün verwenden.

Unser Garten, die Forsythie

Die Forsythie, auch Garten-Forsythie, Goldflieder oder Goldglöckchen genannt, ist ein häufig gepflanzter Zierstrauch. Forsythien werden etwa zwei bis drei Meter hoch und werden in vielen Gärten als Heckenpflanze eingesetzt. Was viele nicht wissen: Die Blüten sind für die die meisten Insekten wertlos. Für viele Gärtner ist die Blüte der Forsythie zudem ein untrügliches Zeichen dafür, dass sie ihre Rosen schneiden können. Forsythien gelten als sogenannte Zeigerpflanzen des phänologischen Kalenders. Dieser ist nicht in vier Jahreszeiten, sondern in zehn Phasen unterteilt. Die Forsythienblüte dokumentiert den Beginn des Erstfrühlings. Für naturnahe Gärten sind Forsythien nicht empfehlenswert: Sie bilden nur selten Pollen oder Nektar und sind deshalb für Insekten wie Bienen und Hummeln als Nahrungslieferant wertlos. Forsythien benötigen einen sonnigen Standort. Je schattiger ihr Platz ist, desto weniger blühen sie und auch der Blattwuchs ist weniger dicht. An den Gartenboden stellen Forsythien keine besonderen Ansprüche.

Der beste Zeitpunkt zum Pflanzen ist das zeitige Frühjahr, sobald der Boden frostfrei ist. Beim Einpflanzen sollte bei sandigem Untergrund reichlich Kompost ins Pflanzloch gegeben werden. So wird Gießwasser besser gespeichert und die Pflanzen haben zum Anwachsen ausreichend Nährstoffe.

Der phänologische Kalender

Jahreszeit	Leitphase	Ersatzphase
Vorfrühling	Hasel (Blüte)	Schneeglöckchen (Blüte)
Erstfrühling	Forsythie (Blüte)	Stachelbeere (Blattentfaltung)
Vollfrühling	Apfel (Blüte)	Stiel-Eiche (Blattentfaltung)
Frühsommer	Schwarzer Holunder (Blüte)	Robinie (Blüte)
Hochsommer	Sommerlinde (Blüte)	Rote Johannisbeere (Früchte)
Spätsommer	Frühapfel (Fruchtreife)	Eberesche (Früchte)
Frühherbst	Schwarzer Holunder (Fruchtreife)	Kornelkirsche (Früchte)
Vollherbst	Stiel-Eiche (Fruchtreife)	Rosskastanie (Früchte)
Spätherbst	Stiel-Eiche (Blattverfärbung)	Eberesche (Blattfall)
Winter	Stiel-Eiche (Blattfall)	1. Apfel, spätreifend (Blattfall) 2. Europäische. Lärche (Nadelfall)

Kalendarisch und meteorologisch wird das Jahr in vier Jahreszeiten eingeteilt, die jeweils zu einem festen Datum beginnen.

Phänologen ist diese Einteilung allerdings zu ungenau, sie unter-scheiden zehn Jahreszeiten, vom Vorfrühling, Erstfrühling und Vollfrühling bis hin zum Winter. Die Phänologie ist die "Lehre vom Einfluss des Wetters, der Witterung und des Klimas auf den jahreszeitlichen Entwicklungsgang und die Wachstumsphasen der Pflanzen und Tiere" (Schirmer et al. 1987).

Die Phänologie bewegt sich damit im Grenzbereich zwischen Biologie und Klimatologie. Dazu zählen beispielsweise im Frühjahr das Sprossen und Blühen von Pflanzen oder die Rückkehr von wandernden Vögeln und Schmetterlingen. Phänologische Phasen werden hauptsächlich durch Temperatur und Strahlung gesteuert.

Aussaat von Getreide und Gemüse und Rasen

Getreide-Arten werden in Sommer- und Wintersorten eingeteilt. Je nachdem für welche Variante Sie sich entscheiden, variiert der empfohlene Termin zur Aussaat.

- Winterweizen: Aussaat im Herbst, Ernte im Mai
- Sommerweizen: Aussaat im Frühjahr, Ernte im Herbst

Bei der Aussaat von Gemüse ist der richtige Zeitpunkt wichtig. Zum einen müssen die Pflanzen rechtzeitig im Jahr ausreifen, damit sie vollen Geschmack und Größe entwickeln können. Andererseits dürfen die Samen aber nicht zu früh in die Erde kommen, damit sie ideale Keimbedingungen vorfinden und die Jungpflanzen nicht von den späten Frösten geschädigt werden.
Der Zeitpunkt für die Aussaat ist außerdem von den äußeren Rahmenbedingungen abhängig. Hierbei ist nicht die Lufttemperatur ausschlaggebend. Vielmehr dienen die mittleren Bodentemperaturen als Indikator dafür, welche Gemüsepflanzen gerade gute Keimbedingungen haben. Die aufgeführten Pflanzen benötigen zum Keimen eine Mindesttemperatur. Entscheidend ist die Temperatur in 5 cm Bodentiefe.

5 °C: Möhren, Radieschen, Rettich
11 °C: Erbsen
12 °C: Kopfsalat, Feldsalat
13 °C: Porree
14 °C: Mais
15 °C: Grünkohl
16 °C: Spinat, Kürbis
17 °C: Blumenkohl, Rosenkohl, Rot- und Weißkohl, Brokkoli, Wirsing
18 °C: Zwiebeln, Schwarzwurzeln
19 °C: Mangold, Rote Bete, Weiße Bete
20 °C: Sellerie, Chinakohl
über 20 °C: Bohnen, Paprika, Tomaten, Zucchini

Diese Mindesttemperaturen müssen über ein Zeitfenster von etwa einer Woche eingehalten werden, damit die Samen keimen können.

Direktsaat – Leitfaden für die direkte Aussaat im Beet

Im April und Mai geht es hoch her im Blumenbeet und Gemüsegarten. Spätestens nach den Eisheiligen öffnet sich das Zeitfenster für die direkte Aussaat einheimischer Arten, wie Sonnenblumen, Löwenmäulchen, Karotten, Stangenbohnen oder Radieschen. Wer einen Rasen anlegen möchte, wählt diese Jahreszeit ebenfalls zum Aussäen von Rasensamen.

So gehen Sie Schritt für Schritt richtig vor: Boden mit Harke und Rechen solange bearbeiten, bis eine Unkraut-freie, lockere, feinkrümelige Struktur entsteht. Abgestimmt auf die Pflanzenart das Saatgut breitwürfig oder in Reihen aussäen. Reihenaussaat: Furche ziehen, Samen in vorgeschriebenem Abstand einsetzen und mit Erde abdecken. Samen andrücken mit den Händen oder einer Rasenwalze und mit feiner Brause bewässern. Zum Schutz vor pickenden Vögeln und hungrigen Schnecken überziehen Sie das Saatbeet mit einem Schutznetz. Bitte versäumen Sie am Ende nicht, die Saatreihen mit den Etiketten des Saatguts zu kennzeichnen.

Warum heißt der Karfreitag eigentlich Karfreitag?

Diese Woche ist Karfreitag - für Christen ein ganz besonderer Feiertag. Zugleich gilt in Bayern das strikteste Tanzverbot des ganzen Jahres. Warum das so ist. Karfreitag ist der Freitag vor Ostern und erinnert an die Kreuzigung Christi. Dieser Tag, in der evangelischen Kirche der höchste Feiertag, wird deshalb als strenger Bußtag begangen. Das "Kar" im Wort Karfreitag kommt laut ökumenischem Heiligenlexikon aus dem Althochdeutschen. "Kara" oder "Chara" bedeutet Trauer oder Wehklage - und steht für die Bedeutung des Tages, an dem die Christen an den Tod von Jesus denken. Der Karfreitag steht am Ende der 40-tägigen Fastenzeit und ist zugleich auch der wichtigste Fastentag. Es ist Brauch, an diesem Tag kein Fleisch, sondern nur Fisch zu essen. Auch auf Alkohol und Süßigkeiten verzichten Gläubige - und auf fröhliche Veranstaltungen und Tanz. In Bayern gilt am Karfreitag das strengste Tanzverbot des Jahres. Während an den meisten anderen stillen Tagen erst ab zwei Uhr morgens Tanzverbot gilt, ist am Karfreitag bereits um 0 Uhr Schluss mit fröhlichem Feiern.

Knappe Weisheiten:

Angebranntes nie Umrühren oder Abkratzen. Das nicht Angebrannte abnehmen und probieren. Schmeckt es nicht angebrannt, dann im anderen Topf weiterkochen.

Versalzene Speisen mit einer ganzen geschälten Kartoffel weiterkochen.

Natron, Essig und Salz helfen nicht nur beim Kochen, sondern auch beim Reinigen von angebrannten Pfannen und Töpfen.

Haben Sie kein Natron (engl. Baking Soda) zur Hand, verwenden Sie Backpulver. Backpulver enthält zusätzlich Stärke, die aber beim Putzen nicht stört. Geben Sie etwas Wasser und ein Päckchen Backpulver in den Topf auf die eingebrannten Stellen. Dann erhitzen Sie alles kurz und lassen die Mischung für ungefähr eine Stunde einwirken. Anschließend können Sie die Verkrustungen mit dem Schwamm leicht entfernen.

Essig hilft oft gegen Eingebranntes: Hierzu mischen Sie Essig und Wasser im Verhältnis eins zu drei. Diese Mischung im angebrannten Topf vor sich hinköcheln lassen, bis sich die Verschmutzungen ablösen.

Den stark verkrusteten Topf mit einer Salzlösung (3 Esslöffel Salz auf 1 Liter Wasser) füllen. Diese Mischung im angebrannten Topf vor sich hinköcheln lassen, bis sich die Verschmutzungen ablösen.

Auch die Kombination zwischen Spülmittel, Wasser und Salz (3 Esslöffel Salz auf 1 Liter Wasser und ein halbes Schnapsglas Spülmittel) hat sich bewährt. Diese Mischung im angebrannten Topf vor sich hinköcheln lassen, bis sich die Verschmutzungen ablösen. Der Ceranglasschaber eignet sich sehr gut, um Verschmutzungen im Topf zu entfernen.

Natron das Wundermittel in Küche, Haushalt und Garten

Beim Kochen
Fügt man dem Kochwasser von Hülsenfrüchten wie Erbsen, Linsen und Bohnen eine Prise Natron hinzu, dann werden sie schneller weich.

Für die Wäsche

Auch beim Waschen ist Natron vielseitig einsetzbar: Geben Sie einen gehäuften Esslöffel davon direkt zum Waschmittel in den Waschgang. Es sorgt nicht nur für strahlend weiße Wäsche, sondern macht ganz nebenbei auch noch den Weichspüler überflüssig. Vor dem Waschen von Sportschuhen in der Waschmaschine streuen Sie eine Nacht vorher Natron großzügig hinein. Die Schuhe riechen nach dem Waschen wie neu gekauft.

Als Allzweckreiniger

Mischen Sie dafür einfach einen Teelöffel Natron, einen Teelöffel geriebene Kernseife und warmes Wasser in eine Sprühflasche und schon kann es losgehen. Waschbecken, Badewannen und Duschkabinen lassen sich mit Natronpulver und einem feuchten Schwamm spielend leicht reinigen.

Backofenreiniger

Einfach Natron auf einen Schwamm geben, anfeuchten und auf die betreffenden Stellen verteilen. Den besten Effekt erzielt man, wenn man das Ganze eine gute Weile lang einwirken lässt (z.B. über Nacht). Mit viel Wasser nachwischen.

Schlechte Gerüche entfernen

Stellen Sie ein Schälchen mit Natronpulver in Ihren Kühlschrank oder in müffelnde Küchenschränke, aber auch in den Schuhschrank, um eventuelle schlechte Gerüche zu neutralisieren. Auch bei übel riechenden Abflüssen, dem Katzenklo oder dem Mülleimer hilft es, eine wenig Natron hinein zu streuen, um den lästigen Mief zu bekämpfen.

Verstopfter Abfluss

Um einen verstopften Abfluss zu reinigen, schütten Sie zunächst eine Tasse pures Natron in den Abfluss, gefolgt von 1-2 Tassen Essig. Denn in Verbindung mit Essig ist Natron eine natürliche Alternative zu chemischen Abflussreinigern. Lassen Sie das Ganze für circa 20 Minuten einwirken und gießen sie im Anschluss ein Liter kochendes Wasser nach. Sollte der Abfluss stark verstopft sein, wiederholen Sie einfach den Vorgang.

Ersatz für Shampoo

Natron reinigt schonend die Kopfhaut und entfernt durch seine leicht alkalische Wirkung überschüssiges Fett. Für den Shampoo-Ersatz lösen sie etwas

Natron in warmem Wasser auf, massieren es in die Haare ein und spülen es dann wie gewohnt aus.

Hält Blumen frisch
Schnittblumen bleiben deutlich länger frisch, wenn man dem Wasser einen Teelöffel Natron hinzugibt.

Ameisen in der Küche
Streuen Sie das Pulver überall hin, wo die Ameisen hingelangen: entlang der Fußleisten, in den Zimmerecken, in die Löcher des Ameisen-Baus und ggf. auch in Ihren Schränken.

Der Dosenöffner

Mit der Verbreitung der Konservendose haben sich auch zahlreiche Variationen von Dosenöffnern herangebildet. Die Konservendose wurde 1810 von einem Engländer erfunden Sie fand ihre erste weite Anwendung ab 1813 britischen Armee. Die damals vergleichsweise dickwandigen Dosen wurden mit den im Feld verfügbaren Schneid- und Schlagwerkzeugen geöffnet, so vor allem mit starken Messern wie dem Bajonett, fallweise auch mit Hammer und Meißel oder eine Beil. Mit einfachen Instrumenten wird größtenteils mit einer Spitze ein Loch in den Deckel gestoßen und eine Schneidfläche mit mehr oder weniger Geschick, Kraft und wiederholter Hebelbewegung entlang des Deckelrandes geführt. Dabei wird je nach verwendeter Technik das Deckelblech aufgeschnitten oder aufgerissen, teils beide Trennvorgänge kombiniert.

Der Backofen in Zahlen

- Schweine- Kalbs- und Rinderbraten langsam bei 150 Grad braten.
- Für Hefeteig den Ofen immer vorheizen auf 250 Grad und backen bei 200 Grad.
- Blätterteig den Ofen immer vorheizen auf 250 Grad und backen bei 220 Grad.
- Bisquitboden für Bisquitroulade backen bei 200 Grad.
- Sandkuchen backen bei 200 Grad.
- Blechkuchen mit Rührteig backen bei 220

Nützliche Umrechnungen

3 Teelöffel sind 1 Esslöffel
1 Tasse sind 16 Esslöffel oder ¼ Liter
1 mittlere Zitrone ergibt 3 Esslöffel Saft
1 Blatt Gelatine entsprechen 2 g
6 mittlere Kartoffeln entsprechen 1 Pfund
12 Scheiben sind 1 Pfund Brot
3 kleinen Eiern entsprechen 2 große Eier
1 Tasse Mehl sind 120 g
1 Tasse Zucker sind 100 g
1 Tasse ungekochter Reis entsprechen 3 ½ gekochter Reis
1 Tasse ungeschlagene Sahne entsprechen 2 ¼ Tassen geschlagene Sahne
Makkaroni verdoppeln sich beim Kochen, andere Nudeln werden um ein Drittel mehr
1 Knoblauchzehe entspricht 1/8 Teelöffel Knoblauchpulver

Wie viel wiegt ein Ei?

Gewichtsangabe von Eiern

1 Ei Größe	g
Small (S)	< 53 g
Medium (M)	53 - 63 g
Large (L)	63 - 74 g
Extra Large (XL)	> 73g

Umrechnung Tassenmaße (Europa)

Wie viel passt in eine Tasse?

1 Tasse (Standard, 150ml)	g
dünnflüssige Zutaten wie Milch, Saft, Wasser, Sahne und Wein	150 g
Honig	200 g

1 Tasse (Standard, 150ml)	g
Kakaopulver	90 g
Konfitüre	200 g
Nüsse und Mandeln, gemahlen	70 g
Öl	120 g
Puderzucker	100 g
Speisestärke	90 g
Weizenmehl	100 g
Zucker	150 g

Umrechnung von Mengenangaben aus den USA

Amerikanische Maßheit	Deutsche Maßeinheit
1 tablespoon	1 großer Esslöffel
teaspoon	1 Teelöffel
1/3 tsp.	4,93 ml
1 cup Mehl	120 g Mehl
1 cup Puderzucker	120 g Puderzucker
1 cup Butter	225 g Butter
1 cup Zucker	225 g Zucker
1 ounce	28,35 g
1 pound (16 ounces)	454 g

Wieviel Gramm passen auf einen Esslöffel?

Umrechnung EL in g

1 Esslöffel	gestrichen	gehäuft
Wasser	20 g	-
Öl	10 g	-
Mehl	15 g	25 g

1 Esslöffel	gestrichen	gehäuft
Zucker	15 g	30 g
Butter	15 g	-
Salz	10 g	40 g
Kakao	5 g	15 g
Milch	15 g	-
Grieß	12 g	20 g
Nüsse, gemahlen	5 g	12 g

Wieviel Gramm passen auf einen Teelöffel?

Umrechnung TL in g

1 Teelöffel	gestrichen
Wasser	5 g
Öl	4 g
Mehl	5 g
Zucker	5 g
Butter	5 g
Salz	5 g
Kakao	4 g
Milch	5 g
Grieß	4 g
Nüsse, gemahlen	4 g